中国物理教育研究丛书

郭玉英 主编

李春密 孙佩雄 于海波 著

初中物理教材难度国际比较

CHUZHONG WULI JIAOCAI NANDU GUOJI BIJIAO

◆中国社科基金教育学重点课题
“中小学理科教材国际比较研究（初中物理）”
的主要研究成果之一

GEP 广西教育出版社
南宁

图书在版编目（CIP）数据

初中物理教材难度国际比较 / 李春密，孙佩雄，于海波著. —南宁：广西教育出版社，2020.7
（中国物理教育研究丛书 / 郭玉英主编）
ISBN 978-7-5435-8820-2

Ⅰ.①初… Ⅱ.①李… ②孙… ③于… Ⅲ.①中学物理课—教材—对比研究—初中—世界 Ⅳ.①G633.72

中国版本图书馆 CIP 数据核字(2020)第 127000 号

策　　划：黄力平　　组稿编辑：潘姿汝
责任编辑：陈亚菲　潘　安　　封面设计：刘相文
责任校对：杨红斌　何　云　卢佳慧　　责任技编：蒋　媛
封面题字：李　雁

出 版 人：石立民
出版发行：广西教育出版社
地　　址：广西南宁市鲤湾路 8 号　　邮政编码：530022
电　　话：0771-5865797
本社网址：http://www.gxeph.com
电子信箱：gxeph@vip.163.com
印　　刷：广西壮族自治区地质印刷厂
开　　本：787mm×1092mm　1/16
印　　张：17.5
字　　数：280 千字
版　　次：2020 年 7 月第 1 版
印　　次：2020 年 7 月第 1 次印刷
书　　号：ISBN 978-7-5435-8820-2
定　　价：42.00 元

序

20世纪90年代，广西教育出版社出版了《学科现代教育理论书系·物理》，由我的导师阎金铎教授担任主编，在物理教育领域产生了重要影响，已经成为本学科专业发展的里程碑。二十多年过去了，随着新世纪中国基础教育课程改革的全面推进，物理教育研究呈现出前所未有的繁荣景象，涌现出丰富的研究成果。当2014年该社提出要我组织编写一套《中国物理教育研究丛书》，汇集新时期的标志性成果时，我认为这是一个现实与历史意义兼具的重要选题，同时也感到是一个非常艰巨的任务，责任重大。

我国的物理教育有研究与教学紧密结合的优良传统，许多优秀的中学物理教师和教研员植根于教学实践开展研究，积累了大量本土化、原创性的研究成果，展示出物理教育的中国特色。近十几年来，随着研究生教育的发展，物理教育的国际交流不断拓展和深化，越来越多的年轻学者借鉴国际科学教育研究的经验和方法，针对我国物理教育实践中的问题，开展了多角度、多层次的具体深入的实证研究，如围绕新课程倡导的科学探究和探究教学的研究，针对物理学科核心概念和关键能力展开的学习进阶研究，促进学生发展的课堂教学模式的研究，关于物理课程和教材的深入研究和国际比较研究，关于物理教育测量和评价的研究，物理教育与信息技术整合的研究，针对物理教师观念的研究等。研究内容涵盖了课程与教学论的各个分支领域，研究对象从课程教材到课堂、学生、教师、试题，研究视角从哲学到物理、心理、技术，研究方法从思辨到定量、实证，呈现出多元化和多样化的研究取向，拓宽了物理教育研究的视野和范围，为我国物理教育理论和中学物理教学实践提供了研究基础和方法论指导。

本丛书的选题力图涵盖上述诸方面的主要研究成果，简要介绍如下。

在来自一线教师和教研员的研究成果中，包含了从哲学层面到物理课堂教学操作层面的四本著作。《物理与哲学——中学物理教学的视角》呈现了中学物理教师的哲学思考。作者从物理与哲学的关系入手，结合中学物理教学的具体内容，论述了哲学的洞见与物理教学实践密不可分，将中学物理教学上升到哲学高度。在实验教学方面，毕生从事高中物理实验教学与研究的专家撰写了《高中物理实验教学研究》，从科学技术发展和教育理念进步的角度，突出了以学生为主体的教育理念和学科素养在实验中的表现及培养的途径，重点探讨了高中物理实验教学的目标、内容和方法策略方面的热点问题。在课堂教学实践层面，《中学物理习题教学研究》凝聚了中学物理特级教师的经验和智慧，从习题和试题的不同功能出发，以大量的题例阐述了习题和试题的编写要领，论述了优化习题教学的各种途径，提出了科学实施习题教学的策略，把习题教学的目标落实到提高学生解决问题的素养上来。《中学物理教学疑难问题研究》则来自基层教研工作者，从一线教学实际和物理教师的需求出发，对新课程实施过程中遇到的多方面的具体疑难问题进行了深入分析和探讨。

丛书围绕新课程实施以来物理教育研究领域关注的重点——科学探究和探究教学呈现了三个不同视角的研究成果。《科学探究能力模型与培养研究》系统介绍了国际科学教育领域对科学探究能力及其培养的研究和实践，构建了基于知识和技能的科学探究能力结构模型，结合案例论述了在中学物理教学中如何利用探究式教学法培养学生的科学探究能力。《促进认知发展的物理探究教学研究》聚焦目前中学物理探究教学中亟待解决的核心问题，从物理学科自身特点出发，构建了促进认知发展的探究教学模型，并对实施该探究教学模型的教学策略进行了探讨。《中学物理教师的探究教学观研究》则聚焦教师观念和行为，基于对探究教学的理论探讨，提出了教师探究教学观的分析框架与研究方法，从语言表达和教学行为两个层面研究了物理教师的探究教学观现状及其影响因素。

围绕学科核心概念展开的对学生认知和能力发展的研究是近几年的研究热点，学习进阶是将学生核心素养的发展与课程、教材和评价紧密联系在一起的桥梁，是具有发展潜力的新兴研究领域，丛书呈现了其中四方面的最新研究成果。《高中物理概念学习进阶及其教学应用研究》针对我国概念教学中存在的问题，构建了核心概念统领下的物理概念层次结构模型和概念学习进阶模型，以静电场核心概念为例进行了实证检验，并应用于教师培训。中学物理中的能量概念既是物理学科的核心概念，又是与社会发展和技术进步密切相关的共通概念，对于学生的发展至关重要。《中学物理能量学习进阶研究》构建了以学生为中心、具有实证有效性的“能量”进阶框架，并以此对学生“能量”概念的认知状态和发展情况进行了刻画和阐释，针对如何帮助学生提升“能量”概念的认知水平给出了相关建议。《中学物理课程中科学解释学习进阶及其教学应用》结合科学哲学的相关理论，提出了科学解释的“现象—理论—资料—推理”框架，确立了学习进阶的二维进阶模式及其进阶变量，通过跨年级测试建构了科学解释的学习进阶，并结合能量学习进阶进行了准教学实验研究。《基于学习进阶的中学物理教学设计研究》将物理概念和能力学习进阶的研究成果与现代教学设计理论相结合，建立了教学设计模型，结合大量中学物理教学案例，论述了如何基于学习进阶的研究成果开展以学生为中心的教学设计，从而促进学生物理核心素养的进阶发展。

关于课程和教材的研究呈现了两方面的研究成果，分别体现了不同的研究范围和方法。《高中物理量子理论课程研究》聚焦中学物理中的量子内容，从课程角度开展研究。采用理论和实证研究相结合的方法，对高中物理课程中量子理论的地位与教育价值、课程发展历程与现状进行了系统深入的探讨。《中学物理教材比较研究》选取中国、美国、俄罗斯、英国、法国、德国、日本、韩国、新加坡和澳大利亚十个国家的初中物理主流教材为比较对象，对教材的难度、广度、平均深度进行了比较研究，并分别比较了教材中的实验内容、例题和习题及拓展内容情况，分析了教材特点并提出了教材建设的启示与建议。

学生物理核心素养的测评一直是本领域关注的重要问题，特别是像高考、中考这样的高利害考试的有效性已经成为全社会关心的热点。《大学入学物理考试内容效度研究》对大学入学物理考试的内容效度进行了多方面的定量研究。一方面以高中物理课程标准为效标，研究比较和评估了我国（包括台湾和香港地区）大学入学考试物理试卷的内容效度；另一方面从比较我国的高考物理考试与美国 AP 物理考试、英国 A-Level 物理考试出发，研究评估了我国大学入学物理考试的内容效度，提出了对我国现行高考制度的改革建议。

《中学物理教学与信息技术整合研究》展示了跨领域的研究视角，凸显了现代技术特色。在“数据探究”理论指导下，探讨了信息技术与中学物理教学深度融合的基本概念、理论等问题。同时还根据物理学科教学的特点，选取了几何画板软件、物理虚拟仿真实验软件、Camtasia 视频制作软件、Front Page 网站制作等技术，用案例说明了信息技术在物理教学中的实际应用。

大学物理教学研究是我国物理教育研究领域中正在发展的研究方向，关于心智模型和建模教学的研究也是新的研究热点。《基于学生心智模型进阶的物理建模教学研究》介绍了国内外关于模型与学习进阶、建模与建模教学的相关研究。在此基础上整合心智模型、学习进阶和建模教学的研究，结合我国物理教学的实际，从教学要素和学生心智模型进阶两个维度建构了基于学生心智模型进阶的导引式建模教学模式，并以大学物理“静电学”为例展开实践研究。其研究内容和方法对中学物理教学与研究均有参考价值。

十几位学者参与了本套丛书的编著工作。他们有的是长期从事物理教育研究和中学物理教学的专家，凝聚毕生研究之学术精华；有的是具备海外学习经历的年轻学者，用现代科学教育研究方法研究我国的实际问题。其中多数作者为本领域的博士。作者们都为丛书的出版付出了艰辛的劳动。本丛书从策划、编辑到出版面世，得到时任广西教育出版社副总编黄力平编审、编辑部主任黄敏娴副编审和各书责任编辑的积极参与和付出辛劳，也得到不少同行的关心和帮助，其中参阅引用了大量相关的研究成果，均已在参考文献中列出，在此一并表示感谢！期望本丛书的出版有助于物理教育研究领域的繁荣与发展，也期望这些研究成果能够在物理教育实践中得到进一步的检验、修正和完善。

郭玉英

2016 年 11 月于北师大

前 言

2001年，我国全面启动了新世纪基础教育课程改革，相继颁布了各个学科的课程标准，按照新课标的要求，与新课标相匹配的各个学科新教材相继出版。2010年7月，颁布了《国家中长期教育改革和发展规划纲要（2010—2020年）》(以下简称《教育规划纲要》),《教育规划纲要》第四章第（十）点明确指出："减轻中小学生课业负担……把减负落实到中小学教育全过程，促进学生生动活泼学习、健康快乐成长……各级政府要把减负作为教育工作的重要任务，统筹规划，整体推进。调整教材内容，科学设计课程难度。"

2018年9月10日，全国教育大会在北京召开。习近平总书记发表了重要讲话。他强调，在党的坚强领导下，全面贯彻党的教育方针，坚持马克思主义指导地位，坚持中国特色社会主义教育发展道路，坚持社会主义办学方向，立足我国基本国情，遵循教育规律，坚持改革创新，以凝聚人心、完善人格、开发人力、培育人才、造福人民为工作目标，培养德智体美劳全面发展的社会主义建设者和接班人，加快推进教育现代化、建设教育强国、办好人民满意的教育。总书记用"九个坚持"总结了我国教育改革发展实践中的一系列新理念、新思想、新观点，用"六个下功夫"回答了"培养什么人、怎样培养人、为谁培养人"的根本问题，用"四个要"描绘出深化教育体制机制改革的路线图，为新时代教育工作指明了前进方向，对推进我国教育事业科学发展有着重要的意义。

随着科技的发展和课程教材改革的深入，教材内容越来越丰富，新的知识和方法不断被补充到教材中，因此，要合理设置教材的难度。教材的质量将直接影响当前中国基础教育改革的成效，其中，义务教育阶段初中物理教材的质量将直接影响国民的科学素养，而教材难易程度又是衡量教材质量的重要指标之一。教材难度在一定程度上代表了一个国家的教育发展水平，不仅决定着学生掌握知识的程度，也关系到人才培养目标的落实和整体国民素质的提升。因此，深入研究教材难度，提高教材质量，满足学生发展需要是非常必要的。开展对初中物理教材难易程度的比较研究，是深入推进课程改革，建设具有中国特色、符合时代特点和素质教育要求的教材体系的重大举措，也是贯彻落实《教育规划纲要》、切实减轻学生课业负担、提升我国中学教材编写质量和水平的需要。

本书是国家社会科学基金教育学重点课题“中小学理科教材难度的国际比较研究(初中物理)”的主要研究成果之一。研究选择了中国、日本、韩国、新加坡、俄罗斯、英国、德国、法国、澳大利亚、美国等十个有代表性的国家的主流初中物理教材，从初中物理教材难易程度比较框架的构建、各国初中物理教材结构、初中物理教材广度分布及广度比较、初中物理教材总体难度比较、初中物理教材不同维度的难度比较、初中物理教材一级主题比较等方面对十个国家的主流初中物理教材进行了较为深入的探讨，梳理了各国初中物理教材内容特点并进行了综合评价。通过定量的比较研究，分析比较了十个国家主流初中物理教材的难易程度，比较明确地给出了中国初中物理教材难易程度在国际上的排名，为中国物理教材的编写与修订提供参考。

李春密

2019年10月于北京

目　录

绪　论

一、教材选择

2001 年 6 月，中华人民共和国教育部颁布了《基础教育课程改革纲要（试行）》，标志着中国全面启动了第八次基础教育课程改革，各个学科的课程标准相继颁布。2010 年 7 月，《国家中长期教育改革和发展规划纲要（2010—2020 年）》颁布，这是进入 21 世纪以来我国颁布的第一个国家级教育规划纲要，它的制定既符合我国国情，又体现了时代要求。《教育规划纲要》明确指出，要减轻中小学生课业负担。把减负落实到中小学教育全过程，促进学生生动活泼学习、健康快乐成长。学校要把减负落实到教育教学各个环节，改进教学方法，增强课堂教学效果，培养学生学习兴趣和爱好。有学者认为，减轻学生课业负担就要适当降低教材难度，但教材难度在一定程度上代表了一个国家的教育发展水平，不仅决定着学生掌握知识的程度，也关系到人才培养目标的落实和整体国民素质的提升。因此，深入研究教材难度，提高教材质量，满足学生发展需要是非常必要的。

按照新课标的要求，与新课标配套的各个学科新教材相继出版，并且同一个科目存在多种版本的教材。就初中物理而言，目前，全国主要有以下六个版本的教材：人民教育出版社出版的义务教育阶段物理教科书（简称人教版）；

教育科学出版社出版的义务教育阶段物理教科书（简称教科版）；上海科技出版社出版的义务教育阶段物理教科书（简称沪科版）；广东教育出版社出版的义务教育阶段物理教科书（简称粤教版）；北京师范大学出版社出版的义务教育阶段物理教科书（简称北师大版）；江苏科学技术出版社出版的义务教育阶段物理教科书（简称苏科版）。由于教材的质量直接影响当前我国基础教育改革的成效，其中中学物理教材的质量直接影响国民的科学素养，而教材难易程度又是衡量教材质量的重要指标之一，因此，开展对中学物理教材难易程度的比较研究，是深入推进课程改革，建设具有中国特色、符合时代特点和素质教育要求的教材体系的重大举措，也是贯彻落实《教育规划纲要》、切实减轻学生课业负担、提升我国中学教材编写质量和水平的需要。

本书是国家社会科学基金教育学重点课题“中小学理科教材难度的国际比较研究（初中物理）”的主要研究成果。研究选择了中国、日本、韩国、新加坡、俄罗斯、英国、德国、法国、澳大利亚、美国等十个有代表性的国家的主流初中物理教材，见下表。教材难度涉及很多因素，不仅与教材的客观难度有关，也与教学过程的方方面面有关。因此，本研究聚焦于就难易程度问题进行静态的文本比较分析，尽量排除影响课程、教学难易程度的其他因素。本研究探讨了适合初中物理教材难易程度比较的研究方法，构建教材难易程度分析比较指标体系，通过定量的比较研究，比较分析了十个国家主流初中物理教材的难易程度，比较明确地给出了中国初中物理教材难易程度在国际上的排名，为中国教材的编写与修订提供参考。

研究所选取的各国初中物理教材信息汇总

国家	教材名称	出版单位	出版年	审定机构	简称	备注
中国	义务教育课程标准实验教科书·物理	人民教育出版社	2006	全国中小学教材审定委员会	中国教材	—
日本	新科学（新しい科学）	东京书籍株式会社（東京書籍株式会社）	2012	文部科学省教科书检定委员会	日本教材	依据日本文部科学省2008年3月颁布的《新订初中理科课程标准》编写

续表

国家	教材名称	出版单位	出版年	审定机构	简称	备注
韩国	初中科学（중학교 과학）	金星出版社（금성 출판사）	2010	韩国教育科学技术部	韩国教材	《初中科学1》是2010年3月出版，2012年3月再版的。《初中科学2》是2011年3月出版，2012年3月再版的。《初中科学3》是2012年3月出版的
新加坡	聚焦科学：物理（GCE“O”水平考试教材）［*Science in Focus*：*Physics*（*for GCE* ‘*O*’ *Level*）］	培生教育南亚有限公司（Pearson Education South Asia Pte Ltd）	2001	—	新加坡教材	—
俄罗斯	物理（физика）	德罗法出版社（Дрофа）	2011	俄罗斯联邦教育与科学部	俄罗斯教材	—
英国	AQA科学：GCSE科学学生用书（*AQA Science*：*GCSE Science Student Book*）	牛津大学出版社（Oxford University Press，Nelson Thornes）	2006	—	英国教材	—
德国	德国卡尔斯鲁厄物理课程	上海教育出版社	2007	—	德国教材	翻译出版
法国	物理化学（*Physique-Chimie*）	纳坦出版社（Nathan）	2010（*Physique-Chimie 5e*）、2007（*Physique-Chimie 4e*）、2008（*Physique-Chimie 3e*）	—	法国教材	包括*Physique-Chimie 5e*、*Physique-Chimie 4e*、*Physique-Chimie 3e*等
澳大利亚	牛津大概念科学（*Oxford Big Ideas Science*）	牛津大学出版社（Oxford University Press）	2011	—	澳大利亚教材	—
美国	物质科学（*Physical Science*）	McGraw Hill图书出版公司 浙江科学技术出版社（翻译出版）	2008（原版）、2011（翻译出版）	—	美国教材	翻译出版，包括《物质的基础》《力与热》《电与磁》《光、声、波》等四册

讨论初中物理教材难易程度，主要从初中物理教材的广度、深度两个维度考虑。教材广度是指教材内容所涉及的范围（知识点），深度是指教材内容具体知识点的难易程度。

影响初中物理教材难易程度的因素很多，本研究从知识点、实验、例题、习题、拓展等几个方面进行分析，选择初中学段的教材进行国际比较研究。希望本研究能够成为教材研究和物理教学研究的有效参考，为我国的课程与教材建设做出贡献。

二、研究文献综述

1. 教材比较研究现状

教材的多种多样为比较研究提供了丰富的资源。教材的比较研究有利于教材编写者对教材进行更加深刻的思考，有助于教材质量的提高。

（1）在比较的模式上，主要可分为纵向比较与横向比较。

纵向比较主要包括对同地域不同时期的同一版本教材的比较和不同时期教材中同一内容的比较。例如，涂星火、罗琬华、叶从希的《不同时期高中物理课程中量子论内容的比较分析》，针对三个不同时期——1997 年、2003 年和 2004 年的人教版高中物理教材中量子论内容做了较详细的比较分析，明确了高中教材对量子论的内容侧重和要求[1]。

而横向比较范围较广，涵盖不同国家或地区同一时期教材的比较，以及同地域同时期不同教材的比较。

在国内的横向研究中，主要是就某一节内容或具体的知识点进行深入研究，例如李晶晶的《中英两种物理教材“功和能”概念教学的对比》，文章从中英两本高中教材对“功和能”概念的讲授出发，对两种教学方式进行对比，发现我国教材侧重于用演绎的方法进行概念教学，存在知识与实际联系较少等问题[2]。

我国现阶段多种教材并存，使得硕士和博士论文中的一些研究对象

[1] 涂星火，罗琬华，叶从希. 不同时期高中物理课程中量子论内容的比较分析［J］. 物理教学探讨，2008，26（3）：39-40.

[2] 李晶晶. 中英两种物理教材“功和能”概念教学的对比［J］. 物理教师，2005，26（4）：45-47.

是现阶段国内不同的物理教材。例如黄爱坚的硕士论文《初中科学教材比较》就选取了分别由武汉出版社、浙江教育出版社和华东师范大学出版社出版的科学教材，从三本教材的结构体系和设计特点等方面进行分析，探讨当时初中科学课程中存在的问题[1]。

现阶段教材比较研究中大量的研究是将国内教材与国外教材进行比较。常选择的对比对象以美国、英国、日本等国的教材为主，也涉及德国、新加坡等国的教材，例如钱颖的硕士论文《中英初中物理教材的比较研究》就对我国苏教版初中物理教材和英国 GCSE 物理教材进行了全面的比较研究：以文献法为基础，对比两国教材的差异，结合我国教材的实际情况，提出可行的建议[2]。再如涂静秀的硕士论文《中、德两套初级中学物理教材的比较研究》将人教版义务教育课程标准实验教科书八年级、九年级的物理教材与德国卡尔斯鲁厄初中物理教材进行比较，卡尔斯鲁厄教材独特的编排方式给我国物理教材的编写带来了不少灵感与突破[3]。由于各个国家对初中阶段物理课程的设置和安排不同（有的国家物理课程独立，有单行的物理教材；而有的国家物理内容包含在科学课程之中），将物理教材与科学教材直接进行对比存在一定的操作性问题，因此大部分研究人员都采取选择其中一块内容进行比较的方式，例如王莹、陈凤铃的文章《中英两国科学教材的比较与思考——以“力和运动”一章为例》就在中英两国的教材中选取“力和运动”这个内容，从教材内容、知识结构、组织形式和演示实验等方面进行了对比[4]。

（2）在比较的范畴上，主要侧重对教材的结构、内容和特点进行比较，从教材内容、呈现方式、与教学的联系等方面进行研究。

周琴的硕士论文《中英高中物理教材比较》以“运动学”、“动力学”和“电学”为研究对象，从教材的结构和教材的内容两方面进行比较，对我国教材中相关内容的编写提出了宝贵的意见[5]。张翔的硕士论文《中

[1] 黄爱坚. 初中科学教材比较 [D]. 武汉：华中师范大学，2006.
[2] 钱颖. 中英初中物理教材的比较研究 [D]. 苏州：苏州大学，2009.
[3] 涂静秀. 中、德两套初级中学物理教材的比较研究 [D]. 上海：上海师范大学，2009.
[4] 王莹，陈凤铃. 中英两国科学教材的比较与思考：以“力和运动”一章为例 [J]. 物理通报，2006（4）：14–16.
[5] 周琴. 中英高中物理教材比较 [D]. 武汉：华中师范大学，2004.

美二套初中物理教材比较研究》对中美两国的课程改革，课标内容，教材内容、实验、习题、插图和文字等方面进行了全方位的比较研究，明确了中美教材在编写上的理念差异和教学方法的不同[1]。

（3）在比较的思路和方法上，主要依据现有课程标准，设计定型的经验性的比较原则和框架。大部分研究为定性研究，定量研究较少。在研究方法上主要采用文献法和问卷法。

我国研究人员对于物理教材的比较已经做了大量的研究，提供了很多宝贵的理论和经验，但是针对初中物理教材的比较研究并不多，更是很少涉及教材难易程度的比较，只对国内教材与国外教材进行了简单比较。在有关教材和教法分析的论文和书籍中还涉及一些国外教育比较、教材评价和相关的教材介绍。例如，查有梁等人在《物理教学论》中阐述了中国物理教材的改革发展、中美物理教育的教法和教材内容等[2]。随着新课程标准的出台，各地教学研究人员为因地制宜地编写物理教材，进行了大量的教材分析与比较研究工作，其中包括一些国内外教材的内容和主要特点的研究。例如，季一鸣在《物理教材的胸襟——感悟匈牙利普通高中第四册物理教材》一文中，介绍了匈牙利普通高中第四册物理教材的侧重点、内容、知识体系等各个方面的特点[3]。

随着新课程改革的持续推进，越来越多的研究者开始关注教材的分析与比较，期待通过比较国内外的物理教材，给国内教材的编写工作予启示和参考。例如，刘震飞在《新加坡中学物理教材的特点分析》一文中分析了新加坡中学物理教材的结构编排、对信息技术的运用、插图和实验等方面的特点，并将其和国内物理教材进行了一些比较[4]。

在教材对比对象的选取上，以美国、英国、日本的教材为主，也涉及加拿大、德国、俄罗斯、新加坡、澳大利亚、韩国等国家的教材。但值得注意的是，由于不同国家课程设置不同，这些研究主要是针对物理教材进行比较，多为高中物理教材的比较研究，像涂静秀的《中、德两

[1] 张翔. 中美二套初中物理教材比较研究［D］. 苏州：苏州大学，2008.
[2] 查有梁，谢仁根，沈仁和，等. 物理教学论［M］. 南宁：广西教育出版社，1996：148-153.
[3] 季一鸣. 物理教材的胸襟：感悟匈牙利普通高中第四册物理教材［J］. 物理教师（高中版），2004（3）：44-46.
[4] 刘震飞. 新加坡中学物理教材的特点分析［J］. 物理教学，2008，30（12）：48-49，44.

套初中物理教材的比较研究》这样直接将中国人教版初中物理教材与德国卡尔斯鲁厄初中物理教材进行比较研究的相对较少[1]。关于初中教材的比较大多是科学课程教材的比较，主要关注教材的整体编写思想、内容的选择、基本特点等方面，对于物理学科本身的内容和特点的体现关注不足。将综合科学教材作为研究对象与国内初中物理教材进行分析比较的研究相对很少，其中朱红的《中美两种初中物理教材之比较与思考——以温度计为例》，王莹、陈凤铃的《中英两国科学教材的比较与思考——以“力和运动”一章为例》等有目的地选取某些知识作为比较内容的研究，可以帮助学者深入分析不同教材的一些具体特点，但是缺乏对不同教材的整体认识。这些研究从不同的角度，为全面比较不同国家初中物理教材奠定了研究基础。

在研究的范畴上，现有研究主要关注教材结构、教材内容、个别主题［如科学素养、STS（Science Technology Society）、探究实验］、评价体系等，从内容特性、呈现方式、教学设计和课堂使用等方面来进行研究，旨在强调教材与社会发展需求、学生身心发展规律，以及学科发展需要等方面的适切性。例如，华东师范大学金莉的硕士论文《中国和英国初中物理教科书的比较研究》，在比较中英两国科学课程总目标和理念后，从中英两国物理教科书的结构体系、内容选编及科学探究三个维度进行了比较，得出英国物理教科书在结构编排方面充分考虑了学生学习水平的层次性，突出实验探究的重要性，特别注重学生的层级发展；选取的内容更前沿，STS 教育的呈现更广泛和灵活；在探究类型的丰富性、形式的多样性及探究情景设计方面做得更好，并且更关注科学本质教育等结论[2]。再例如，沈国强的硕士论文《中美高中物理教材科学探究内容的比较研究》，在探究科学探究的过程要素和不同类型分类的基础上，对中美两国高中物理教材中的科学探究的数量、内容、方式等进行比较分析，探究两国教材关于科学探究的异同，并结合对教师和学生的问卷调查，了解教师和学生的观念，对两国教材中科学探究这个专题做了详细的比

［1］涂静秀. 中、德两套初中物理教材的比较研究［J］. 物理教学探讨，2009，27（12）：63-66.
［2］金莉. 中国和英国初中物理教科书的比较研究［D］. 上海：华东师范大学，2010.

较研究[1]。值得注意的是，在已有文献中，很少有关于不同国家教材难易程度的比较研究，因为教材的难易程度涉及使用教材国家的文化背景、课程设置、学生情况等多方面内容，所以研究者较难进行全面的分析研究。本研究主要通过静态文本分析的方式进行教材难度比较。

在研究的思路与方法上，基本以相关课程标准制订的目标、教材设计的基本观（知识观、学生观、社会观）为根据，按照提出比较原则、设计比较框架、具体比较并得出结果、提出编写或改进建议的步骤进行。研究的方法包括定性研究与定量研究两类，主要采用定性或简单定量（如简单计数）的方式进行比较研究，鲜有研究采用严格定量的方式进行操作。定性研究一般采用内容分析法与问卷调查法相结合来进行，即在进行教材文本分析的基础上，通过问卷调查的方式，对专家、教师和学生进行多方面调查，印证和补充说明文本分析的结论。定量研究则主要采取建立定量化模型的方式对教材的相应内容进行比较。但采用定量研究方式进行科学教材，尤其是国内外科学教材比较研究的成果很少，因此有必要借鉴一些关于国内教材比较的文献和教材分析评价的理论，建立初中物理教材国际比较的定量化模型。

通过以上综述可以得出，如何定量地进行教材难易程度比较是亟待解决的问题。借鉴国内教材比较、国际高中教材比较、其他学科教材分析的有关方法，有助于我们在研究中解决以上问题。

2. 关于教材难易程度的研究

由于直接针对初中物理教材难易程度进行比较的研究较少，因此本研究在总结文献的基础上，从教材分析、教材评价等其他相关领域寻找相关的信息，对初中物理教材难易程度比较进行了全面、深入、细致的研究。

关于难易程度的界定，《高中物理课程标准教科书内容难度定量分析——以“量子理论”为例》一文当中，仲扣庄和郭玉英在借鉴“课程难度”定义的基础上，明确提出教材“内容难度”的含义，以及“内容难度”应包含深度、广度与进度三个维度，并对这三个维度重新进行了详细的

[1] 沈国强. 中美高中物理教材科学探究内容的比较研究[D]. 苏州：苏州大学，2010.

界定和说明，在此基础上分别给出了各个维度所对应的操作性指标，形成了内容难度的评价框架，提出了定量化的评价模型[1]。《基于内容分析的中澳科学教材比较研究》一文中，李荟、丁伟从学科内容的编制特点、学科知识的数量分布、知识广度相关性三个维度对中澳科学教材进行比较，得出澳大利亚教材注重学生对于物质形象化的理解和运用，而中国科学教材的难度较高，对学生的思维等能力要求较高；两套教材在广度上差异较大的结论[2]。通过分析数学学科中关于概念和试题难易程度的理论，参考黄甫全构建的由低值模型、均值模型和高值模型组成的中小学课程难易程度灰色模型体系[3]，鲍建生构建的由探究、背景、运算、推理和知识含量五个因素构成的数学题综合难易程度模型[4]，以及史宁中、孔凡哲、李淑文构建的刻画课程教材难易程度的数学模型[5]，本研究最终明确从初中物理教材的广度、深度和难度三个维度来分析教材的难易程度。

3. 国外物理教材的种类及特点简介

（1）国外物理教材的种类

通过整理相关文献和研究组人员的一些研究成果可以看出，欧美一些国家教材的种类比较多样，有的与中国现行的教材类似，有的则迥然不同。整体来看，国外物理教材的风格有以下几类：

①以学生实验和活动为主线的教材

这类教材由整套的实验活动卡片（或称为学习指导卡片，Worksheets）和以叙述知识为主的书本组成。卡片以图为主，文字的作用只是把实验指导、测量和观察的记录、归纳的结论、思考的问题等按一定顺序列出来；学生根据卡片上的要求，一步步地开展实验活动。与卡片配套的书本主

[1] 仲扣庄，郭玉英. 高中物理课程标准教科书内容难度定量分析：以“量子理论”为例［J］. 课程・教材・教法，2010，30（4）：67-71.

[2] 李荟，丁伟. 基于内容分析的中澳科学教材比较研究［J］. 外国中小学教育，2010（11）：47-52，10.

[3] 黄甫全. 对中小学课程难度灰色模型*GMs*（1，1）的探索［J］. 系统工程理论与实践，1995（10）：63-70.

[4] 鲍建生. 中英两国初中数学期望课程综合难度的比较［J］. 全球教育展望，2002，31（9）：48-52.

[5] 史宁中，孔凡哲，李淑文. 课程难度模型：我国义务教育几何课程难度的对比［J］. 东北师大学报（哲学社会科学版），2005（6）：151-155.

要供查阅相关内容和课后复习、作业使用。书本也是图文并茂的，以帮助学生理解文字资料。上课时学生主要使用学习指导卡片而不是教材。该类教材对初中较高年级的学习程序往往提出更高的要求，包括学习目标、实验数据处理、参考书目、自测题、反馈、发散性问题等。学习指导卡片一般采用活页形式，更具机动性。

这类教材以实验探究、自主学习为特点。在低年级物理课中，尤其在理科综合中使用较为普遍。这类教材有美国德尔塔教育（Delta Education）公司出版的《K-8科学教程》和卡罗莱纳生物供应公司（Carolina Biological Supply Company）出版的《儿童科学与技术》（*Science and Technology for Children*，简称STC）等。

②将学生实验、演示和叙述部分结合在一起的教材

这类教材中学生实验、学生活动和学生阅读等内容不分开，是综合在一起的。学生实验和学生活动部分不像学习指导卡片那样设计得很详细，但各种活动也都涉及。如美国Prentice Hall出版社出版的*Science*中既有阅读(Reading)部分,也有动手做(Activity Doing)、探究(Activity Discovering）和小论文（Activity Writing）等部分。新加坡有一套初中科学教材名为《交互科学》，该教材信息量大、交互性强，以物质体系或物质交互作用为主线划分主题单元，关注信息技术与国情教育，培养学生批判性、创造性与自我调适性的思维技能，注重科学技术与生活的密切联系及科学技术的应用。这类教材内容涉猎更广泛，叙述更详细，并且更加注意在图文上体现物理知识与其他各方面的广泛联系。这类教材在中、低年级的使用率也很高。

③鲜明体现某种课程观的革新教材

这类教材主要用在高中阶段。20世纪后半叶，以英、美等国为代表的物理教材改革是国际科学教材改革的先锋，其中最具代表性的是体现学科中心课程观的由美国物理科学研究委员会编写的物理教材（PSSC物理教材），体现人文主义课程观的哈佛大学物理计划（Harvard Project Physics）物理教材（HPP物理教材）和体现学生实验探究与自主学习的Nuffield物理教材。这三大中学物理教材是英美高中物理课程改革的代表作。然而除了问世初期产生了巨大冲击，这三大教材目前在英美两国的

选用率只有 10% 左右。这些教材难以推广的原因有三点：其一，这几种革新教材分别从学科体系、自然观与方法论、学生探究过程三个不同方面呈现物理课程，作为对传统教材的革新，属高起点、高水准的里程碑式教程，但对师生的要求过高，“曲高和寡”，大部分人不愿选用；其二，这几种教材的内容远较一般教材多，还有实验活动册、学生读物、影片等多种配套，大部分学校望而却步；其三，这几种教材过于强调自己的特点，难以照顾教学中对科学知识、自然观以及学生的探究活动等多方面的综合需求。

此外，澳大利亚的《让我们一起探索》教材以科学概念图为依据，按逻辑体系对内容进行编排。澳大利亚维多利亚州理科教师协会开发的初中教材《加热与冷却》（*Heating and Cooling*）由怎样进行烹调、汽车的现状与未来、热是生命之本等三个主题组成，从生活的问题与经验出发，引入必要的科学知识。这些教材也体现了编写者崭新的课程理念。

（2）国外物理教材的主要特点

根据对文献的归纳总结和本研究的一些预研究，从对国外几种主要教材的分析中，可以看到各国新时期的初中物理教材有以下主要特点：

①教材的结构有特色，符合学生的认知心理

教材是使学生达到教育目标的一种媒介、载体，这种载体的编排应为教育的目标服务，要符合学生的认知规律，要为学生学习知识、技能，培养方法，树立良好的价值观等做出合理和有特点的设计。

传统的物理教材大多以学科的知识体系为框架来设计和构建结构，但这种以各部分知识的逻辑关系建立起来的学科体系，有时与学生的认知发展是不合拍的，不利于学生的学习和成长。例如传统的初中物理教材多以力学为起点，而且要求把力学全部学完才进入下一个知识领域（如电学），这就很不符合学生学习的规律，人为地造成了许多学习的困难。例如受力分析、密度、浮力、功和能等都是学生比较难理解和掌握的内容，不宜放在初中的前面阶段进行学习。国外许多物理教材都不再以传统的学科体系来构建教材体系，而是以新的视角来编排、设计教材的结构。例如，美国 Prentice Hall 出版社 1997 年出版的 *Science*，就将“声与光”“物质”“力与运动”“电与磁”等单独编辑成册，供学校自由选用。英国的

Science for Eighties 则以人对自然的认识为框架，先后按下列主题展开：自然的秩序，结构和能量，植物，物质的存在方式，营养物质，光，能，发育与繁殖，地球的矿物资源，天文、宇宙与地球，电，酸和碱，人和其他消耗者，力和能，地学，确定地球形状的力，高分子。日本东京书籍株式会社 2012 年出版的“新科学”教材先以“周围的现象”开始，介绍“光”“声”“力”“热”等通过感知能够直接体验的现象，然后通过介绍“电流”“运动”等现象使学生发现与考察自然规律，最后介绍“能量”“科学技术与人类”，培养综合的科学观。

②注重科学方法教育

方法教育近年来在科学教育中的地位越来越重要，因为人们越来越意识到知识和问题是无休止的，而学会了看问题和处理问题的方法，就可以很好地适应当今社会的变化。近年来国外许多物理教材都非常注意在方法教育上下功夫。

例如，英国纳菲尔德基金会（Nuffield Foundation）1998 年出版的 *Co-ordinated Sciences：Physics* 就特别强调物理提供了一种让人们认识世界的思想方法的观点。该教材不仅强调解释物理现象，还努力让学生学会用物理的思想方法探索事物，培养学生科学探究的能力。教材在序言中除简单介绍物理的内容，还花了大量的篇幅来介绍物理的研究方法，介绍科学探究。书中虽然没有直接的科学探究栏目，但是将科学探究分成了五个部分：观察、测量、猜想、应用、计划。在整本书中，凡是出现了涉及其中某一个部分的学生活动，都在旁边用符号注明，这样就突出了对探究意识的培养。

又比如美国“科学探索者”（*Science Explorer*）丛书注重以新的观念、新的教学法训练读者的科学能力，引导读者在学习的过程中，始终像科学家那样思考、观察和实验。该书明确提出了培养科学能力的几个方面：像科学家那样思考，动手测量，灵感思维，信息处理以及绘制图表等。穿插在各章节间的内容主要分两大主题，即“学科探索”和“跨学科探索”。每册中都根据每章知识内容设计了相应的课题，要求学生在学习相应章节知识的过程中同时进行课题研究。例如，在《运动、力与能量》分册的最后一章“热能与热量”中，贯穿整章的探索活动是制作保温容器。书中每页正文旁边都留下相当宽的空白用于补充图解，图解内容非常形象易懂，如《声与光》的旁图中分别用绳索和弹簧展示横波、微波，一目了然。章节之间的补充又分为“课前思考”“技能训练”“基本概念的巩固与强化”“动手实践”“科学知识应用”等,穿插在正文中间，形式非常活泼。另外，更重要的是“跨学科探索”，从中小学起就有意识地提倡跨学科思考，是这套丛书的一个亮点，虽然篇幅不大，但意义深远。

③联系实际，贴近生活

物理规律来源于生活又高于生活。在教学中，如果让学生在比较多的感性认识的基础上知道物理规律的来源以及物理知识在生产生活中的多方面应用，而不是罗列干涩的条文和枯燥乏味的习题，会使知识显得有血有肉。比如，美国 *Science Explorer* 教材中的插图大多来源于生活事例。在讲“运动状态改变及加速度”时，用了有美国“国球”之称的垒球运动照片来说明，在教材其他多处地方也用到了学生喜爱的各类物体运动照片来说明物理规律，让学生从生活走向物理。在讲“摩擦力”时，用了实际生活中马拉雪橇的照片，让学生在理解摩擦力的同时，也欣赏到了美国的雪景。另外，教材大量的插图中，仪器和场景的选取也体现了生活化。实验插图中有仪器图、实验装置图、操作过程示意图等，都是采用实物照片，有的是前视剖面图，有的是斜视、俯视实物图，有的仪器外壳居然是透明的，形象、直观。在讲“电与磁的关系”时，教材插图中呈现的实验仪器是常见的电池、磁铁、铁钉等，并没有固定的铁架台。在讲“摩擦起电”时，选取的插图呈现了用锡箔、水杯、铅笔、家用盘子和毛巾做简易验电器来检验电荷的存在，操作方便，学生能就地取材进行实验。

④注重科学与人文的融合

物理学既是一门严谨的自然科学，同时也蕴含人文主义精神和丰富的辩证唯物主义思想，可以让学生在学到自然科学知识的同时锤炼道德品质。例如，*Science Explorer* 中的插图强调物理与人类文化的广泛联系，注重科学与人文，体现人文主义精神。教材插图注重自然物理和人文物理的结合，突出了人文物理的内容，反映在图幅数量上为人文物理的图片所占比重很大，集中反映了当代人类面临的资源、人口、环境、人与人的关系等社会问题。同时教材注重科学与人类社会的交融，关心人与人的团结协作（如很多实验都涉及多人操作），关心弱势群体（如残疾人大量出现在插图中），关心民族融合（如各民族优秀文化成果出现在插图中），关心人与动物的和谐相处（如人与动物相处的照片大量出现在插图中）。这些都有助于学生形成实事求是的作风和尊重他人劳动成果的态度，培养学生积极进取、坚韧不拔的精神和敢于向困难挑战并战胜困难的意志品质，使学生在未来的社会中敢于承担对他人、对社会的责任，成为健康的社会人。如在讲到“波的形成”时，用了数人同舞中国龙的照片；在讲到“运动快慢的描述”时，用到了白人学生、黑人学生、残疾人学生合作测速度的插图；在讲到“做功功率”时，用了学生集体清扫垃圾的插图，在给学生讲解做功及功率的同时，唤起学生自觉保护自然、积极关注生态、重视环境保护的强烈的责任心；在讲到“质量密度”时，用了人亲密地抱着狗称重的照片，使学生感受人与自然的和谐相处。

⑤强调学生的动手实践活动

物理学科的特点决定了在学生的学习活动中必须保证一定量的动手实践活动。近年来的物理教育强调学生的动手活动，这也是教材改革中值得关注的一个方面。例如，美国 Prentice Hall 出版社出版的 *Science* 和 *Science Explorer* 几乎每节都设有一至两个有关“Activity（活动）”的栏目，如“Activity Discovery”、“Activity Writing”和“Journal Activity”等。英国 Collins Educational 出版社出版的 *Active Science* 以活动为主线的设计理念则更为突出。加拿大 Harcourt Brace Jovanovich 出版社出版的 *Physics In Action*，上海远东出版社和牛津大学出版社联合出版的《新综合科学》等也都有这一特点。

⑥强调科学、技术、社会间的相互作用

理论联系实际，是真正学好物理，培养学生的实践能力最有效的途径。只有善于把学到的物理知识应用到实际中去，才能真正学好物理知识。理论联系实际不仅可以使学生深刻地理解物理规律，同时也可以引起学生对学习的兴趣。科学技术问题都是直接或间接与社会相联系的。强调科学技术的社会意义也是当前科学教育的一个重点。强调科学、技术、社会相互联系既可以使学生了解科学、技术对社会的积极作用，还可以使学生了解科学对社会的不利影响，同时也可以了解科学、技术、社会是如何相互促进和发展的，有利于培养学生用联系、发展的观点看待问题。另外，这种科学、技术、社会的问题都是学生日常生活中常遇到的问题，只有广泛地联系这些问题，才能使学生觉得物理是有用的。

近年来各国物理教材的编写都特别注意联系实际，突出科学、技术、社会相互关联的观点。美国的 *Science Explorer* 教材自始至终都十分强调科学技术与生产、生活实际的结合，强调学习知识是为了解决生产与生活的实际问题。例如，在学习了有关声的知识后，即安排了“噪声污染”的专题，在放射性的知识后面安排了“食物辐射保鲜”的专题，要求学生将所学知识应用到生活中去。该书在设计这类实验与实践时，十分强调学生对社会角色的认识，如让学生分别以建筑商、工厂的工人和当地居民的身份阐明自己对在被污染的土地上进行开发的观点等。

美国 Prentice Hall 出版社 1997 年出版的 *Science* 不但在教材内容的选取上注重选用那些与实际联系紧密、有实用意义的例子（如钢琴、小号、微波炉、手机等），还专门设有“Careers（职业）”栏目，来介绍物理知识在一些特定职业中的作用。美国 Addison Wesley Longman 出版社 1999 年出版的 *Science Insights* 中也设有专门的栏目介绍物理学在实际中的应用，以及科学、技术和社会的关系。

⑦注意学生兴趣的培养

兴趣是最好的老师，在整个物理教学的过程中，初中物理教学是青少年进入物理知识宝库的启蒙，是培养学生学习物理的兴趣，具有初步观察事物、分析问题、解决问题能力的关键。教学手段的趣味性能够使学生的感官在教学过程中不时地受到刺激，活跃课堂气氛，使学生在持续的兴趣中保持比较长久的注意力，对提高课堂效率起到举足轻重的作用。

研究近年来国外一些有特点的教材，特别是初中及更低学段的理科教材，可以发现编者都非常关注学生学习的兴趣。无论是教材的形式，还是所选的内容、设计的活动等，都非常贴近相应年龄段学生的特点。例如前面提到的 *Active Science* 在“声音和光”这部分内容中，从观察秋千、钟摆的摆动，到讨论游乐场中的“Flying Carpet（飞毯）”，再到制作

“Bouncers（跳跃小人）”，从一开始就以有趣的话题和多彩的画面，引起学生学习的兴趣。*Science Explorer* 的插图幽默、详细，文字生动，符合青少年的心理与生理特点，更显示出该教材科学可行、生动有趣的特点，使其成为学生爱不释手的通俗科学读物。教材中增加了许多学生实验并配有插图，配插图实验的趣味性突出并加强了实验观察与操作中的趣味性，实验经过精心设计并且以游戏（如小魔术、趣味小游戏等）的形式呈现。插图描述语言也极具趣味性（整套教材的语言风趣生动），能够让学生在较为轻松的环境中接受知识、增加技能。该教材的插图中还有创作和引用的卡通画等，这种表达方式与学生的心理特点非常吻合。另外，教材插图罗列了一些物理学史上的趣闻，使得学生对物理产生高度兴趣。如该教材在讲到“牛顿第三定律”时，为了说明作用力与反作用力的大小关系，用了几只小狗在草地上玩布带的有趣场景作为插图。*Science Explorer* 在讲电磁现象前，特意安排了中学生特别感兴趣的“一个在太空中的电子工程师（An electrical engineer in outer space）”话题。正文部分所涉及的内容也都体现出编写者在这方面的细心安排，如磁悬浮列车的介绍，用电磁方法“辨别真假硬币（Detecting fake coins）”等。加拿大 Harcourt Brace Jovanovich 出版社出版的 *Physics In Action* 也有这方面的特点。

第一章　初中物理教材难易程度比较框架的构建

影响初中物理教材难易程度的因素很多。初中物理教材难易程度不仅与教材的客观难度有关，也与教师的素质、教学的要求、教学的时间以及学生的能力和用功程度等因素有关，研究起来非常复杂。为了客观、可靠地分析教材的难易问题，本研究仅就教材的文本进行比较，将中国初中物理教材（人教社教材 2006 年版）与其他国家的教材主要就难易程度问题进行静态的文本比较分析，尽量排除影响课程、教学难易程度的其他因素，希望能够反映中国初中物理教材在世界上十个有代表性国家中的难易程度（排名位次）。选定的国家有中国、日本、韩国、新加坡、俄罗斯、英国、德国、法国、澳大利亚、美国等十个。

本研究从初中物理教材的广度、深度两个维度考虑初中物理教材难易程度。教材广度是指教材内容所涉及的范围（知识点），深度是指教材内容的难易程度。教材的难度就是知识点的总深度。

教材的广度研究参考美国各州首席教育官员理事会（Council of Chief State School Officers，简称 CCSSO）2004 年提出的课程调查规范（Surveys of Enacted Curriculum，简称 SEC）。利用 SEC 的知识分类方法，将教材所涉及的知识结构及知识点整理到“力与运动”“电”“波”“动力学和平衡”“能量”“物性”这六个一级主题下，并结合难易程度的相关文献，从知识点、实验、例题、习题、拓展这五个方面构建了广度的研究工具。分别求出知识点、实验、例题、习题和拓展的总个数 n_1、n_2、n_3、n_4、n_5，即可得出知识点广度（G_1）、实验广度（G_2）、例题广度（G_3）、习题广度（G_4）和拓展广度（G_5），其中知识点的广度（G_1）就是教材广度（G）。

教材的难度是知识点的深度总和，知识点的深度分析是在广度分析的基础上，采用 SEC 中使用的五个层次的认知指标，分为五个级别：记忆、操作、理解、分析和应用。对知识点、实验、例题、习题四个部分，依据其各自内容的特点分别构建了深度水平。拓展材料的主要目的是拓宽学生的知识面，因此不对其做深度研究。

第一节 初中物理教材选定

本研究选取的各国教材如表 1-1 所示。

表1-1 所选各国初中物理教材

国家	教材版本
中国	义务教育课程标准实验教科书·物理，2006，人民教育出版社
日本	新科学，2012，东京书籍株式会社
韩国	初中科学，2010，金星出版社
新加坡	*Science in Focus*：*Physics*（*for GCE ‘O’ Level*），2001，Pearson Education South Asia Pte Ltd
俄罗斯	物理，2011，德罗法出版社
英国	*AQA Science*：*GCSE Science Student Book*，2006，Oxford University Press，Nelson Thornes
德国	德国卡尔斯鲁厄物理课程，2007，上海教育出版社（翻译出版）
法国	*Physique-Chimie 5e*，2010；*Physique-Chimie 4e*，2007；*Physique-Chimie 3e*，2008；Nathan
澳大利亚	*Oxford Big Ideas Science*，2011，Oxford University Press
美国	物质科学，2011，浙江科学技术出版社（翻译出版）

注：本书之后的内容及表格中都以国家名称代表所选的该国教材。

一、中国教材

本研究选用的中国教材是人民教育出版社出版的“义务教育课程标准实验教科书·物理”。

本研究选取的这套教材是由人民教育出版社课程教材研究所物理课程教材研究开发中心组织编写的，担任主编的是时任人民教育出版社物理室主任、中国教育学会物理教学专业委员会理事长彭前程编审。教材于 2001 年正式出版发行，在部分省市进行实验推广的过程中不断修订完善，到 2006 年 3 月完成第 3 版修订，全国多数地区都使用这套教材。

二、日本教材

本研究选用的日本教材是由东京书籍株式会社于 2012 年 2 月出版的“新科学”。

这套教材的主要作者为冈村定矩和藤屿昭等 49 人。此套教程依据日本文部科学省于 2008 年 3 月颁布的《新订初中理科课程标准》编写，并且配有独立的学习指导要领。

三、韩国教材

本研究选用的韩国教材是由韩国金星出版社出版，韩国教育科学技术部审定的“初中科学”教材。

这套教材由李成冒等 12 人编写，主编人员均来自首尔大学师范学部。首尔大学是韩国最好的大学之一，由此可看出这套教材的编者具有较高的权威性。担任各单元主编的人员分别是李成冒、蔡光彪、南京云、罗太熙、徐仁浩、姜锡秦等。教材多年来不断改进，本研究所用的这套教材共三册，第一册是 2010 年 3 月出版，2012 年 3 月再版的；第二册是 2011 年 3 月出版，2012 年 3 月再版的；第三册是 2012 年 3 月出版的。

四、新加坡教材

本研究选用的新加坡教材是 Pearson Education South Asia Pte Ltd（培生教育南亚有限公司）出版的 *Science in Focus*:*Physics*（*for GCE ‘O’ Level*）。

新加坡教材市场开放，一纲多本，各个学校没有统一的教材。本研究选取的教材由 Loo Wan Yong、Loo Kwok Wai、See Toh Weng Fong 等人一起编写。这本教材于 2000 年第一次出版发行，2004 年第五次重新印刷。新加坡的普通学生在中学三至四年级开始学习分科物理课程，在这之前学习科学课程。学生升上初中后，需要接受 4 至 5 年的中学教育。学校根据初中学生的水平和学习能力，分配学生就读普通课程班（慢班）或者快捷课程班（快班）。修读普通课程班的学生在第 4 年的时候必须参加新加坡剑桥初级普通教育证“初级水准”（“N” LEVEL）会考，“初级水准”考试成绩优异的考生可以继续学习第5年的中学课程和准备参加剑桥初级普通教育证“普通水准”(“O”LEVEL)考试。修读快捷课程班的学生在第4年即可参加“O”LEVEL考试。也就是说，快班的学生可以用4年时间学完慢班学生5年的学习任务。这个考试类似中国的中考。本研究所选教材是修读普通课程班的学生在第3年到第4年所使用的教材，相当于中国普通初中生使用的物理教材。该教材是新加坡初中物理的主流教材。

五、俄罗斯教材

本研究选用的俄罗斯教材是德罗法(Дрофа)出版社出版的“物理”系列教材。

本研究选取的这套“物理”教材由卡西亚诺夫(Перышкин)担任主编，是德罗法出版社于2011年最新修订的教材。这套教材在卡西亚诺夫编写的前几版“物理”教材的基础上，根据《联邦国家基础教育物理课程标准(第二版)》的规定，更为全面地确定了研究物理所必要的一些材料。整套教材编排科学严谨、质量上乘、内容简练。

六、英国教材

本研究选用的英国教材是英国牛津大学出版社出版的*AQA Science*系列书籍中针对物理科目的*GCSE Physics*教材。此书出版的目的是让学生在学习知识的同时，达到英国GCSE考试的要求。

这套科学教材共包括7册学生用书、7册教师用书、7册修订指南和1册网上资源。该教材以及其相应的网上资源均是在考试出题者、经验丰富的教师和学科专家的支持下完成的，能用来检验各个水平的学生的能力。本研究选用的物理教材来自整套科学教材中的物理分册。

七、德国教材

本研究选用的德国教材是我国上海教育出版社翻译出版的“德国卡尔斯鲁厄物理课程”。

1989年，德国卡尔斯鲁厄大学(现为卡尔斯鲁厄理工学院)出版社出版了最早的初中版 KPK（*Der Karlsruher Physikkurs*）课程。1994年，根据德国官方教学大纲中一条新的特殊条款的规定，卡尔斯鲁厄物理课程今后可以在巴登 - 符腾堡州内所有的中学使用。1998 年，卡尔斯鲁厄物理课程的印刷和经销由 Aulis Verlag Deubner 出版社正式接管。1997~2010 年，卡尔斯鲁厄物理课程高中版第一卷至第五卷由同一出版社即 Aulis Verlag Deubner 出版社陆续出版。

2007 年底，上海开展了一个以编写新概念物理教材为目标的中德合作项目，新教材的编写以德国卡尔斯鲁厄物理课程为基础。中方参与单位为上海教育出版社，德方参与单位是以卡尔斯鲁厄理工学院物理教学研究所所长赫尔曼（F. Herrmann）教授为主席的久保基金会（Job Foundation）。

本研究选用的这套教材于 2007 年由上海教育出版社翻译出版。本套教材的主要作者是赫尔曼教授。大量基础资料和观念来源于卡尔斯鲁厄大学法依克（Gottfried Falk）教授和汉堡大学约伯（Georg Job）博士的著作和论文，也来源于主要作者与他们之间的交流。作者与法依克教授之间的交流一直持续到后者逝世为止。

八、法国教材

本研究选用的法国教材是由 Nathan 出版社于 2010 年出版的 *Physique-Chimie 5e*、2007 年出版的 *Physique-Chimie 4e*、2008 年出版的 *Physique-Chimie 3e*。

法国并没有一个专门的机构来编写统一的教材，因此，市场上的教材由不同出版商出版，各式各样，呈现出百花齐放的景象。教材的编写者大部分是在职的中小学教师，他们通常与一些大学或者教育监督机构的成员合作，共同完成编写工作。教材版本众多并不等于可以随意编写，而是须符合某些标准。例如，一套教材必须同时具有教育和文化传播两种功能；教材必须既包括一门课程的教学内容，又是一本练习集、一本方法论导读和一本参考工具书；教材必须符合教学计划的要求，但这并不意味着它不可以补充教学计划以外的内容或者增加一些较深的内容；教材必须是图文并茂的，既有充实的内容，又有丰富的活动栏目。针对以上编写原则，本研究对法国的教材筛选之后，选择了由 Nathan 出版社出版的教材。

九、澳大利亚教材

本研究选用的澳大利亚教材是牛津大学出版社出版的 *Oxford Big Ideas Science* 教材。

选用的教材是第一版，主编是莎莉·伍利特（Sally Woollett）。教材针对的是澳大利亚初中学生的科学课程的学习。

十、美国教材

本研究选用的美国教材是美国核心理科教材“物质科学”中的物理部分，包括四册——《物质的基础》、《力与热》、《电与磁》和《光、声、波》。

这套教材是美国 McGraw Hill 图书出版公司在 2008 年出版的美国核心理科教材——*Introduction to Physical Science*，*Earth Science*，*Life Science*。该教材是在美国“2061 计划”指导下编写的。“2061 计划”规划了新一代美国人在科学技术领域必须掌握的科学内容、科学概念和科学技能，以及应当具备的科学态度、科学精神和科学方法。

这套教材是美国初中学生（6~8 年级）使用的主流教材。本研究选择的是浙江科学技术出版社出版的翻译本，原书作者为美国的塞克等，由施忆等人编译，出版时间是 2011 年 10 月。

第二节 比较模型、维度与水平

一、概念界定

本研究的对象是十个国家的物理教材，是静态文本。本研究确定从广度（G）和深度（S）这两个维度来对教材进行比较，从知识点、实验、例题、习题、拓展这五个方面进行分析。

广度是指教材内容所涉及的范围，用知识点、实验、例题、习题、拓展的数量来衡量。由于初中生刚刚开始学习物理，因此，初中物理教材的普遍特征是广而浅。编写者在教材中编排了大量的实验、例题、习题、拓展来支撑相关的知识点，以帮助学生理解。例如，针对同一个知识点有可能编排两三个实验，甚至更多。但是，这些实验都是很简单的小实验，只是为了让学生更好地理解知识点，这不代表教材的广度增加了。因此，本研究中以知识点的广度代表教材的广度，但对实验、例题、习题、拓展的广度作为教材特征的反映也分别进行了研究，它们的广度都映射到了知识点的广度中。尤其是实验，它作为教材的重要组成部分，有些知识点就是以实验的形式编排的，因此，知识点广度的一部分就是由实验构成的。

深度是指教材内容的难易程度。本研究在对中国教材和美国教材进行深度试测的过程中，开始是对知识点、实验、例题、习题的深度分别进行了赋值，然后把它们的总深度全部相加来代表教材的难度，但发现这样做是有问题的。因为实验、例题、习题、拓展这四部分是依托于知识点而存在的，尤其是实验。初中的实验数量很多，但很多实验都是作为知识点的支撑材料，而且很多知识点又以实验的形式呈现。如果用它们的总深度相加来代表教材的难度，那会使教材的难度增加，无法反映教材的真实难度。

基于以上原因，考虑到广度和难度是正相关关系，为了更准确地反映初中教材的特征，在研究深度时，规定知识点的深度涵盖相关的教材表征（如定义、公式、单位等）、实验、例题、习题、拓展等所有内容，因此，知识点的总深度就代表教材的难度。本研究对实验、例题、习题的深度也都分别进行了研究，它们深度的不同会影响对应知识点的深度。举例来说，知识点的深度水平越高，对应的实验越难，例题和习题深度水平也会越高。因此，知识点的深度和实验、例题、习题的深度可以互相印证。

因此，本研究对教材广度、深度和难度分别界定如下。

广度（G）是指教材内容所涉及的范围，用相关内容的总数量来衡量。本研究的维度包括知识点、实验、例题、习题、拓展，分别用符号 G_1、G_2、G_3、G_4、G_5 表示。其中知识点的广度 G_1 就是教材的广度 G，因为本研究中知识点广度涵盖了相关实验、例题、习题、拓展的广度，所以

$$G=G_1=G_1(G_2,\ G_3,\ G_4,\ G_5)$$

深度（S）是指教材内容的难易程度。深度是对单个知识点或者实验、例题、习题而言的，例如中国人教版教材中，“误差”这个知识点的深度是 1.2，“比热容”这个知识点的深度是 3.6。本研究的维度包括知识点、实验、例题、习题，单个知识点、实验、例题、习题的深度分别用符号 S_{1i}、S_{2i}、S_{3i}、S_{4i} 表示。本研究中知识点深度不仅涵盖了教材对知识点本身的表征内容，如定义、公式、单位等，而且涵盖了相关实验、例题、习题的深度。即

$$S_{1i}=S_{1i}(S_{2i},\ S_{3i},\ S_{4i})$$

难度（D）：各个知识点的总深度就是教材的难度。难度可以是指整本教材的难度、某一章的难度，也可以是指某节的难度。将各个知识点、实验、例题、习题的深度求和就得到了整本教材中它们的总深度，分别用 S_1、S_2、S_3、S_4 表示。即

$$S_1=\sum_{i=1}^{G_1} S_{1i}$$

$$S_2=\sum_{i=1}^{G_2} S_{2i}$$

$$S_3=\sum_{i=1}^{G_3} S_{3i}$$

$$S_4=\sum_{i=1}^{G_4} S_{4i}$$

$$D=S_1=S_1(S_2,\ S_3,\ S_4)$$

为了使研究结论更科学、完整，本研究也对教材平均深度进行分析，平均深度（$\overline{S}$）= 难度（D）/ 广度（G），即

$$\overline{S}=\frac{D}{G}$$

二、理论研究

1.SEC 的知识分类方法

CCSSO 在 2004 年提出的 SEC 中，将认知水平分为五个级别，分别是记忆、操作、理解、分析和应用，具体如表 1-2。

表1-2 SEC认知分类

一	二	三	四	五
记忆事实、定义、公式	操作/执行程序	交流理解科学概念	分析信息	应用概念/创造联系
1.背诵基础科学事实 2.回忆科学术语和定义 3.回忆科学公式	1.观察 2.收集和记录数据 3.使用适当的工具 4.测量和计算 5.执行程序 6.计划和设计实验 7.检验不同变量的效果	1.解释概念 2.观察和解释教师演示的内容 3.解释科学和探究的过程和方法 4.利用表格和图表记录、整理数据	1.分类并比较数据 2.分析数据，识别模式 3.产生问题并进行预测 4.从数据中推断得出结论	1.使用和整合科学概念 2.对现实情境运用科学信息 3.建立或修改理论 4.在科学背景外应用科学想法

2. 鲍建生的数学题综合难易程度模型[1]

鲍建生建立了由探究、背景、运算、推理和知识含量五个因素构成的数学题综合难易程度模型，如图 1-1 所示。

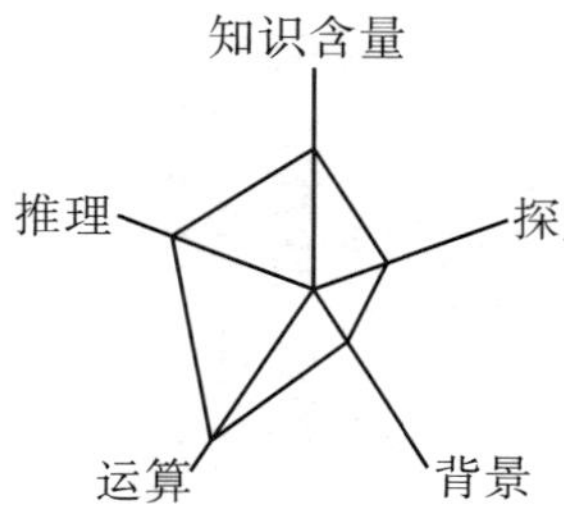

图 1-1 数学题综合难易程度模型

[1] 鲍建生.中英两国初中数学期望课程综合难度的比较［J］.全球教育展望，2002，31（9）：48-52.

这个模型包含了五个难度因素，每个因素又进一步划分为不同的水平，如表 1–3 所示。

表1–3　数学题难度影响因素与水平划分

因素	水平			
探究	识记	理解	探究	
背景	无实际背景	个人生活	公共常识	科学情景
运算	无运算	数值运算	简单符号运算	复杂符号运算
推理	无推理	简单推理	复杂推理	
知识含量	单个知识点	两个知识点	三个及以上知识点	

3. 王祖浩的化学习题难易程度模型

鲍建生的数学题综合难易程度模型的最终分析结果是以图形的形式给出，并不是一个量化的数值。王祖浩修改了鲍建生的数学题综合难易程度模型，建立了化学题难易程度模型，如表 1–4 所示。

表1–4　化学题难度影响因素与水平划分

因素	第一层次	第二层次	第三层次	第四层次
背景	无背景	个人背景	社会背景	跨学科背景
推理	无推理	一步推理	两步推理	三步及以上推理
知识量	单个知识点	两个知识点	三个知识点	四个及以上知识点
开放度	无开放性	条件不定，结论确定	条件确定，结论不确定	条件、结论都不确定
数学技能	无运算	数值运算	符号运算	复杂数学处理
宏、微、符	无转换	宏、符转换	宏、微转换	微、符转换

三、教材难易程度分析比较指标体系的构建

1. 广度的研究工具

由于 CCSSO 提出的 SEC 在国际上已经得到了相关人士的承认，有着相当高的认可度，因此，对知识点的广度研究参考 SEC，将教材所涉及的知识结构及知识点整理到“力与运动”“电”“波”“动力学和平衡”“能量”“物性”这六个一级主题下，如表 1–5 所示。

表1-5 知识点的结构

一级主题	二级标题	一级主题	二级标题
力与运动	矢量和标量	动力学和平衡	分子运动
	位移		压强和浮力
	速度		动力学和温度
	相对位置和速度		平衡
	加速度		反应速率
	力		其他
	牛顿第一定律	能量	势能
	牛顿第二定律		动能
	牛顿第三定律		质能守恒
	动量、冲量和守恒		热能及热传递
	平衡		光能
	摩擦力		声能
	万有引力		热力学定律和熵
	弹力		功和能
电	静电学		机械能和机械
	库仑定律		能源
	电场	物性	特性及构成
	电学		物态
	电流、电压、电阻		物理变化
	串、并联电路		物理特性
	磁学		光子和光谱
	场的相互作用		原子学说
	导体和绝缘体		量子论和电子云
	其他		其他
波	特性和作用	波	声音
	可见光		地震、海啸、海浪
	不可见光/电磁光谱		信息的传递

每个一级主题包含若干个二级标题，二级标题是在一级主题下制订的。

实验、例题、习题、拓展的广度，根据它们所隶属的知识点，也采取同样的方法进行分析。把教材整理完之后，就得到教材的广度文件，即知识点广度（一级主题）、实验广度（一级主题）、例题广度（一级主题）、习题广度（一级主题）、拓展广度（一级主题）这五个文件。

分别求出知识点、实验、例题、习题和拓展的总个数 n_1、n_2、n_3、n_4、n_5，即可得出知识点广度（G_1）、实验广度（G_2）、例题广度（G_3）、习题广度（G_4）和拓展广度（G_5）。其中知识点的广度（G_1）就是教材广度（G），即

$$G=G_1=G_1（G_2，G_3，G_4，G_5）$$

最后以思维导图的形式将知识点、实验、例题、习题和拓展的结构展现出来。

2. 深度的研究工具

本研究的深度分析是在广度分析的基础上，依据知识点、实验、例题、习题各部分内容的特点，创建不同的赋值工具进行赋值。拓展材料主要目的是拓宽学生的知识面，因此不对其做深度赋值。

（1）知识点深度的研究工具

①知识点深度水平的划分

知识点的深度采用 SEC 中的五个层次的认知指标，分为五个级别，分别是记忆、操作、理解、分析和应用。依据 SEC 对这五个级别的界定，结合中国物理课程标准对了解、理解、应用的界定，以及中国的人教版教材，本研究对记忆、操作、理解、分析和应用的界定如表 1-6 所示。

表1-6 知识点深度水平界定

水平	各水平的界定	教材的表征方式
记忆	通过阅读教材，能背诵基础科学事实，回忆科学术语和定义，回忆科学公式，识别、辨认事实或证据，举出例子，描述对象的基本特征	定义、物理意义、单位、单位换算、符号、公式、原理、规律、结论、基础性的材料、描述性例子、分析性例子、图片例子、仪器的介绍、拓展材料
操作	通过阅读教材，能进行简单的分析、推理；使用适当的仪器进行观察、收集和记录数据、测量、计算；进行猜想和假设；计划和设计实验，检验不同变量的效果	画图、仪器的使用、分析性问题、学生随堂小实验、观察演示实验、数据记录、探究实验、拓展（查资料、课外制作）

续表

水平	各水平的界定	教材的表征方式
理解	通过阅读教材，能解释概念，解释教师演示的内容，说明科学探究的过程和方法，利用表格和图表记录和整理数据	例题、演示实验、公式探究、探究实验、概念的总结、规律的得出、对现象的解释（包括生活现象）
分析	通过阅读教材，能分类并比较数据；提出问题并进行预测；分析数据，识别模式；从数据中推断得出结论；分析与论证	通过探究实验总结出概念和规律，用概念和规律解释生活中的现象
应用	通过阅读教材，能在新的情境中使用抽象的概念、原则，进行总结、推广，建立不同情境下的合理联系，对实验进行评估	运用知识解决综合性的问题，设计制作

②知识点深度的赋值方法

依据表 1-6 对知识点深度水平的界定及教材的表征方式，对知识点进行深度赋值，方法如下：

两个相邻的深度水平，采取 1 的级差，共划分为五个区间，每个深度水平的赋值区间如表 1-7。

表1-7　知识点五级深度区间划分

认知水平	记忆	操作	理解	分析	应用
赋值	[0.5，1.5）	[1.5，2.5）	[2.5，3.5）	[3.5，4.5）	[4.5，5.5]

之所以给每个深度水平一个赋值区间，是出于两方面的考虑：

第一，对于相同深度水平的内容，仍然有难易程度之分。

比如“长度的单位”“速度的单位”“力的三要素”这三个概念均为记忆水平。“长度的单位”由于学生在小学时已有涉及，将其赋值为 0.5；“速度的单位”，根据经验，涉及运算和公式之后的单位的记忆，对学生的要求有所提高，将其赋值为 1；对于“力的三要素”这个同样属于记忆的知识点，涉及的内容更多，对学生的要求更高，将其赋值为 1.4。三个知识点同属于记忆这个相同的水平，但是不同的内容对学生的要求仍有不同。

第二，对于相同的内容，不同的人有不同的主观判断。给每个深度水平一个赋值区间，而不是将其简单地划分为1、2、3，会给人们提供更广泛、灵活的赋值空间，从而降低主观性。

此外，对知识点深度水平的界定不仅包括了对知识点本身的定义、公式、单位等的表征，而且包含了与知识点相关的实验、例题、习题、拓展等内容。知识点的深度水平越高，对应的实验越难，比如操作水平的知识点，包含的实验就只是仪器的使用、观察演示实验等小实验，而理解水平的知识点，包含的实验则是探究实验。

基于共识，在结果呈现的时候将知识点部分的深度分为了解、理解、应用三个水平。

把五个层次的深度水平划分为三个区间，是依据中国物理课程标准对了解、理解、应用的界定，把了解的赋值范围定为［0.5，2.5），理解的赋值范围定为［2.5，4.0），应用的赋值范围定为［4.0，5.5］，如表1–8所示。

表1–8　知识点三级深度区间划分

认知水平	了解	理解	应用
赋值	［0.5，2.5）	［2.5，4.0）	［4.0，5.5］

将知识点按照上述方法赋值之后，就得到了每个知识点的深度（S_{1i}），将S_{1i}求和就得到了整本教材的知识点总深度（S_1），即教材的难度（D）。即

$$D=S_1=S_1(S_2,\ S_3,\ S_4)$$

$$S_1=\sum_{i=1}^{G_1} S_{1i}$$

（2）实验深度的研究工具

①实验深度影响因素及水平划分

实验的赋值方法，与知识点的赋值方法有所区别。本研究选择原理、仪器、操作量、探究这四个因素作为影响实验难易程度的因素，并将各个因素划分为不同的水平，具体如表1–9所示。

表1-9 实验深度影响因素及水平划分

因素	水平		
原理	简单	中等	偏难
仪器	简单	中等	偏难
操作量	偏少	中等	偏多
探究	简单	中等	偏难

各个因素水平从易（少）到难（多）的赋值分别为1、2、3，原理、仪器、操作量、探究各因素的水平分别用 d_1、d_2、d_3、d_4 表示，将四个因素的赋值求和就得到每个实验的深度 S_{2i}，即

$$S_{2i}=d_1+d_2+d_3+d_4$$

因为 d_1、d_2、d_3、d_4 的赋值为1、2或3，所以实验深度（S_{2i}）的赋值区间为{4，5，6，7，8，9，10，11，12}。

将实验按照上述方法赋值之后，就得到了每个实验的深度（S_{2i}），将 S_{2i} 求和就得到了整本教材的实验总深度（S_2），即

$$S_2=\sum_{i=1}^{G_2} S_{2i}$$

②实验深度影响因素水平的界定

Ⅰ. 原理

实验原理是实验设计的依据和思路。物理课中学过的物理规律、物理公式中只要含有某一物理量，就可将该规律、公式作为研究或测定该物理量的原理而进行相应的实验设计。本研究根据实验原理中涉及知识点的深度水平将实验原理分为三个层次。

第一层次：简单。实验原理涉及的知识点深度水平为“记忆”“操作”，且学生熟悉，容易辨认，如随堂实验、演示小实验等。

第二层次：中等。实验原理涉及的知识点深度水平为“理解”“分析”，并且是学生刚刚学过的，如验证性实验、涉及的测量量不是太多的实验等。

第三层次：偏难。实验原理涉及的知识点深度水平为“应用”，学生需要通过探究得出原理。如探究性实验、容易引起概念混淆的实验原理、涉及的测量量多的实验、需要测量新的物理量的实验、需要总结规律的

实验等。

Ⅱ. 仪器

根据实验中所用仪器的结构、调整难度、设计原理，仪器数量的多少，实验装置的组合，本研究将仪器分为三个层次。

第一层次：简单。涉及的物理原理学生熟悉，仪器结构简单，容易使用。

第二层次：中等。涉及学生刚刚学过的部分新的物理原理，仪器结构较为复杂、易于调整，实验涉及的仪器数量较少，实验装置的组合简单。

第三层次：偏难。仪器本身涉及的原理学生第一次接触，仪器结构复杂、较难调整，实验涉及的仪器数量较多，实验装置的组合复杂。

Ⅲ. 操作量

根据实验操作步骤的多少及操作要求，本研究将操作量分为三个层次。

第一层次：偏少。两步及以下，操作动作简单。

第二层次：中等。四步及以下，操作需要准确、规范。

第三层次：偏多。五步及以上，操作需要快速、精确。

Ⅳ. 探究

探究的形式多种多样，探究过程可涉及所有的探究要素，也可只涉及部分要素。探究类型、影响因素的数量将直接影响探究的难度，本研究据此将探究分为三个层次。

第一层次：简单。定性探究，简单定量探究，影响因素 1 个。

第二层次：中等。定性探究，中等定量探究，影响因素 2 个及以上。

第三层次：偏难。复杂定量探究。

（3）例题、习题深度的研究工具

例题属于习题的一种类型，因此研究例题和习题深度采用相同的深度研究方法。

①习题深度水平的划分

习题的类型多种多样，以中国人教版教材为例，习题的类型有计算题、简答题、实验题、填空题、选择题、社会实践及小论文写作等。本研究选择物理情境、知识点个数、运算、推理、物理过程、实验作为影响物理习题难度的六个因素，根据这六个因素，统一将习题的深度水平划分为水平 1、水平 2、水平 3、水平 4、水平 5 五个级别，对各个水平的界定如表 1–10 所示。

表1–10 物理习题深度水平的界定

深度水平	各水平的界定
水平1	物理情境简单，常见，对象简单；只涉及一个知识点；无运算；无推理；物理过程单一；无实验
水平2	物理情境简单；涉及一个知识点；运算简单，有简单数学方法的使用、基本图形的处理（如平面镜成像）；推理简单；物理过程单一；实验简单
水平3	物理情境具体，学生熟悉；涉及两个知识点；运算较难，有较复杂的数学方法的使用、符号的运算、图象处理（受力分析）；推理过程包含两步；物理过程包含两个阶段；实验较难
水平4	物理情境抽象，对象多；涉及三个及以上知识点；运算较难，有较复杂的数学方法的使用、符号的运算、图象处理（欧姆定律）；推理过程有两步以上；物理过程包含两个阶段以上；实验较难
水平5	物理情境复杂，涉及新领域，对象多；涉及三个及以上知识点；运算复杂，有复杂的公式推导、图象处理（熔化曲线）；推理过程有两步以上；物理过程包含两个阶段以上；实验复杂

“物理情境”指的是习题的问题情境。

“知识点个数”指的是题目和解题过程包含的知识点总和，并参照知识点的广度研究，以最小知识点为准。

“运算”指的是解题过程中涉及的数学运算，如科学计数及其相关运算，单位换算，解代数方程，画图或利用比例、分数和百分数进行计算，符号计算，图象处理等。

“推理”指的是问题解决中所需要的逻辑联系。

“物理过程”指的是在物理解题中，一个较复杂的物理过程往往是由多个物理阶段按事件发生的时间顺序有机连接而成的，而这些小的物理阶段通常较简单。因此顺利解题的关键，是顺利地将整个物理过程分解为小的、较简单的物理阶段，并建立各阶段的联系。

“实验”难易程度参考前面研究中实验难度的确定方法。

②习题深度的赋值方法

依据表 1–10 对物理习题深度水平的界定，对习题进行深度赋值。两个相邻的深度水平，采取 1 的级差，共划分为五个区间，具体如表 1–11 所示。

表1–11　习题深度水平区间划分

深度水平	水平1	水平2	水平3	水平4	水平5
赋值	[0.5，1.5)	[1.5，2.5)	[2.5，3.5)	[3.5，4.5)	[4.5，5.5]

将例题、习题按照上述的方法赋值之后，就得到了每个例题的深度（S_{3i}）和每个习题的深度（S_{4i}），分别求和就得了整本教材的例题总深度（S_3）和习题总深度（S_4），即

$$S_3=\sum_{i=1}^{G_3} S_{3i}$$

$$S_4=\sum_{i=1}^{G_4} S_{4i}$$

第二章 初中物理教材结构

为了更好地分析各国教材，首先要了解各国初中物理教材的结构。本部分内容采取思维导图的形式分别对十个国家初中物理教材的结构、内容及栏目设置等进行了宏观比较，并对教材中各栏目进行了统计，分析了各国初中物理教材编写的特点。

第一节　中国初中物理教材结构

本研究所选的人教 2006 版初中物理教材是依据中华人民共和国教育部 2001 年颁布的《全日制义务教育物理课程标准（实验稿）》编写的。教材知识内容的选择与编写体现了物理课程标准提出的课程性质、基本理念、课程目标、内容标准等。为落实课程标准提出的知识与技能、过程与方法、情感态度与价值观三维课程目标，教材增加了科学探究及学生活动的内容，更注重学生的经验，扩大了学生的知识面。

一、教材结构特点

全套教材共分为 3 册，每册书包含若干主题，每个主题对应物理学中的一个知识系统，如“功勋卓著的电与磁”对应电学的内容。每个主题下面有若干章，如“有趣的声”仅仅包含 1 章，介绍声学的相关知识，而“功勋卓著的电与磁”共 6 章，涵盖电流、电路、电压、电阻、欧姆定律、电功率、电与磁、信息传递等电学的相关领域。

八年级上册教材主要包括 4 个部分。第一部分是较为简单的“有趣的声”，包括第一章“声现象”，介绍声音的产生、传播、特性及日常生活中的有关现象等。第二部分是“色彩斑斓的光现象”，包括第二章“光现象”和第三章“透镜及其应用”。第三部分是“形态各异的物质世界”，包括第四章“物态变化”，介绍温度计的使用及常见的六种物态变化。第四部分进入了重点知识“功勋卓著的电与磁”的学习，包括第五章“电流和电路”，介绍电流的概念、电路的组成、串并联电路及生活中的电路等基本电学概念。

八年级下册教材全部是“功勋卓著的电与磁”的相关知识。教材首先介绍了电学的基本物理量电压、电阻等及其在串并联电路中的规律；然后讲述了电学的重要规律欧姆定律及其应用；在此基础上，进一步讲述了电能与电功率的相关内容；最后介绍了电与磁的关系和电磁波的应用。八年级下册的科学探究对学生的要求有所提高，并且开始涉及一些数学计算。

九年级教材的内容包括“古老而现代的力学”和“无处不在的能量”。力学内容包括力学的基本概念、基本物理量、基本定律、简单机械、压强和浮力、功和机械能等。力学部分无论是从数学方法还是科学探究来讲对学生的要求都较高，也更为抽象。九年级教材作为整套书的综合，在后面的内容中进一步介绍了能量、热和能，并从机械能和电能等各种能源的使用出发，介绍了能源与可持续发展的关系。

笔者梳理了人教版物理教材的知识结构，共 7 个单元 17 章，并用思维导图的形式呈现出来，如图 2-1 所示。

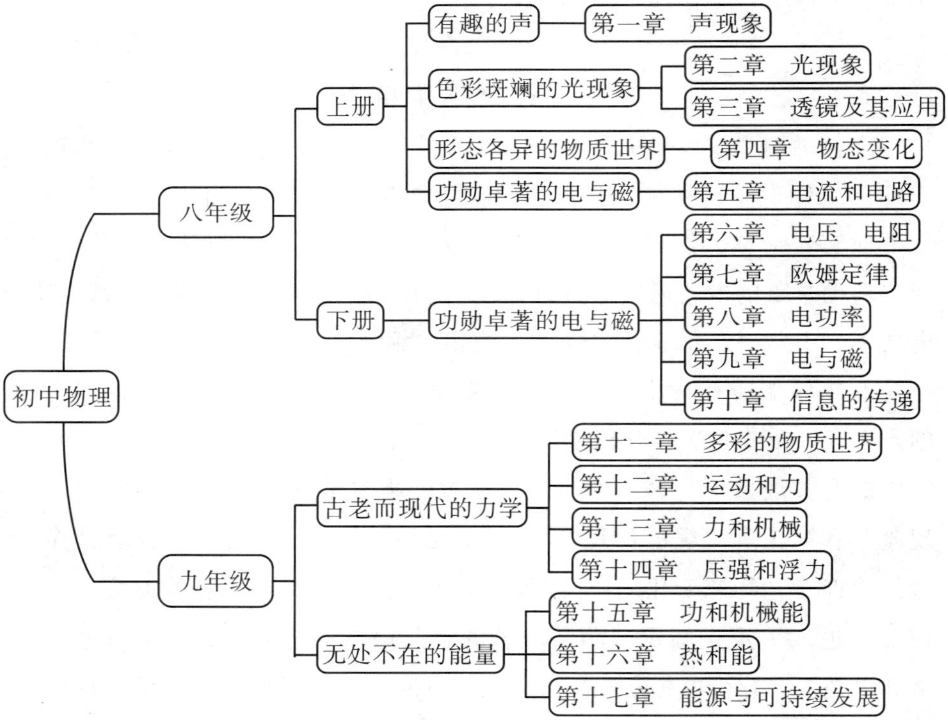

图 2-1　中国人教版初中物理教材知识结构图

二、内容及栏目设置特点

每一章分为几节，从基本概念的引入到知识的理解和应用逐步深入展开。“节”作为基本教学单位，每节涉及一个相关主题的一个学习课题。如图 2-2 所示。

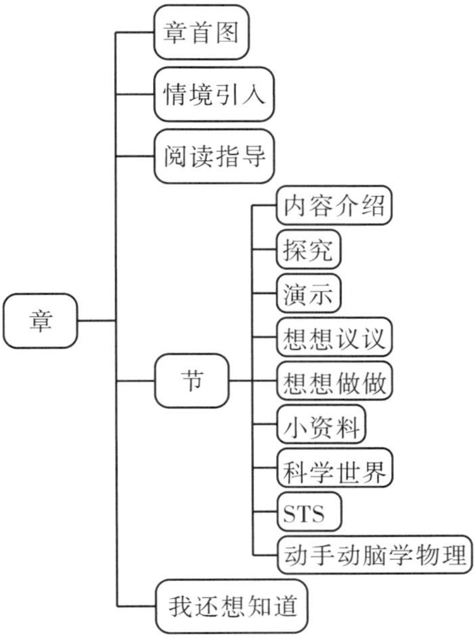

图 2-2　中国人教版初中物理教材栏目结构图

每章由章首图、情境引入、阅读指导、节、我还想知道等内容及栏目组成。这样的顺序符合“认识现象—探索规律—知识应用”的科学思维过程，有利于学生学习科学的研究方法。

每节由内容介绍、探究、演示、想想议议、想想做做、小资料、科学世界、STS、动手动脑学物理等栏目组成，并且教材中设计了大量的插图。这些形式多样的栏目组合在一起，不仅保证了知识的广度和深度，而且给了学生大量活动的空间，开阔了学生的眼界。

教材中内容及栏目的数量统计结果如表 2-1 所示。

表2-1　人教版初中物理教材内容及栏目统计

内容/栏目名称	图片	探究	演示	想想做做	想想议议	小资料	科学世界	STS	动手动脑学物理
内容/栏目数量	556	35	49	52	74	21	28	13	337

探究有 35 个，想想做做有 52 个，说明教材非常重视科学探究的教育作用，强调对过程和方法的学习，并通过不同的学习方式充分调动学生的主动性、积极性。想想议议有 74 个，学生通过对问题的思考，可以主动地获取知识，学习的过程不再是被动地接受，这可以培养学生的探索精神，提高学生的学习兴趣。

第二节　日本初中物理教材结构

“新科学”依据日本文部科学省于 2008 年 3 月颁布的《新订初中理科课程标准》编写。该课程标准的课程总目标为：主动接触自然的事物与现象，进行有目的、有意识的观察与实验等，培养科学的探究能力的基础和态度的同时，加深对自然的事物与现象的理解，形成科学的看法与想法。“新科学”知识内容的选择与编写体现了课程标准提出的课程性质、基本理念、课程目标、内容标准等。教材通过设置多种多样的栏目、探究实验及实践活动，培养学生的思考能力、判断能力、表达能力、交际能力以及自主学习的态度与愿望，重视培养学生尊重生命的态度等。

一、教材结构特点

全套教材分为 3 册，共计 14 个单元，纳入本次研究范围的 5 个单元分别为“身边的物质”“我们身边的现象”“电的世界”“运动和能”“科学技术与人类”。每个单元包含若干章，如“我们身边的现象”包含 3 章内容，涵盖了光的性质、声音的性质、动力和压力等知识。

《新科学 1》教材内容包括物质、声、光、力和热。首先从“身边的物质”入手,包含“身边的物质和它们的性质”“物质的形态与状态变化”，主要介绍物质状态的变化，物质状态变化时质量与体积的关系等，包括了较为复杂的数据处理和用图象描述物理规律的方法。之后是“我们身边的现象”，包括第一章“光的世界”、第二章“声的世界”和第三章“各种各样力的世界”。

《新科学 2》教材全部是电学的相关知识。教材首先介绍了电流的性质、电路的组成、电压等基本物理量，探究电压、电阻及其在串并联电路中的规律；然后讲述了电学的重要规律欧姆定律及其应用，并引出电功率与电能；之后把电与磁相结合，介绍电磁铁周围的磁场、通电导体在磁场中的受力和电磁感应等内容；最后介绍身边的静电现象、真空放电与阴极射线和电流的原形。

《新科学 3》包括“运动和能”“科学技术与人类”。开篇以物体的运动展开，介绍记录运动的方法及匀速直线运动等内容；随后开始介绍二力平衡、力的合成与分解、惯性、作用力与反作用力、力与运动的关系等力学知识；之后介绍机械能、功、功的原理等内容，将所有知识融会贯通，形成知识网络；最后开展能源和生活教育，如发现生活中的能源、能源的保存及利用、如何创造循环型社会等。

笔者梳理了日本初中物理教材的知识结构，共 5 个单元 13 章，并用思维导图的形式呈现出来，如图 2-3 所示。

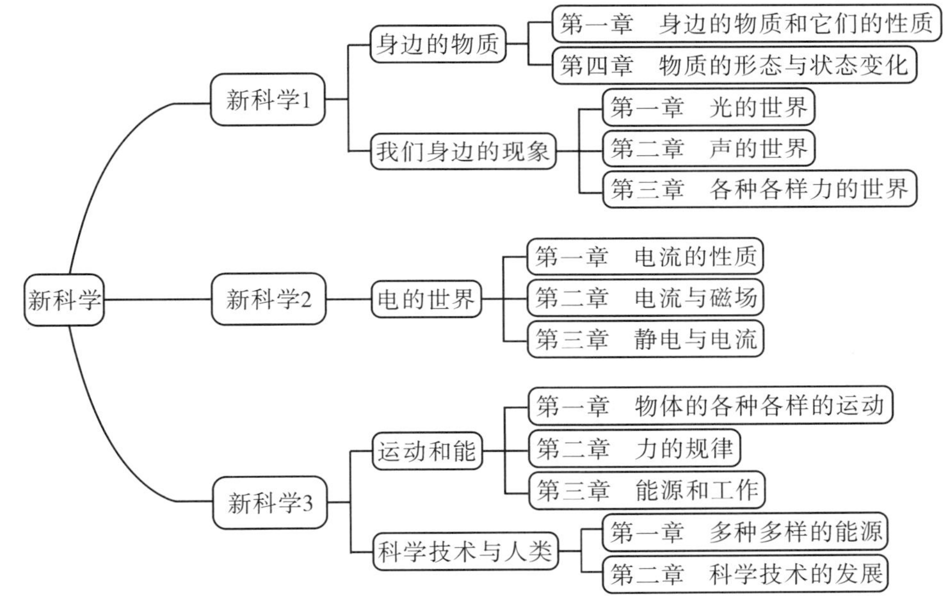

图 2-3　日本初中物理教材知识结构图

二、内容及栏目设置特点

全套教材共分为 3 册，共计 14 个单元，每个单元包含若干章，每一章分为若干节，从基本概念的引入到知识的理解和应用，逐步深入展开。

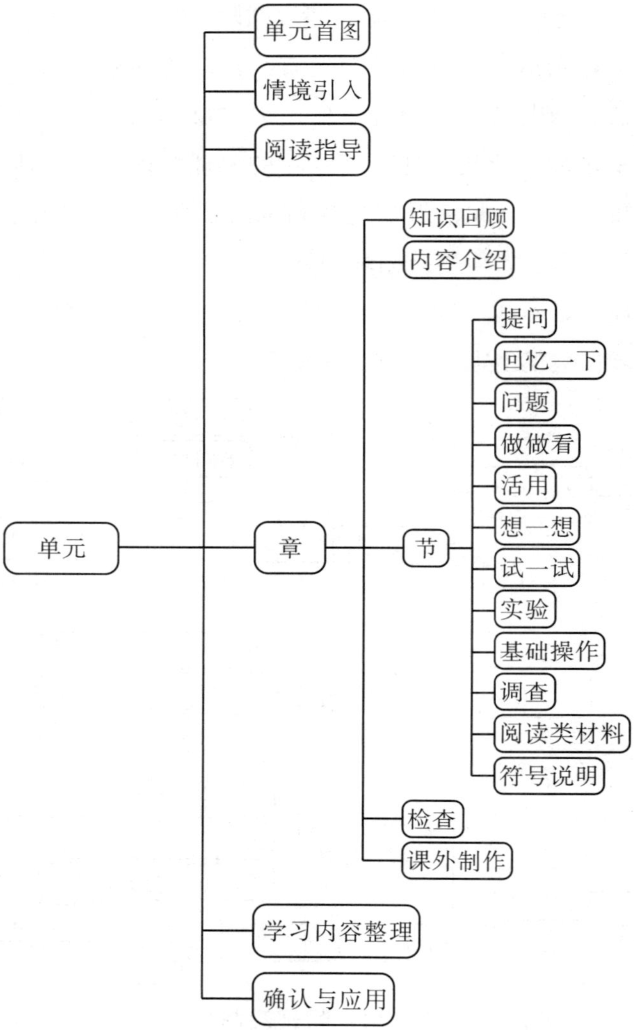

图 2-4 日本初中物理教材内容及栏目结构图

每单元由单元首图、情境引入、阅读指导、章、学习内容整理、确认与应用等内容及栏目组成。教材结构合理，符合学生的认知规律。

每章由知识回顾、内容介绍、节、检查和课外制作等内容及栏目组成，教材中还设计了大量的插图，这些形式多样的内容及栏目组合在一起，不仅保证了知识的广度和深度，给了学生大量的活动空间，开阔了学生的眼界，而且体现出教育理念和教育意义。

每节由提问、回忆一下、问题、做做看、活用、想一想、试一试、实验、基础操作、调查、阅读类材料及符号说明等内容及栏目组成，其中阅读类材料的内容主要为发展、科学探索者、科学和环境、科学和生活、科学与职业、科学的历史等。教材中精心设计与安排的丰富多彩、各具功能的栏目，打破以往以文字解说为中心，单调乏味、整齐划一的教材形式，力图完善教材的形式结构。

教材内容及栏目的数量统计结果如表 2-2 所示。

表2-2 日本初中物理教材内容及栏目统计

内容/栏目名称	内容/栏目数量	内容/栏目名称	内容/栏目数量
提问	39	调查	5
回忆一下	10	发展	6
问题	14	科学探索者	2
做做看	25	科学和环境	3
活用	24	科学和生活	15
想一想	21	科学与职业	1
试一试	10	科学的历史	5
实验	26	符号说明	18
基础操作	10		

构成“新科学”教材的各个栏目既各自独立，又相互统一。每个栏目在教材中的作用不同，编写目的及功能是其他栏目所不能取代的，且发挥着特有的教育功能。各个栏目之间联系紧密，相互配合，提高了教材的感染力、教育力、实用性，有利于完善教材的结构，提升教材的质量。

从统计结果可以看出，教材的编排有以下三个特点：

第一，教材非常重视引入环节，通过设置疑问，激发、引导、促进学生积极思考，培养学生思维能力和创新能力，引导学生带着问题去思考，充分调动学生学习的主动性。

第二，教材十分重视物理实验方法、基本操作和数据处理等技能的学习，同时也重视学生独立自主学习态度的培养，并通过社会调查，使学生获得更多的直接经验。

第三，教材重视 STS 教育、人文教育和环境教育，注重把知识运用到生活中，使学生在生活中体验社会的发展与变化、继承前人的科学品质，培养学生主动接触自然、关心热爱大自然的情怀。

第三节　韩国初中物理教材结构

韩国金星出版社出版的“初中科学”教材是依据韩国教育科学技术部 1997 年颁布的《科学与教育过程》编写的，该教材按探究模式编写，让学生通过经历提出问题—探究问题—解决问题的过程来学习物理。

一、教材结构特点

全套教材共分为 3 册。七年级教材（物理部分）主要包括 5 个部分的内容,即第一章“物质的三种状态”,第二章“分子的运动”,第三章“状态变化与能量”，第七章“力与运动”，第九章“静电”。章与章之间内在联系不大。学生通过对物质的状态变化、分子的运动、状态变化与能量、力与运动、静电等知识的学习，掌握物理学研究的一些方法，从简单的探究入手，逐渐掌握科学探究方法。

八年级教材涉及热能、光和波动的相关知识。“热能”一章与七年级“状态变化与能量”有一定联系，知识内容的广度和深度较其他章节有所增加。“光和波动”一章先介绍什么是光的反射，然后介绍光的折射，紧接着介绍光的分散和汇聚，物体为什么会有颜色等。介绍完“光”部分后介绍了“波”，包括波是如何产生和传播的，波有横波和纵波之分以及它们各自的特点等。最后一部分介绍“声音”，包括声音的产生和传播，声音的音色和音量两个特性，噪声对生活的影响以及如何减少噪声。通过八年级的学习，学生对与生活息息相关的物理知识有了更深入的了解，对探究方法有了更好的掌握。

九年级教材的内容包括物质的特性、功和能量以及电的相关知识。“物质的特性”涉及物质的熔点、沸点的测量和密度的测量以及密度原理的应用。“功和能量”涉及功以及能量转换与能量守恒。“电”涉及电流、电压和电阻、电能的应用。

笔者梳理了韩国初中物理教材的知识结构，并用思维导图的形式呈现出来，如图 2–5 所示。

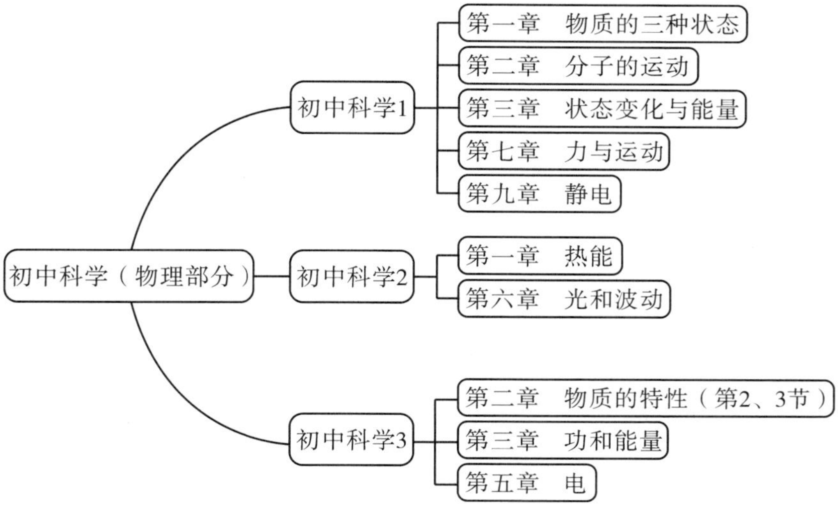

图 2–5　韩国初中物理教材知识结构图

二、内容及栏目设置特点

全套教材共分为 3 册，每册书包含若干个单元（相当于章），章下有若干个小单元（相当于节），节下还有小标题。

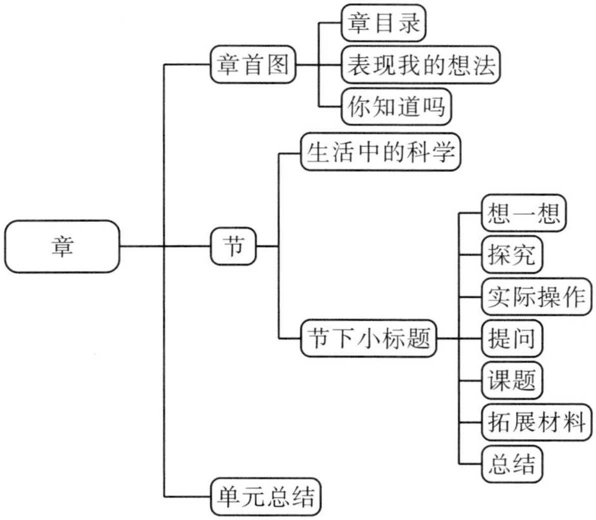

图 2–6　韩国初中物理教材内容及栏目结构图

每章由章首图（包含章目录、表现我的想法和你知道吗）、节、单元总结等内容及栏目组成。这样的顺序符合“认识现象—探索规律—知识应用”的科学思维过程，有利于学生学习科学的研究方法。

每节由生活中的科学、节下小标题组成，节下小标题包括想一想、探究、实际操作、提问、课题、拓展材料、总结等内容，并且教材中设计了大量的插图，形式多样的栏目组合在一起，可以满足学生学习的多元需求。

韩国教材中内容及栏目的数量统计结果如表 2-3 所示。

表2-3 韩国初中物理教材内容及栏目统计

内容/栏目名称	图片（有标号）	图片（无标号）	探究	实际操作	提问	课题	拓展材料
内容/栏目数量	166	448	73	92	26	7	41

韩国教材非常重视科学探究的教育作用，并且不同栏目和内容对探究的精神、知识、过程与方法等的侧重有所不同，这样的安排可以充分调动学生学习的积极性，寓教于乐。教材的设计很注重学生思维的发展和观察能力及动手能力的培养，拓展材料也较丰富。

第四节　新加坡初中物理教材结构

培生教育南亚有限公司出版的*Science in Focus*：*Physics*（*for GCE* ‘*O*’ *Level*）是参照新加坡教育部编写的《理想的教育成果》，并依据新加坡中学物理课程标准编写的。教材知识内容的选择与编写体现了物理课程标准提出的课程性质、基本理念、课程目标、内容标准等。为落实课程标准规定的以科学探究为核心，在科学探究过程中，教材注重在知识理解和应用、技能和过程、道德情感和态度三个维度上培养学生。教材增加了科学探究的内容，以及学生的活动，更注重学生的知识与生活、技术的联系。

一、教材结构特点

新加坡初中物理教材将物理知识体系分为四个部分，分别是“普通物理”“热物理”“波”“电与磁”。编者这样的编排，将繁杂、抽象的物理知识有层次地、由易到难地、由具体到抽象地呈现在学生面前，帮助学生在学习物理时潜移默化地将知识进行分类、梳理，建立起自己的物理知识体系的结构图，有利于学生将所学知识内化成自己的知识。

第一单元的内容包括力与运动、能量和物质特性等方面的知识。首先从物理学中最基本的问题“物理量及其测量”入手，介绍了基本物理量及其单位，常见物理量的测量方法和测量仪器等。之后介绍了“运动学”“动力学”“质量、重量和密度”“力使物体转动的作用效果”“能量、功和功率”等内容。

通过第一单元关于普通物理的学习，学生掌握了物理学研究的一些方法，建立了物理学“大厦”中最基础的东西。在第一单元物理学基本研究方法的基础上，第二单元介绍了热物理学方面的知识——热能转换、温度、物质的热特性等。第二单元的教学使学生对物理世界的认识进一步加深，了解更多物理学的相关知识。

第三单元主要是“波”的相关知识，分别介绍了“光”“电磁波谱”

等知识。

第四单元介绍的内容是物理学中的一个重要部分——电与磁。电与磁内容包括电学和磁学方面的知识。其中，电学主要包括静电学、电流、电荷、电压、电动势、电阻、直流电路和实际用电，磁学主要介绍了磁铁的性质、磁感应现象、磁化及其理论、磁学理论、磁场、铁与钢的磁学性质等内容。

笔者梳理了所选的新加坡初中物理教材的知识结构，共 16 章，并用思维导图的形式呈现出来，如图 2-7 所示。

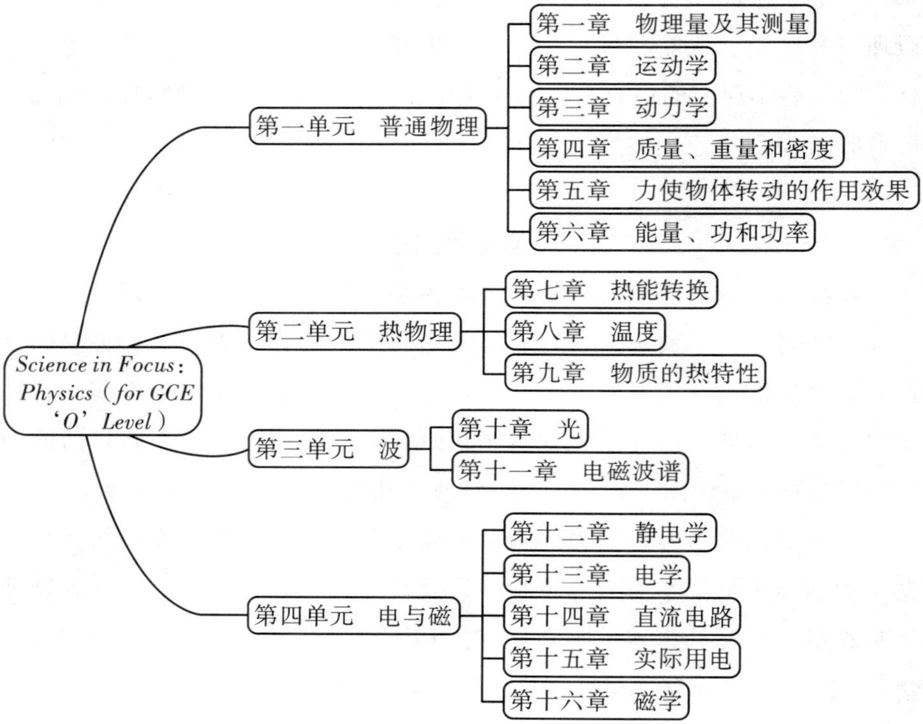

图 2-7 新加坡初中物理教材知识结构图

二、内容及栏目设置特点

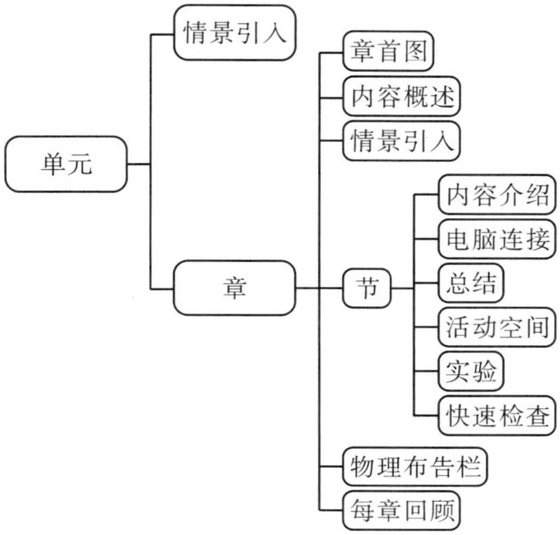

图 2-8 新加坡初中物理教材内容及栏目结构图

情景引入是每个单元的开头，教材用一张与本单元所学知识密切相关的生动形象的图片，以及一段简单扼要的文字引入本单元所学内容。这些文字往往从现实生活中一些常见的物理现象出发，引出其中所包含的物理知识或现象，从而引起学生的学习兴趣，使学生开心地进入本单元的学习。此外，在情景引入中，还包含本单元所学知识的简要目录，使学生清楚、明白本单元所要学习的内容，同时帮助学生在此基础上加以拓展，建立物理知识体系的框架。每一章分为几个小节，节作为基本教学单位，每节涉及一个相关主题的一个学习课题。

每章由章首图、内容概述、情景引入、节、物理布告栏和每章回顾等内容及栏目组成。这样的顺序符合“发现现象—探究规律—应用知识”的科学思维过程，也符合学生的心理认知过程，既有利于学生掌握物理知识，也有利于学生学习科学的研究方法。

每节由内容介绍、电脑连接、总结、活动空间、实验、快速检查等栏目组成，教材中还设计了大量的插图。这些形式多样的内容及栏目组合在一起，不仅保证了知识的广度和深度，而且给了学生大量的活动空间，开阔了学生的眼界。

新加坡初中物理教材中内容及栏目的数量统计结果，如表 2-4 所示。

表2-4 新加坡初中物理教材内容及栏目统计

内容/栏目名称	图片	电脑连接	总结	活动空间	实验			快速检查
					探究性试验	验证性实验	测定性实验	
内容/栏目数量	327	2	45	23	6	5	6	33

其中活动空间 23 个，实验 17 个，说明教材比较重视知识的理解和应用以及科学探究的教学作用，强调对技能的学习，重视学习过程，并通过不同的学习方式充分调动学生的主动性、积极性。总结有 45 条，说明教材重视理论知识的掌握及理解，通过给出系统明了的知识总结，帮助学生建立完备的物理知识体系。快速检查有 33 个，学生通过对问题的思考，可以主动地获取知识，不再是被动接受，这可以使学生及时查漏补缺，培养学生的探索精神，提高学生的学习兴趣。

第五节 俄罗斯初中物理教材结构

一、教材结构特点

俄罗斯德罗法出版社出版的“物理”系列教材（包括七、八、九年级）共 13 章 205 节（七年级中 1~6 节为“绪论”内容，不在第一章之内），如图 2-9 所示。

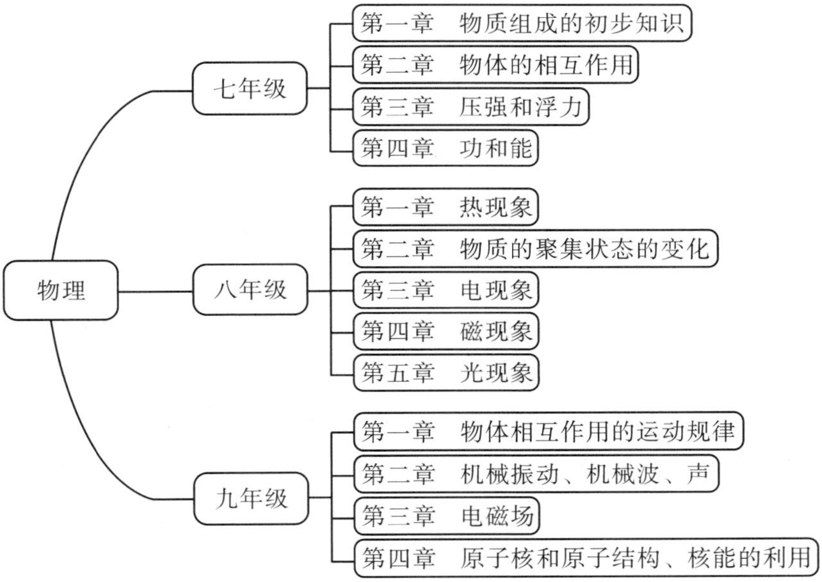

图 2-9 俄罗斯初中物理教材结构图

七年级物理教材的内容包括力、能。首先以“物质组成的初步知识”为切入点。第二章讲的是“物体的相互作用”，这其中涉及许多经典力学的内容。第三章是“压强和浮力”，涉及很多实验和计算。第四章“功和能”涉及简单机械、机械效率与能量的转化，与现代社会息息相关。

八年级物理教材开篇便介绍了“热现象”的相关内容，此后，教材介绍了物质物理变化的几种方式。第三章介绍了与电现象相关的内容，包括静电场和恒定电路。第四章主要介绍了一些磁现象，如磁场、永磁铁、常见的几种磁场等，并初步向学生介绍电和磁之间有一定的联系。在第五章，教材介绍了几何光学的内容，主要是可见光的一些基本特性。

九年级物理教材的内容包括四章。其中，第一章主要是力与运动的相关知识，是前两册教材的补充与深化。第二章“机械振动、机械波、声”，系统地介绍了机械振动与机械波的相关知识。第三章“电磁场”在八年级教材的基础上深入地介绍了电与磁间的本质联系，电场与磁场间的相互作用。九年级物理教材的最后一章涉及的主要是近代物理学的一些内容，此外，还涉及一些科学的实验方法，如研究粒子的实验方法。

二、内容及栏目设置特点

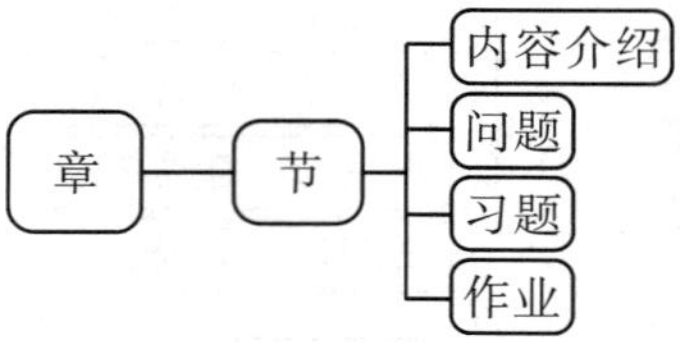

图 2-10 俄罗斯初中物理教材内容及栏目结构图

全套教材共分为 3 册，供俄罗斯基础普通教育七年级、八年级、九年级学生使用。每册教材主要包括三个部分，其中，七年级和八年级使用的教材由章、实验和阅读材料组成，九年级使用的教材包括章、实验、书后习题这三个部分。七年级使用的教材还包括绪论部分。

教材中的每一章被分为若干节。一般情况下，节的开始都涉及物理学史或已被大众认可的理论、现象。以此为开端，运用简练的文字，逐渐深入地展开对本节内容的介绍。节作为基本教学单位，由内容介绍、问题、习题、作业等栏目组成，每节涉及一个相关主题的一个学习课题，一般教学时间为 1 个课时。

3 册教材具有一个共同的特点，即章的结构很简洁。

第六节　英国初中物理教材结构

一、教材结构特点

在认真阅读的基础上，笔者梳理了本研究所选英国初中物理教材的知识结构，并用思维导图的形式呈现出来，如图 2-11 所示。

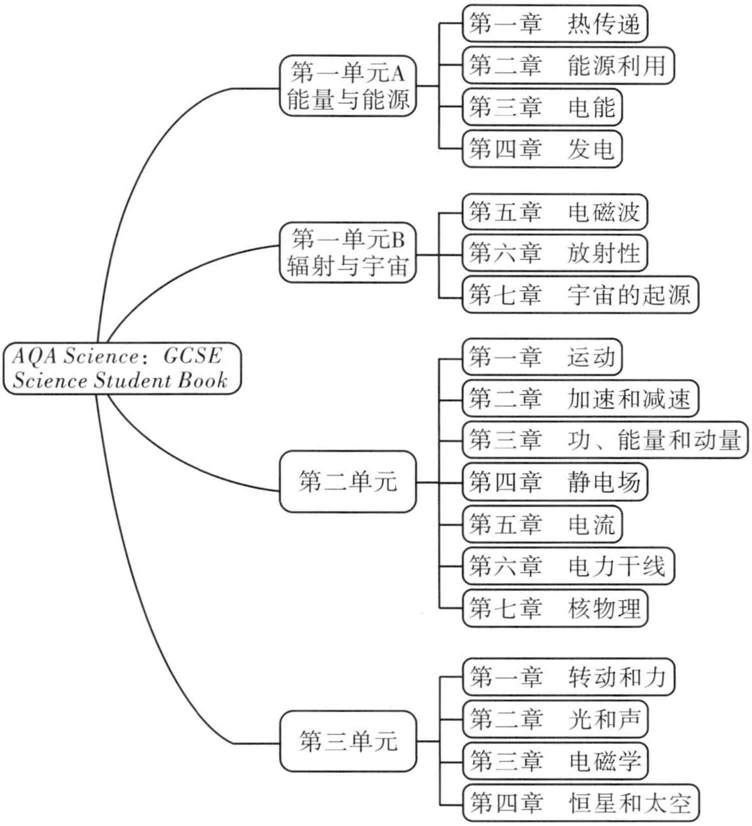

图 2-11　英国初中物理教材知识结构图

英国教材第一单元 A 包括热传递、能源利用、电能和发电四部分内容。首先从与生活联系较为紧密的“热传递”入手，之后介绍与热传递密切相关的“能源利用”，再介绍一种具体的能量——电能，最后介绍“发电”。

第一单元 B 的内容是围绕“电磁波”、“放射性”和“宇宙的起源”

等方面展开的，介绍了电磁波谱、γ射线、X射线、可见光、红外线、紫外线等光谱相关的知识，同时介绍了电磁波在通信方面的应用。

第二单元的内容包括力学、电学与核物理三部分。从内容的整体性来讲，第二单元中包括英国学生初中阶段要掌握的除转动和力外的全部力学知识，知识范围很广。从难易程度上来讲，从简单运动到复杂的能量、动量变化，知识难度的跨度也很大。电学内容部分，整体上讲，教材涵盖英国学生初中阶段需要掌握的全部电学内容，内容很抽象，难度跨度也较大，对学生来讲依然是很大的挑战。在核物理方面，所选英国教材涉及较多高能物理方面的知识，包括核反应、原子核、核的裂变、聚变以及核能等知识。

第三单元包括力学、光学、声学、电磁学和宇宙学四个部分的内容。因为这部分内容属于教材中附加的内容，并不要求所有学生掌握，所以整体上此单元的知识处于较复杂的水平。第三单元中包括初中阶段需要学生掌握的全部光学和声学的内容。紧接第二单元的电学内容，第三单元对电磁学的相应内容进行介绍，包括电动机、电磁效应、变压器等相关知识。

二、内容及栏目设置特点

所选英国教材中，每单元伊始由“已知内容（what you already know）”“要点问题（recap questions）”“联系实际（making connections）”“活动园地（activity）”“单元章节图（chapters in this unit）”等内容及栏目组成。安排这样的顺序，可以使学生在已有知识的基础上建构新知识，使得学生学习的连贯性增强。

英国此版教材在每个单元内容简介之后，就开始介绍本单元第一章第一节的内容，开门见山、简单明了。不同的章之间用章后测试题隔开。

每章内容由若干节内容组成，而节又分为知识节和课外拓展节。知识节内容是一般的教学内容，通过不同的形式将知识进行展开。每章最后一节的内容均以课外拓展的形式呈现。

英国初中物理教材内容及栏目结构如图 2-12 所示。

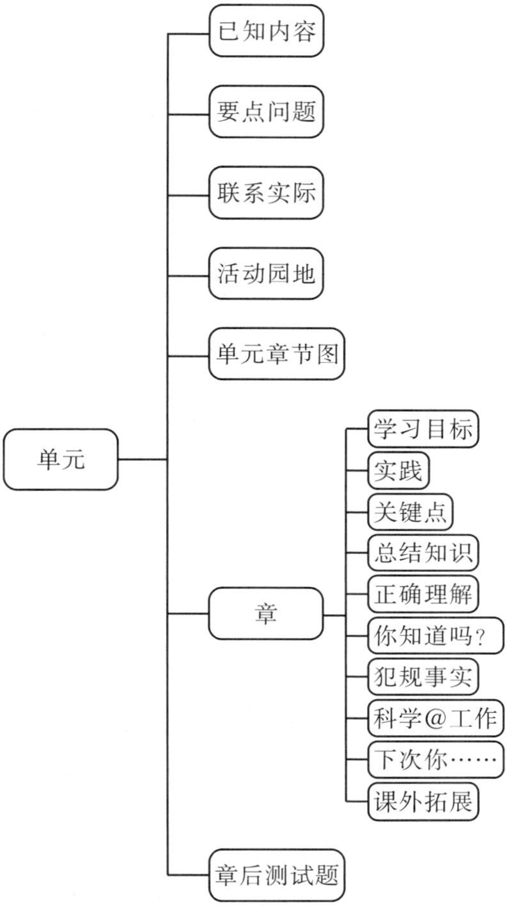

图 2-12　英国初中物理教材内容及栏目结构图

英国初中物理教材中内容及栏目的数量统计结果如表 2-5 所示。

表2-5　英国初中物理教材内容及栏目统计

内容/栏目名称	学习目标	要点问题	总结知识	实践	单元章节图	你知道吗?	科学@工作	犯规事实	正确理解	下次你……
内容/栏目数量	84	84	84	58	4	42	15	16	37	19

第七节 德国初中物理教材结构

一、教材结构特点

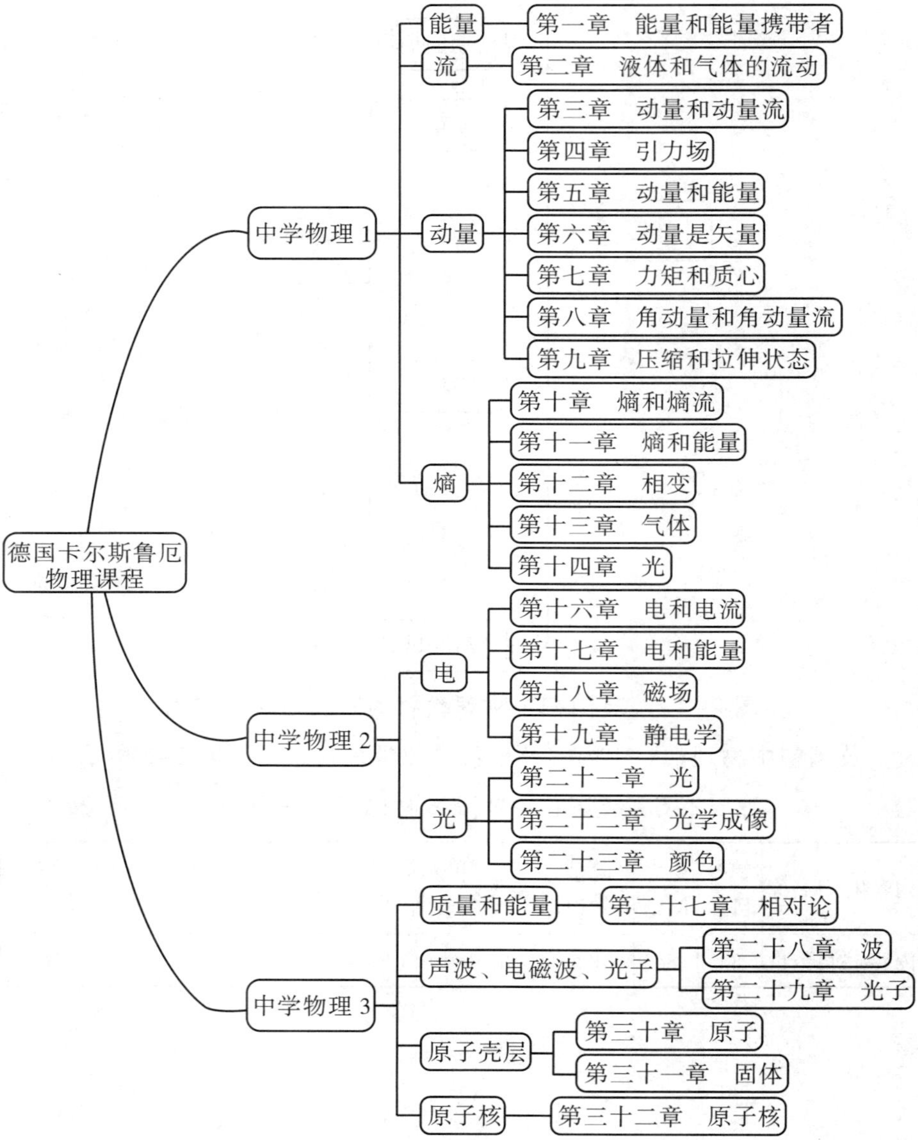

图 2-13 德国初中物理教材知识结构图

在德国，课程标准称为教学大纲，一般来说，中学的课程内容是根据教学大纲制订的。德国卡尔斯鲁厄物理课程共 27 章 219 节，知识结构如图 2-13 所示。

德国卡尔斯鲁厄物理课程中学物理 1 的内容包括能量、流、动量和熵。首先从核心概念“能量”入手，包括第一章“能量和能量携带者”。之后是“流”，包括第二章“液体和气体的流动”。第三个主题是“动量”，包括“动量和动量流”“引力场”“动量和能量”“动量是矢量”“力矩和质心”“角动量和角动量流”“压缩和拉伸状态”。最后是“熵”，包括“熵和熵流”“熵和能量”“相变”“气体”“光”，教材以能量的流动为中心，将这些内容编写在一个主题内。

德国卡尔斯鲁厄物理课程中学物理 2 只包含“电”和“光”两个主题。这两个主题贴近生活，内容丰富多彩。“电”主题由四部分组成，分别为“电和电流”“电和能量”“磁场”“静电学”。“光”主题主要包括“光”“光学成像”“颜色”。

德国卡尔斯鲁厄物理课程中学物理 3 的主题包括“质量和能量”“声波、电磁波、光子”“原子壳层”“原子核”。教材先讨论质量与能量的关系，之后介绍波动学相关的知识，再从微观层面介绍物质的结构等。

二、内容及栏目设置特点

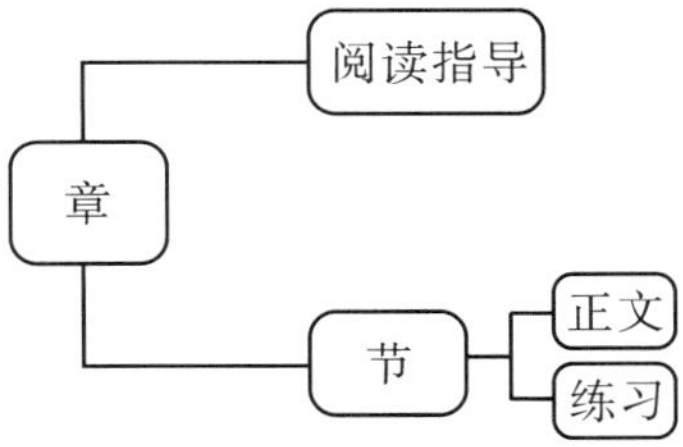

图 2-14 德国初中物理教材内容及栏目结构图

所选德国教材全套共分为 3 册，每册书包含若干主题，每个主题有自己的知识系统。例如“动量”对应“动量和动量流”“引力场”“动量和能量”“动量是矢量”等，这一主题各章中的学习内容都需要运用动量、动量流、动量流定理等核心概念来思考，以解决其中的问题。每一章又分为几节，从基本概念的引入到知识的理解和应用，逐步深入展开。

章的组成比较简单，只有“阅读指导”栏目作为本章的阅读材料。该栏目从生活中常用工具的基本结构、工作原理出发，利用物理知识对其做出解释的同时，引出本章将要学习的内容，便于学生预习和梳理知识结构。节的组成为“正文”和“练习”。“正文”部分主要是文字描述，图片示例，知识讲述；“练习”部分为每节对应的习题，习题类型丰富，针对性强，知识覆盖面广。

第八节　法国初中物理教材结构

一、教材结构特点

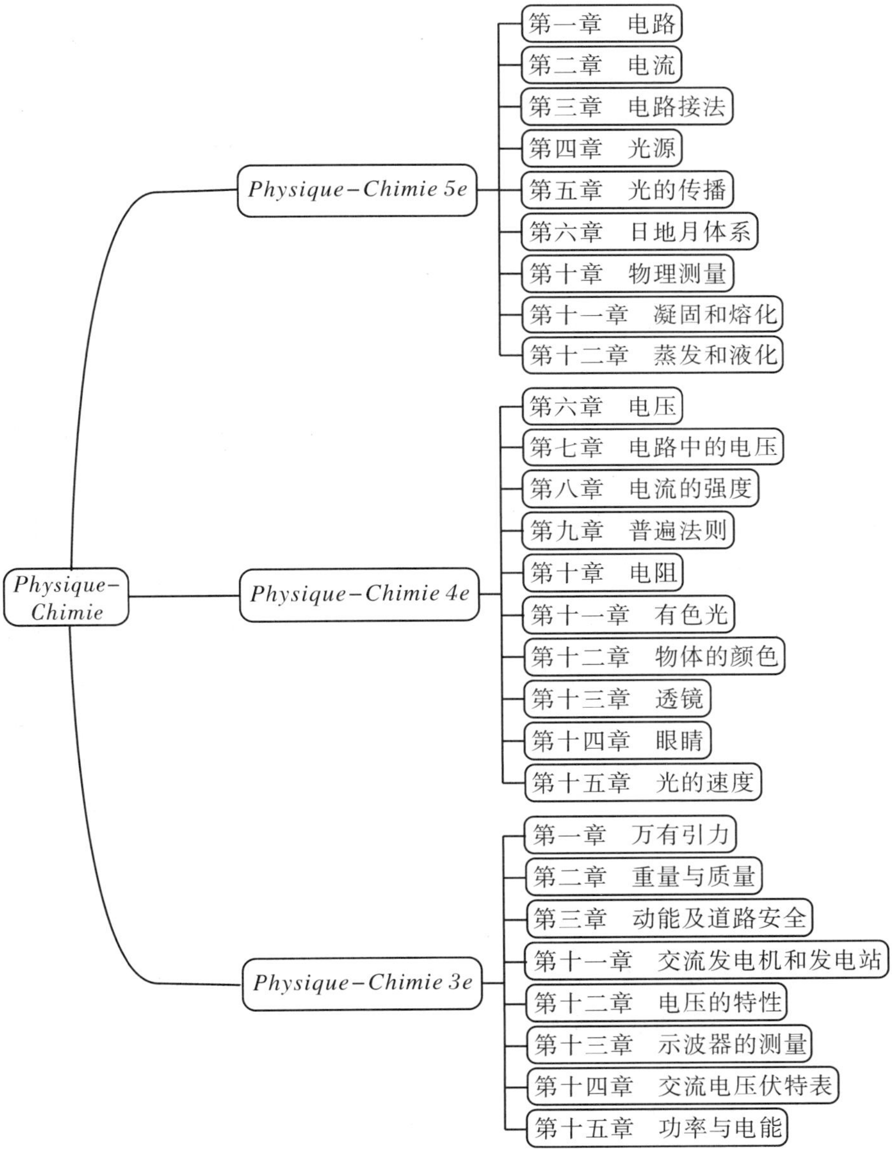

图 2-15　法国初中物理教材结构图

所选法国教材在知识内容的选择与编写上体现出2005年法国颁布的国家未来二十年教育发展的新框架——《面向未来学校的方向与计划法》中提出的教育目标。法国Nathan出版社出版的物理教材共27章，知识结构如图2-15所示。

Physique-Chimie 5e 内容包括电、光、水三个主题。教材首先从"电"入手，包含第一章"电路"、第二章"电流"、第三章"电路接法"等。这部分所设置的实验现象明显、操作简便，易于激发学生的学习兴趣。之后是"光"，包括第四章"光源"、第五章"光的传播"和第六章"日地月体系"。"水"部分由第十章"物理测量"、第十一章"凝固和熔化"、第十二章"蒸发和液化"三部分组成。教材编写十分人性化。

Physique-Chimie 4e 进一步介绍电、光部分知识。"电"部分进一步深入介绍电压、电路中的电压、电流的强度、普遍法则和电阻等；"光"部分由有色光、物体的颜色、透镜、眼睛、光的速度等五章内容组成。

Physique-Chimie 3e 包括"力"和"电"。"力"部分主要包括万有引力、重量与质量、动能及道路安全相关内容；"电"部分由交流发电机和发电站、电压的特性、示波器的测量、交流电压伏特表、功率与电能等五章内容组成。

教材以"电"开篇，又以"电"结束。电学知识穿插在3册教材中，光学知识被安排在 *Physique-Chimie 5e* 和 *Physique-Chimie 3e* 中，而力学知识仅仅出现在 *Physique-Chimie 3e* 中，并且只包括万有引力和能量相关知识。从编写结构来看，教材侧重基础知识的学习，内容安排合理，知识结构严谨，以物理学核心概念为主线，注重学科间交叉，难度螺旋上升，符合学生的认知规律。

二、内容及栏目设置特点

所选法国教材中各主题由首图、知识回顾和章等内容组成，教材结构合理，符合学生的认知规律。

各章由学习目标、情境引入、节、要点精讲、习题、课外拓展等内容及栏目组成，教材中还设计了大量的插图。这些形式多样的内容及栏目组合在一起，不仅保证了知识的广度和深度，给了学生大量的活动空间，开阔了学生的眼界，而且体现出教育理念和教育意义。

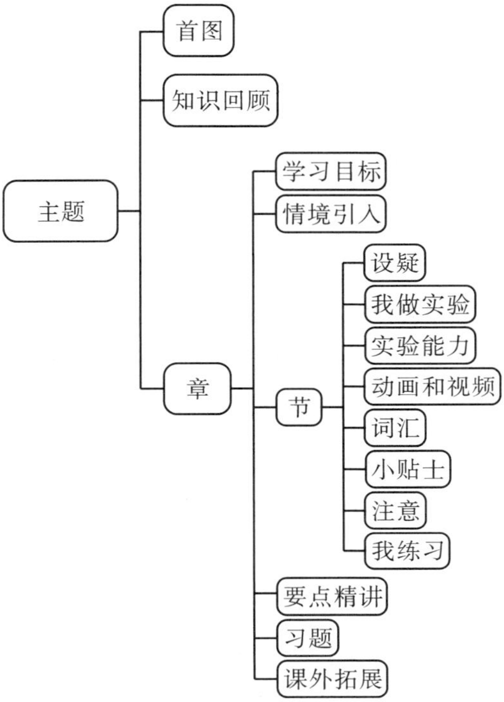

图 2-16　法国初中物理教材内容及栏目结构图

每节由设疑、我做实验、实验能力、动画和视频、词汇、小贴士、注意、我练习等内容及栏目组成。教材中精心设计与安排的丰富多彩、各具功能的内容及栏目，打破以往以文字解说为主的单调乏味、整齐划一的教材编排形式，力图完善教材的形式结构。

法国初中物理教材中栏目的数量统计结果如表 2-6 所示。

表2-6　法国初中物理教材栏目统计

栏目名称	栏目数量	栏目名称	栏目数量
我做实验	77	课外拓展	105
实验能力	15	小贴士	33
设疑	107	注意	11
动画和视频	25	词汇	30

构成 *Physique-Chimie* 教材的各个栏目之间既各自独立，又相互统一。它们之间联系紧密，相互配合，提高了教材的感染力、教育力和实用性，有利于教材结构的完善，提升教材的质量。

从统计结果来看，“设疑”栏目为107个。这说明教材非常重视引入环节，通过设置疑问，激发、引导并促进学生积极思考，培养学生思维能力和创新能力，引导学生带着问题去思考，充分调动学生学习的主动性。“实验能力”和“我做实验”栏目共92个，教材的编写一方面十分重视学生活动的设置，通过类型丰富的实验锻炼学生科学探究的能力，另一方面也重视实验能力的培养。“课外拓展”栏目共105个，教材十分重视STS教育、人文教育和环境教育，注重把知识运用到生活中，让学生在生活中体验社会的发展与变化，继承前人的科学品质，同时通过对未来职业的探索，加强职业教育。“动画和视频”栏目则通过多媒体设备，将不易观察到的实验现象加以放大或采用动画的形式模拟出来，学生亦可登录相关网站进行学习。“词汇”主要针对教材中出现的物理名词或专有名词加以解释，便于学生理解。“注意”栏目主要针对实验过程中可能会出现的危险加以提示，防止学生在操作中受到伤害。“小贴士”栏目比较特殊，主要是对物理量、单位、单位换算等加以说明。

法国初中物理教材栏目图片数量的统计情况如表2-7所示。

表2-7　法国初中物理教材栏目图片统计

栏目名称	图片数量	栏目名称	图片数量
我做实验	238	课外拓展	191
要点精讲	85	我练习	298

Physique-Chimie 教材中实验类图片的数量共计238张，图片内容大多为详细的实验步骤，清晰的实验现象，完备的实验注意事项等，这类图片使复杂过程简明化，隐含原理外显化，物理现象直观化，枯燥知识趣味化；课外拓展栏目图片191张，图片内容高度凝练、生动有趣，且信息量大，既能有效刺激学生大脑积极思维，又可以激发学生创造性灵感和创新激情。此外，还有漫画68张，图表129个。

第九节　澳大利亚初中物理教材结构

Oxford Big Ideas Science 这套教材是依据澳大利亚“科学”课程编写的。教材知识内容的选择与编写体现了贯穿澳大利亚“科学”课程始终的九个核心科学概念（或称大概念）、六个首要概念、十个一般能力、交叉课程重点以及科学探究技能。教材中有很多学生实践、课堂实验、课前学生探究任务以及课后研究课题，注重科学探究方法的使用，以帮助学生在各种科学探究的过程中不断提升科学探究能力，加深对科学的正确认识。

一、教材结构特点

全套教材共分为四册，每册包含九个大概念，每个概念对应一章，也就是对应物理学中的一个知识系统。

Oxford Big Ideas Science 7 是澳大利亚七年级科学教材。七年级的初中生要学习的物理学科的内容只有一章——平衡力：力和运动，分为三节内容，依次是“如何识别一个力”“什么是简单机械”“怎样利用简单机械”，从物理学的基本概念到与生活实际密切联系的物理知识。

Oxford Big Ideas Science 8 是澳大利亚八年级科学教材。八年级科学教材中的物理学科内容有两章，分别是第三章“让事物发生：能量”和第四章“物质的本质：性质和结构”，共四节内容。第三章有两节内容——如何体验能量、能量如何转变，第四章也有两节内容——什么是物态、如何解释物质的性质。这部分讲的是宏观物质的物理性质和固、液、气三种状态以及能量。

Oxford Big Ideas Science 9 是澳大利亚九年级科学教材。九年级科学教材中的物理学科内容包括第二章“原子内部：性质和结构”和第七章“动态的能量：能量的转移”。

Oxford Big Ideas Science 10 是澳大利亚十年级科学教材。十年级科学教材中的物理学科内容为“运动的物体：力和运动”。这部分内容因为

需要学生花费足够多的功夫重点掌握，要求学生有扎实的力学基础知识和对能量有一定的理解，所以放在十年级教材中。

笔者梳理了澳大利亚科学教材中有关物理学科的知识结构，并用思维导图的形式呈现出来，如图 2-17 所示，共 6 章 16 节。

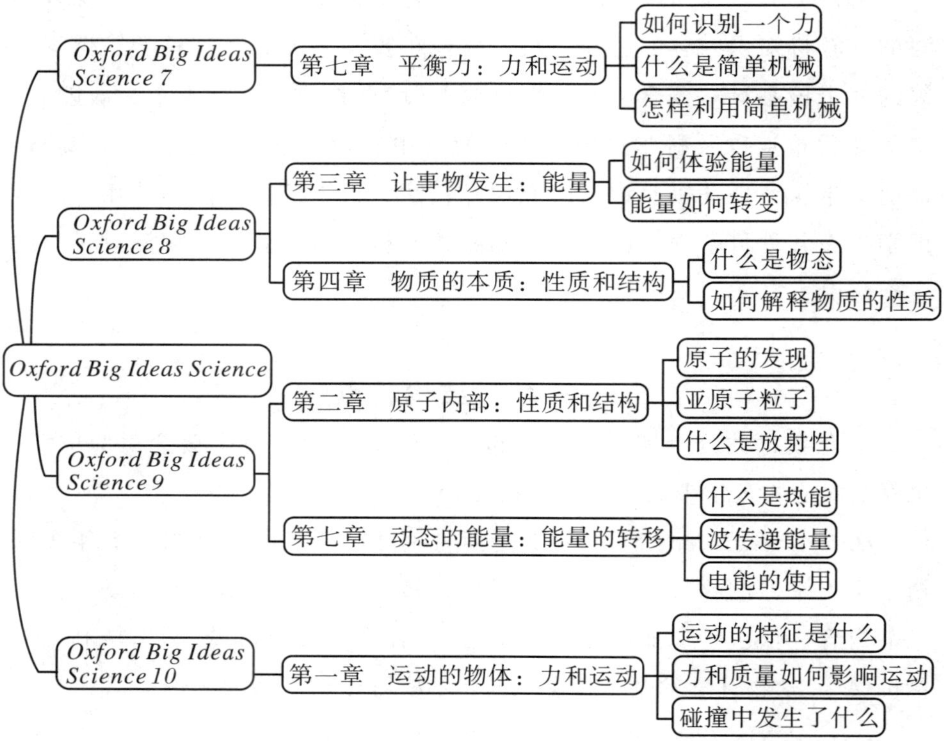

图 2-17 澳大利亚初中物理教材结构图

二、内容及栏目设置特点

每章由节、研究学习、知识回顾、反思、相关思想等内容及栏目组成。这样的顺序符合“认识现象—探索规律—知识应用”的科学思维过程，有利于学生学习科学的研究方法。

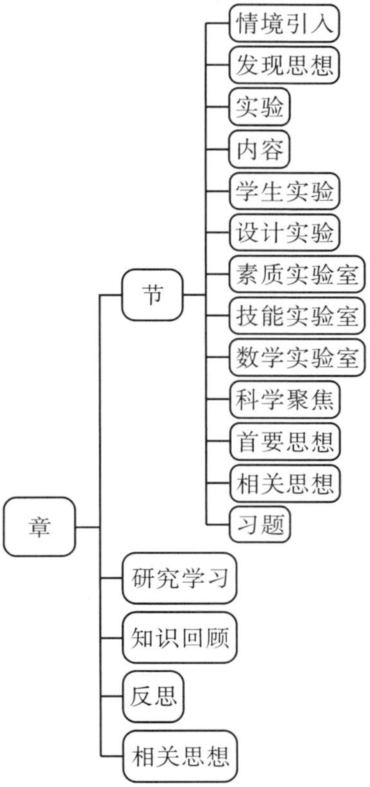

图 2-18　澳大利亚初中物理教材内容及栏目结构图

每一章分为几节，从基本概念的引入到知识的理解和应用，逐步深入展开。节作为基本教学单位，每节涉及一个相关主题的一个学习课题。

每节由情景引入、发现思想、实验、内容、学生实验、设计实验、素质实验室、技能实验室、数学实验室、科学聚焦、首要思想、相关思想和习题组成，教材中还设计了大量的插图。这些形式多样的栏目组合在一起，不仅保证了知识的广度和深度，而且给了学生大量活动的空间，开阔了学生的眼界。

澳大利亚初中物理教材中内容及栏目的数量统计结果如表 2-8 所示。

表2-8　澳大利亚初中物理教材内容及栏目统计

内容/栏目名称	图片	实验	学生实验	设计实验	素质实验室	技能实验室	数学实验室	科学聚焦	首要思想	相关思想
内容/栏目数量	359	36	34	2	1	1	2	14	5	8

其中实验和学生实验分别为36个和34个，说明教材非常重视科学探究的教育作用，强调对过程和方法的学习，并通过不同的学习方式充分调动学生的主动性、积极性。

第十节　美国初中物理教材结构

一、教材结构特点

全套教材共分为四册，分别是《物质的基础》《电与磁》《光、声、波》《力与热》。开篇是整册书的内容导读，然后分为若干章节具体展开，每册教材的内容都对应物理学中的一个或几个相关的知识系统。例如《光、声、波》对应光、声、波的相应内容，一共四章，涵盖了机械波、声音和音乐、电磁波、几何光学等各个基本领域。每一章又分为几节，从基本概念的引入到知识的理解和应用，逐步深入展开。节作为基本教学单位，每节涉及一个相关主题的一个学习课题。

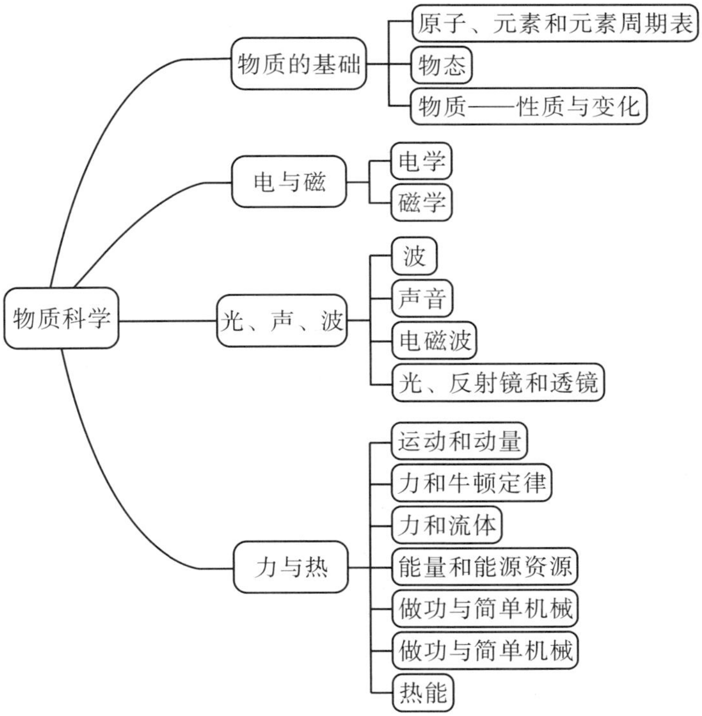

图 2-19　美国初中物理教材知识结构图

二、内容及栏目设置特点

美国初中物理教材的内容及栏目设置如图 2-20 所示。

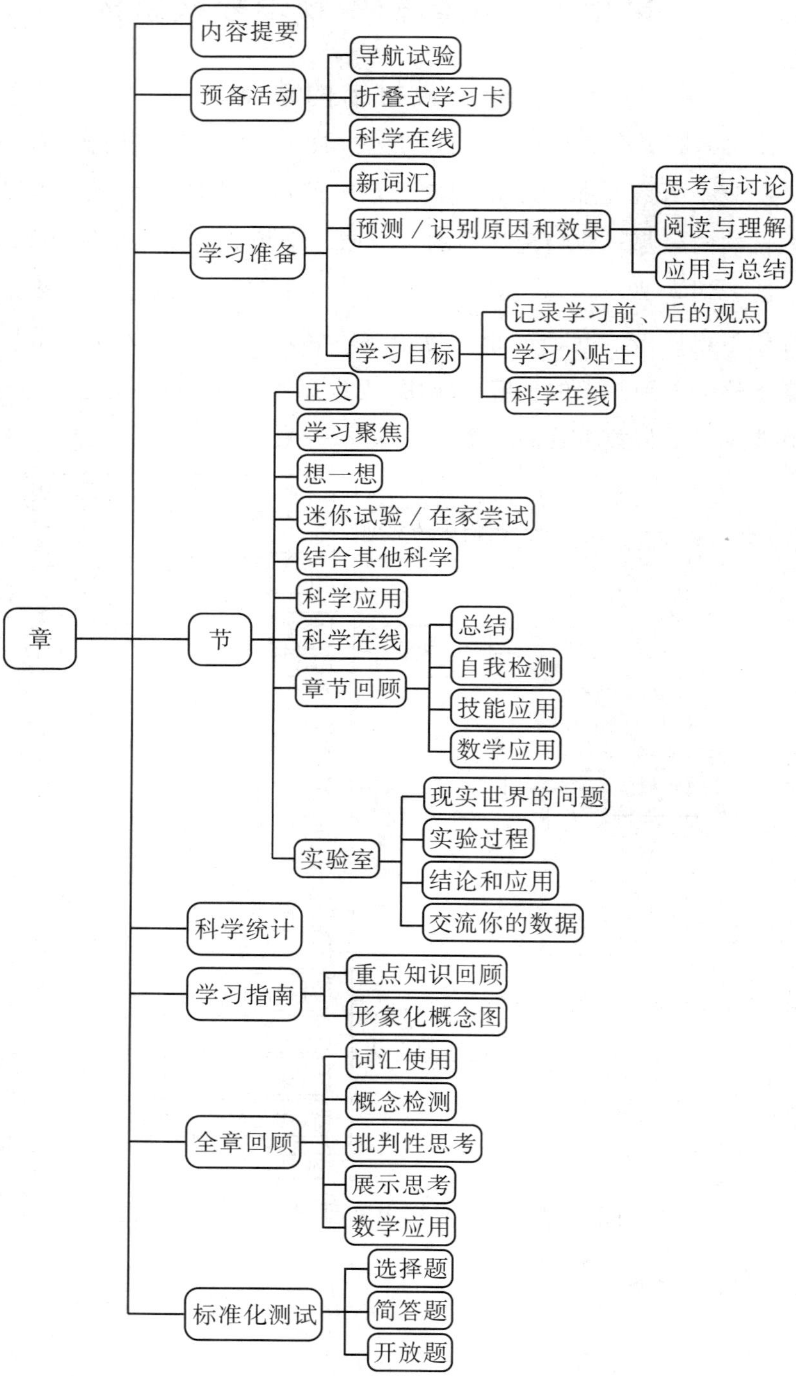

图 2-20 美国初中物理教材内容及栏目结构图

内容导读是全册书的开篇，引导学生了解本册书将要学习哪些知识，使学生对之后的学习有合理的预期。

每章由内容提要、预备活动、学习准备、节、科学统计、学习指南、全章回顾和标准化测试等内容及栏目组成。这样的顺序符合学生的认知规律。

每章内容分为若干节具体展开。很多概念和观点的解释配有大量的图片示例。此外,每一节还包括很多小栏目,如“学习聚焦”“想一想”“迷你实验/在家尝试”“结合其他科学”“科学应用”“科学在线”“章节回顾”“实验室”等，它们各自发挥着独特的作用。

总之，该教材内容全面、栏目丰富、结构连贯，将学习前的准备、学习中的讲解及学习后的测试有机地结合在一起，使学生学习到全面的知识。

第三章 初中物理教材广度分布及广度比较

教材广度是指教材内容所涉及的范围（知识点），广度的大小直接影响物理教材难易程度。本部分教材的广度研究参考 CCSSO 提出的 SEC。利用 SEC 的知识分类方法，将教材所涉及的知识结构及知识点整理到“力与运动”“电”“波”“动力学和平衡”“能量”“物性”这六个一级主题下。利用广度的研究工具，从知识点、实验、例题、习题、拓展这五个方面进行了梳理，给出了各国初中物理教材的总广度以及六个一级主题下的知识点广度分布图，探讨了各国教材六个一级主题下知识点的分布特点。

第一节　初中物理教材广度分布

研究初中物理教材广度分布通过知识点、实验、例题、习题、拓展等五个方面展开。

第一，按教材的章节结构整理出知识点、实验、例题、习题、拓展的广度。表 3-1 为知识点广度（教材）示例，其中的二级标题为章标题，三级标题为节标题，四级标题和五级标题为节包含的知识点。

表3-1　知识点广度（教材）示例

编号	章	节	二级标题	三级标题	四级标题	五级标题
1	14	2	压强和浮力	液体的压强	液体压强的大小	—
2	14	2	压强和浮力	液体的压强	连通器	—

第二，将教材所涉及的知识结构及知识点整理到“力与运动”“电”“波”“动力学和平衡”“能量”“物性”这六个一级主题下，并将其分为二级、三级、四级、五级。每个一级主题包含若干个二级标题，二级标题是在一级主题下参考 CCSSO 提出的 SEC 制订的。三级标题对应教材中的节标题，三级标题打破了原教材的结构顺序而归纳到二级标题下。四级标题和五级标题为节包含的知识点。具体如表 3-2 所示。

表3-2　知识点广度（一级主题）示例

编号	一级主题	二级标题	三级标题	四级标题	五级标题
1	力与运动	速度	运动的快慢	速度	—
2	力与运动	速度	运动的快慢	匀速直线运动	—

第三，将实验、例题、习题、拓展也整理到对应的一级主题下，以实验为例，如表 3-3 所示。

表3-3　实验广度（一级主题）示例

编号	一级主题	二级标题	三级标题	实验类型	实验名称
1	力与运动	速度	长度、时间及其测量	探究	如何使用刻度尺
2	力与运动	速度	长度、时间及其测量	想想做做	说出钟表的分度值

一、中国初中物理教材广度分布

通过对中国人教 2006 版初中物理教材进行分析，统计得出该教材总广度如表 3-4 所示。

表3-4 中国初中物理教材总广度

	力与运动	电	波	动力学和平衡	能量	物性	总计
知识点	27	64	62	25	41	24	243
实验	12	42	33	19	20	17	143
例题	2	4	0	3	3	2	14
习题	36	92	75	38	62	34	337
拓展	3	7	13	2	9	7	41
总计	80	209	183	87	135	84	778

对知识点广度（一级主题）进行统计分析，可以得出知识点在六个一级主题中的广度分布，如表 3-5 所示。广度从大到小依次为电、波、能量、力与运动、动力学和平衡、物性。

表3-5 中国初中物理教材知识点的广度分布

	知识点个数	百分比	知识点百分比分布
力与运动	27	11.1%	
电	64	26.3%	
波	62	25.5%	
动力学和平衡	25	10.3%	
能量	41	16.9%	
物性	24	9.9%	

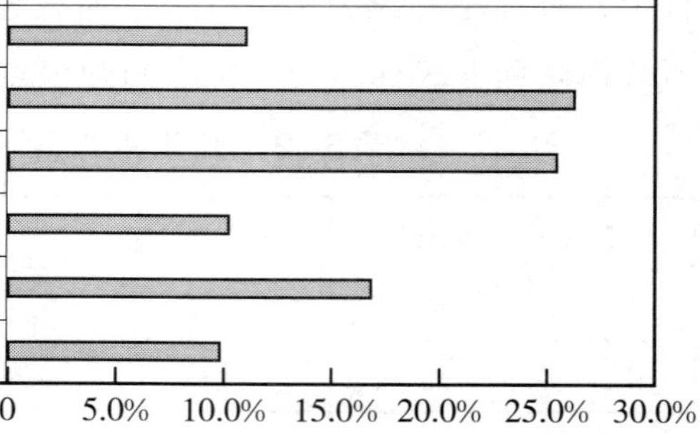

（1）可以看出，中国初中物理教材对“电”和“波”部分要求比较高，其中“电”包括 64 个知识点，占知识点总个数的比例为 26.3%。

电学是物理学的重要组成部分，“电”部分的内容包括电荷、电路、电流、电压和电阻、串联和并联电路、欧姆定律及其应用、电能、电功率、焦耳定律、安全用电、生活用电常识、磁、电生磁、磁生电及其应用等。这部分内容不仅包含的概念、定律比较多，而且和实际生活联系也比较紧密，既有理论知识，也有实际应用；既有宏观世界的知识，也有微观世界的知识，因此涵盖的知识点比较多。

对初中生来说，“电”部分相对较难。因此教材简化了宏观世界和微观世界的联系，尽量避免理论过深，更注重实际应用，从而减轻了学生学习的压力。比如电流的方向，教材只是简单介绍电流的方向为正电荷定向移动的方向，主要原因是初学电学的中学生对微观世界认识不足，理解微观的电量和电荷移动较为困难，所以将这一部分知识进行了删减。

（2）“波”部分有62个知识点，占知识点总个数的比例为25.5%。

“波”部分包括光的传播、反射、折射、色散，平面镜成像，透镜及其应用，眼睛和眼镜，看不见的光，声音的产生与传播，声音的特性，噪声的危害和控制，声的利用，电磁波的产生与传播，卫星通信，光纤通信，网络通信等。“波”部分涵盖的内容比较多，包括光学、声学、电磁波的内容。在内容的选择上，教材注重结合生活实际，体现“从生活走向物理，从物理走向社会”的理念。人耳的构造、眼睛和眼镜部分的内容安排体现了物理和生物的学科渗透。

（3）“能量”部分有41个知识点，占知识点总个数的比例为16.9%。

“能量”部分包括势能、动能、能量守恒定律、内能、比热容、内燃机、功的计算、功的原理、机械效率、功率、简单机械、机械能、能源等。这部分的重点是各种形式的能的定义、物理意义以及能量守恒定律。开发新能源，是一个世界性的问题，也是我国面临的重要问题。教材列举了各种各样的能源，如核能、化石能源、太阳能等，并介绍了一次能源、二次能源，以及可再生能源和不可再生能源。这不仅可以使学生加深对科学与社会关系的理解，而且可以实现物理、化学、生物等学科的相互渗透。

（4）“力与运动”部分的内容不太多，只有27个知识点，占知识点总个数的比例为11.1%。

“力与运动”部分包括了运动的测量和描述，力的定义、三要素和作用效果，牛顿第一定律，平衡的定义及二力平衡的条件，重力，弹力，摩擦力等。这些内容按照力与运动的关系展开，逻辑严谨，注意概念规律的提出过程以及知识的形成和发展过程，有助于培养学生的物理思维。但是对初中生来说，这部分内容比较抽象，逻辑性强，体系严谨，对计算的要求也比较高，总体偏难。为了降低难度，教材中这部分的内容编排较少。

（5）“动力学和平衡”部分有25个知识点，占知识点总个数的比例为10.3%。

“动力学和平衡”部分内容较少，包括分子热运动，压强，液体的压强，大气压强，流体压强与流速的关系，浮力的定义、大小及应用，温度计等。这些概念的共同点是微观变化引起宏观变化，对初中生来说是个难点。由于微观世界的抽象性，在教材编排时设计了不同的实验，通过对宏观现象的观察总结规律，并增加了生活中的例子，以降低难度。

（6）“物性”部分有24个知识点，占知识点总个数的比例为9.9%。

“物性”部分包括六种物态变化，质量、密度以及它们的测量和应用。大多数初中生对这些概念非常熟悉，因此教材中列举了大量的实例应用，并结合学生实验，使学生对这部分内容的理解提升到理论的高度。

从以上分析结果可以看出，人教版初中物理教材中知识点达到了243个，涉及的知识点较多，覆盖了“力与运动”“电”“波”“动力学和平衡”“能量”“物性”这六个一级主题，说明这套教材视野开阔，注重联系实际，贴近生活，知识面广。

二、日本初中物理教材广度分布

通过对所选日本初中物理教材进行分析，统计得出该教材总广度如表3-6所示。

表3-6　日本初中物理教材总广度

	力与运动	电	波	动力学和平衡	能量	物性	总计
知识点	24	38	28	11	33	13	147
实验	7	20	8	8	11	8	62
例题	0	1	1	1	0	1	4
习题	13	10	7	0	4	3	37
拓展	2	7	5	4	7	5	30
总计	46	76	49	24	55	30	280

对知识点广度（一级主题）进行统计分析，可以得出知识点在六个一级主题中的广度分布情况，如表3–7所示。广度从大到小依次为电、能量、波、力与运动、物性、动力学和平衡。

表3–7 日本初中物理教材知识点的广度分布

	知识点个数	百分比	知识点百分比分布
力与运动	24	16.3%	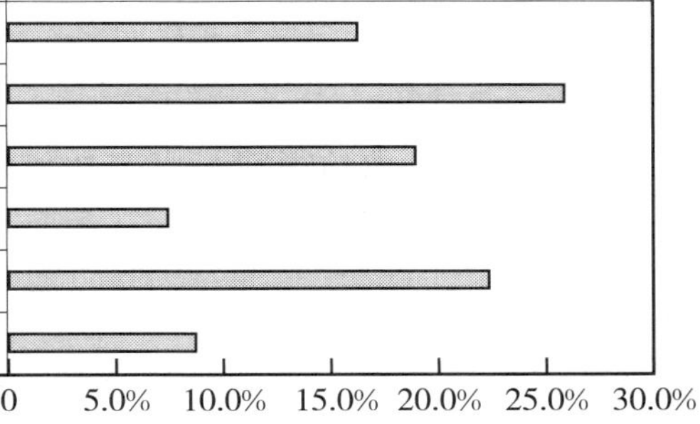
电	38	25.9%	
波	28	19.0%	
动力学和平衡	11	7.5%	
能量	33	22.4%	
物性	13	8.8%	

（1）可以看出,整套教材中“电”和“能量”涉及的知识点个数较多,“电”部分涉及38个知识点，所占比例为25.9%。

电学是物理学的重要组成部分,“电”部分的内容包括电的利用、电流、电压、电压与电流的关系、串联和并联电路、电能与电功率、电磁铁周围的磁场、通电导体在磁场中的受力、电磁感应、交流与直流电、身边的静电现象、真空放电与阴极射线、电流的原形等。这部分内容不仅包含的概念、定律比较多，而且和实际生活的联系也比较紧密，既有理论知识，也有实际应用；既有宏观世界的知识，也有微观世界的知识，涵盖的知识点比较多。

该套教材以生活中电的利用展开“电”部分的学习，通过制作简单的电路，使学生对电路的基本构成形成正确的认识，会辨别串、并联电路。在介绍电流、电压和电阻等基本知识后,通过探究电压与电流的关系,得出欧姆定律。由电流的热效应引出电能与电功率,结束电的性质的学习。随后把电与磁结合，介绍了磁场的性质，探究通电导体在磁场中的受力，得出弗莱明法则等内容。最后，把从微观角度讲述静电的形成、真空放电的原理作为学习电流的方向及电流形成的本质的基础。

（2）“能量”部分有33个知识点，所占比例为22.4%。

“能量”部分包括势能、动能、能量守恒定律、热传递的三种方式、功的计算、机械能以及能源的利用等。这部分的重点是各种形式的能的定义、物理意义及能量守恒定律。开发新能源，是一个世界性的问题，也是日本所面临的重要问题。教材设置了“能源的利用”这一节内容，介绍了如何供电、三种发电的方式及可再生能源等，不仅可以使学生加深对能量和能源的认识，深化对科学与社会关系的理解，而且可以实现物理、化学和生物等学科的相互渗透，有利于培养综合性人才。

（3）“波”部分有 28 个知识点，所占比例为 19.0%。

“波”部分包括光源、光的反射、探究光的反射定律、光的折射、全反射、凸透镜成像的规律、声音如何产生、声音的传播方式、声音传播的速度、影响声音大小与高低的因素等内容。这部分内容贴近生活，从身边的物理现象出发，设置简单有趣、现象明显、操作简易的实验，更注重结合生活实际，体现“从生活走向物理”的理念；在拓展材料中，介绍声音在前沿科技中的应用，体现“从物理走向社会”的理念。

（4）“力与运动”部分有 24 个知识点，所占比例为 16.3%。

“力与运动”部分包括了速度、运动的记录、瞬时速度和平均速度、力的作用、力的单位、测力的工具、胡克定律、力的合成与分解、力与物体的运动状态、惯性、作用力与反作用力、二力平衡、摩擦力和重力等内容。这些内容围绕力与运动的关系展开，逻辑严谨，注重概念规律的提出过程以及知识的形成和发展过程，符合初中生的认知水平，有助于培养学生的物理思维。但是对初中生来说，这部分的内容比较抽象，逻辑性强，对计算的要求也比较高，因此总体偏难。

（5）“物性”部分有 13 个知识点，所占比例为 8.8%。

“物性”部分包括物质、探究金属和非金属的区别、物态变化、蒸发与沸腾、蒸馏、质量、密度等内容。大多数初中生对这些概念非常熟悉，因此教材中列举了大量的实例应用，并结合学生实验，鼓励学生自主探究，得出相关特性与结论。

（6）“动力学和平衡”部分有 11 个知识点，占 7.5%。

“动力学和平衡”部分包括压力、液体压强、浮力、大气压的大小和方向、利用大气压制作的工具等。这些知识的共同点是微观变化引起宏观变化，是初中阶段的难点。鉴于微观世界的抽象性，在教材编排时设置了不同类型的实验，通过对宏观现象的观察，总结规律，并配以生活中的例子，以降低难度。

从分析结果可以看出，日本初中物理教材中知识点达到了 147 个，覆盖了“力与运动”“电”“波”“动力学和平衡”“能量”“物性”这六个一级主题。这套教材知识面广，注重联系实际，贴近生活，强调能源教育。

三、韩国初中物理教材广度分布

通过对所选韩国初中物理教材进行分析，统计得出该教材总广度如表 3-8 所示。

表3-8　韩国初中物理教材总广度

	力与运动	电	波	动力学和平衡	能量	物性	总计
知识点	30	24	29	17	52	16	168
实验	18	13	23	15	30	12	111
例题	0	0	0	1	0	0	1
习题	38	46	42	43	104	44	317
拓展	3	2	5	4	9	3	26
总计	89	85	99	80	195	75	623

对知识点广度（一级主题）进行统计分析，可以得出知识点在六个一级主题中的广度分布，如表 3-9 所示。广度从大到小依次为能量、力与运动、波、电、动力学和平衡、物性。可以看出，韩国初中物理教材对能量、力与运动、波要求比较多。

表3-9　韩国初中物理教材知识点的广度分布

	知识点个数	百分比	知识点百分比分布
力与运动	30	17.9%	
电	24	14.3%	
波	29	17.3%	
动力学和平衡	17	10.1%	
能量	52	31.0%	
物性	16	9.5%	

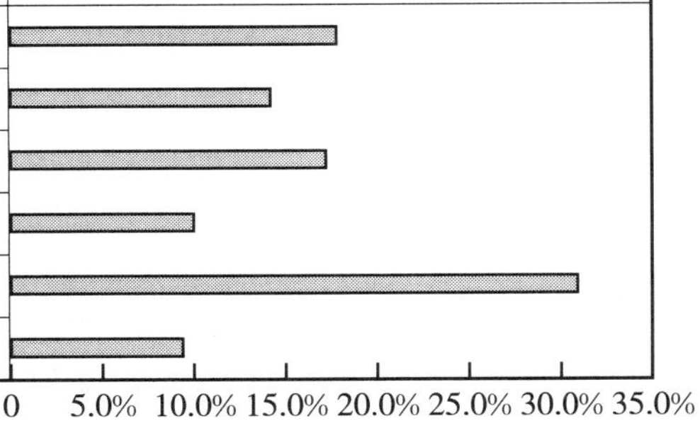

（1）“能量”部分有52个知识点，占知识点总个数的31.0%。

“能量”部分包括势能、动能、能量守恒定律、热能、状态变化与热能、热平衡和热传递、热量和比热容、热膨胀、功的计算、功的原理、使用工具时的功、机械能、机械能守恒定律、电能等。这部分的重点是各种形式的能的定义、物理意义，能量之间的相互转化与能量守恒定律。热能、电能的利用与生活息息相关，教材中围绕热能阐述了许多与生活相关的知识，例如汤为什么会变凉，对金属受热膨胀的利用等；围绕电能介绍如何安全用电；还要求制作节约能源的海报，让学生意识到能源的可贵。教材当中“能量”部分与生活联系紧密，有利于学生从物理走向生活。

（2）“力与运动”部分有30个知识点，占知识点总个数的17.9%。

“力与运动”部分包括速度的计算与测量、匀速直线运动的特征及时间–位移图象、力的作用效果、力的测量、二力合成、圆周运动、惯性、摩擦力大小的影响因素、重力的大小和方向、弹力等。教材中这部分内容围绕力与运动的关系展开，从介绍各种力及力的性质入手，到力的测量与合成，再到力与运动的关系，层层递进。这部分的很多内容都是定性的探究，对计算的要求并不高。教材中这部分内容广度较适中，约占知识点总个数的六分之一。

（3）“波”部分有29个知识点，占知识点总个数的17.3%。

“波”部分包括波的产生和传播、横波和纵波、光的反射、平面镜的成像、凸面镜与凹面镜的成像、光的折射、凸透镜与凹透镜的成像、光的分散和汇聚、声音的产生和传播等。这部分涵盖的内容比较多，包括光学、声学的内容。在内容的选择上，强调物理与生活经验的融合，注重联系生活实际来培养学生学习物理的兴趣。

（4）“电”部分有24个知识点，占知识点总个数的14.3%。

“电”部分是物理学的重要组成部分，但韩国教材中这部分内容并不多，只占不到六分之一的篇幅，主要包括静电的产生、利用、防护，静电感应，验电器，电荷，电流的测量，电压的测量，电阻，串联和并联电路，欧姆定律及其应用，磁力等。这部分包含的概念、定律并不多，但对于电学中的最基本概念，如电荷、电流、电压、电阻等都有涉及。

（5）“动力学和平衡”部分包括17个知识点，占知识点总个数的

10.1%。

“动力学和平衡”部分包括蒸发和扩散、玻意耳定律、查理定律、物质状态与分子运动的关系、压强、气压、浮力等内容。这些内容的共同点是微观变化引起宏观变化，这对初中生来说是个难点。为了降低难度，教材中这部分内容大多是从宏观现象的角度去定性探究，对于必须要定量的，则从实验数据入手，让学生通过数据得出结论，总结规律。

（6）“物性”部分包括16个知识点，占知识点总个数的9.5%。

“物性”部分包括物质构成，五种物态变化，沸点、密度以及它们的测量和应用。这些概念及内容在生活中比较普遍，因此大多数初中生对此比较熟悉，教材中结合学生的体验安排实验和问题，使学生通过感知巩固理论知识。

从分析结果可以看出，韩国初中物理教材注重和生活的联系，知识点为168个，涉及的知识点虽然不多，但覆盖了“力与运动”“电”“波”“动力学和平衡”“能量”“物性”这六个一级主题，可见教材对物理学的基本内容是比较注重的。

四、新加坡初中物理教材广度分布

通过对所选新加坡初中物理教材进行分析，统计得出该教材总广度如表3-10所示。

表3-10　新加坡初中物理教材总广度

	力与运动	电	波	动力学和平衡	能量	物性	总计
知识点	33	80	37	9	24	14	197
实验	16	14	5	3	9	5	52
例题	9	12	3	0	5	5	34
习题	9	42	13	0	10	5	79
拓展	6	6	5	3	2	3	25
总计	73	154	63	15	50	32	387

对知识点广度（一级主题）进行统计分析，可以得出知识点在六个一级主题中的广度分布，如表3-11所示。广度从大到小依次为电、波、

力与运动、能量、物性、动力学和平衡。

表3-11 新加坡初中物理教材知识点的广度分布

	知识点个数	百分比	知识点百分比分布
力与运动	33	16.8%	
电	80	40.6%	
波	37	18.8%	
动力学和平衡	9	4.6%	
能量	24	12.2%	
物性	14	7.1%	

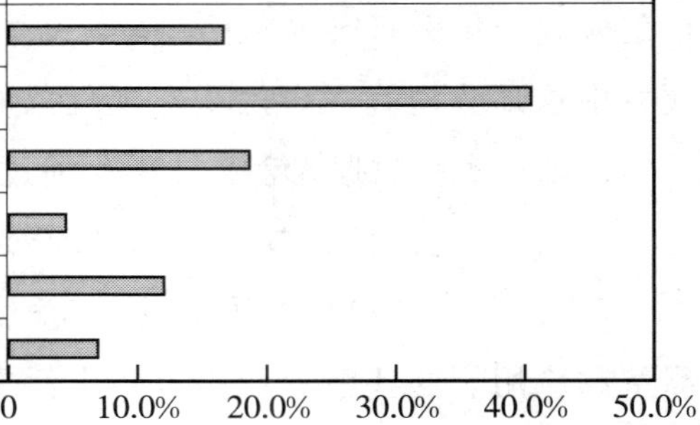

这样安排知识点的广度分布，不仅体现了该教材对不同知识点的重视程度不同，而且充分考虑学生的认知水平、物理知识体系本身的特点。

从分析结果可以看出，所选新加坡初中物理教材中知识点达到了197个，涉及的知识面并不广。“力与运动”部分，矢量和标量，牛顿第三定律，动量、冲量和守恒，万有引力，弹力，人造卫星等知识点；“电”部分，电场、场的相互作用、导体和绝缘体等知识点；“波”部分，特性和作用、声音、地震、海啸和海浪等知识点；“动力学和平衡”部分，分子运动、压强和浮力、平衡、反应速率等知识点；“能量”部分，声能、热力学和熵、机械能和机械等知识点；“物性”部分，特性及构成、光子和光谱、原子学说、量子论和电子云等知识点，该教材都没有涉及。

虽然该教材涉及知识面较窄，但是仍然覆盖了“力与运动”“电”“波”“动力学和平衡”“能量”“物性”这六个一级主题，物理体系中最基本的知识、学生在日常生活中常见的物理现象、学生初中阶段认知水平所能接受的物理知识都有所介绍。这样的知识编排，不仅能帮助学生建立物理体系的基本框架，使学生对物理有初步的认识和了解，而且注重联系实际，贴近生活，注重物理与生活、技术开发和应用的联系。

五、俄罗斯初中物理教材广度分布

通过对所选俄罗斯初中物理教材进行分析，统计得出该教材总广度如表 3-12 所示。

表3-12　俄罗斯初中物理教材总广度

	力与运动	电	波	动力学和平衡	能量	物性	总计
知识点	79	91	59	40	51	77	397
实验	11	24	15	15	24	19	108
例题	2	7	0	3	8	4	24
习题	303	349	244	166	209	215	1486
拓展	2	1	3	6	5	1	18
总计	397	472	321	230	297	316	2033

对知识点广度（一级主题）进行统计分析，可以得出知识点在六个一级主题中的广度分布，如表 3-13 所示。广度从大到小依次为电、力与运动、物性、波、能量、动力学和平衡。

表3-13　俄罗斯初中物理教材知识点的广度分布

	知识点个数	百分比	知识点百分比分布
力与运动	79	19.9%	
电	91	22.9%	
波	59	14.9%	
动力学和平衡	40	10.1%	
能量	51	12.8%	
物性	77	19.4%	

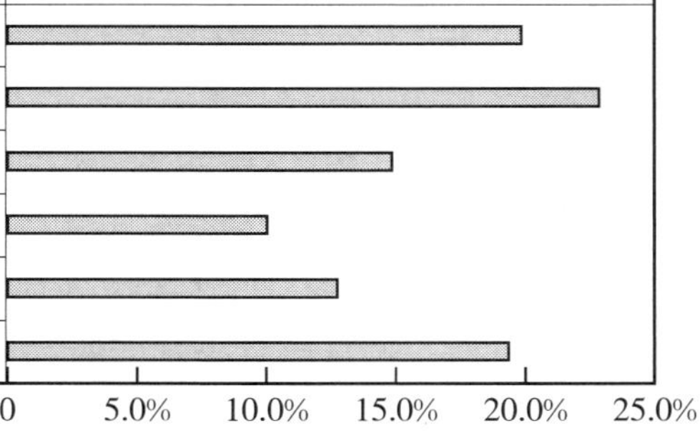

（1）可以看出，俄罗斯初中物理教材对“电”部分要求比较高，“电”部分包括 91 个知识点，占知识点总个数的 22.9%。

“电”部分是物理学的重要组成部分，这部分的内容包括电现象、电场、电路的组成、电流、电流强度、电压、电流对电压的依赖作用、部分电路欧姆定律、导体串联和并联、电功率、焦耳定律、保险装置、磁场、常见磁体周围的磁场、地磁场、匀强与非匀强磁场、磁感应强度、磁通量、电场与磁场间的相互作用、电的导体与绝缘体、电磁感应现象、楞次定律、自感、交变电流的产生与传输、电容、振荡电路等。这部分知识点总量较大，涉及电磁学的一些基本概念、定律、现象，很多内容都与实际生活联系较密切。

俄罗斯德罗法出版社出版的这套教材中，“电”和“磁”部分注重物理学科本身的系统性和完整性，知识点涵盖面较大，涉及很多电磁学的基本概念、现象和定律，为学生今后进一步学习电磁学知识提供了强有力的保障。在节内容安排上，教材从学生的认知水平出发，几乎每节只介绍一个知识点，这种“小步子”的设计，有利于学生对每节内容的较好理解和吸收。此外，教材也注意到了电和磁在生产、生活中的应用，涉及很多这样的材料，以便学生学以致用。

（2）“力与运动”部分有 79 个知识点，占知识点总个数的 19.9%，约占知识点总量的五分之一。

“力与运动”部分包括了速度、路程、直线运动、曲线运动、自由落体运动、竖直上抛、匀速运动、变速运动、力的定义、力的三要素和作用效果、牛顿第一定律、牛顿第二定律、牛顿第三定律、重力、弹力、摩擦力、物体的动量、万有引力等内容。

这部分内容分别被安排在七年级和九年级两本教材中。在七年级中，教材先是介绍了较为简单的匀速运动，进而定性地描述了力与运动的关系，然后大笔墨介绍了力及几种性质的力。在九年级中，教材仍是以运动学为出发点，主要涉及变速运动、曲线运动，接着又全面系统地讲述了牛顿三大定律，阐述了力与运动的关系，其中也包括对万有引力定律的介绍。此外，教材内容设计与科学技术，生产、生活联系紧密，例如在介绍万有引力时，教材专门用一节讲述了海王星的发现。这部分知识体系严谨、逻辑性强，通过两次循环，分别对力、运动以及力与运动的关系做了详细的解读。从定性描述到定量分析，符合学生的认知规律，加之对实际应用的介绍，使学生对事物的认识从感性上升到理性，最后到实践，完成认知过程的两次飞跃。

（3）“物性”部分包括 77 个知识点，占知识点总个数的 19.4%。

“物性”部分包括物质的组成，物质的聚集状态，六种物态变化，质量、密度以及它们的测量和应用，光谱，原子结构，质子，中子，核物理等内容。关于基本的物质组成和物态变化方面的知识，学生了解较多，教材设计了很多图片、实例和演示实验，而对于核物理方面的知识，学生接触较少，教材便安排了很多背景性资料，如物理学史、经典实验等。

（4）“波”部分包括 59 个知识点，占知识点总个数的 14.9%。

“波”部分包括机械振动，机械波，波的基本特性，光的传播、反射、折射、色散、干涉，平面镜成像，透镜，声，电磁波，广播电视原理等内容。在处理这部分内容时，教材广泛地介绍了波的相关知识，不仅涉及波的基本知识和特性，还分别介绍了机械波和电磁波，而针对光这一典型的电磁波，教材中多涉及几何光学的知识。

（5）“能量”部分包括 51 个知识点，占知识点总个数的 12.8%。

“能量”部分包括势能、动能、能量守恒定律、内能、改变内能的方法、热导率、比热容、内燃机、机械功、功率、机械效率、机械能、杠杆、滑轮、能量间的转化等内容。对这部分知识点，教材讲解得较为详细，例如在介绍比热时，教材介绍了熔化比热，汽化和冷凝比热，非常注重学科知识的完整性。

（6）“动力学和平衡”部分包括 40 个知识点，占知识点总个数的 10.1%。

“动力学和平衡”部分包括扩散、分子间作用力、温度、湿度、压强、大气压强、大气压强与海拔的关系、托里拆利实验、压力表、抽水泵、液压机、浮力、船、热气球等内容。这部分知识点虽然不多，但覆盖面较广，无论是微观模型还是宏观现象，教材都做了详尽的讲述，而且注重知识点与生产、生活间的联系，介绍了很多仪器的原理与应用。

从分析结果可以看出，该教材中知识点达 397 个，涉及的知识点较多，覆盖了“力与运动”“电”“波”“动力学和平衡”“能量”“物性”这六个一级主题，内容详尽，视野开阔。教材中知识点的介绍顺序尊重物理学科系统性。教材内容编排注重联系实际，贴近生产、生活，联系科学技术，充分体现 STS 理念。

六、英国初中物理教材广度分布

通过对所选英国初中物理教材进行分析，统计得出该教材总广度如表 3-14 所示。

表3-14 英国初中物理教材总广度

	力与运动	电	波	动力学和平衡	能量	物性	总计
知识点	57	70	59	0	56	29	271
实验	18	13	13	0	14	1	59
例题	11	8	1	0	2	0	22
习题	24	54	21	0	39	32	170
拓展	20	26	14	0	21	10	91
总计	130	171	108	0	132	72	613

对知识点广度（一级主题）进行统计分析，可得出知识点在六个一级主题中的广度分布，如表 3-15 所示。广度从大到小依次为电、波、力与运动、能量、物性、动力学和平衡。

表3-15 英国初中物理教材知识点的广度分布

	知识点个数	百分比	知识点百分比分布
力与运动	57	21.0%	
电	70	25.8%	
波	59	21.8%	
动力学和平衡	0	0	
能量	56	20.7%	
物性	29	10.7%	

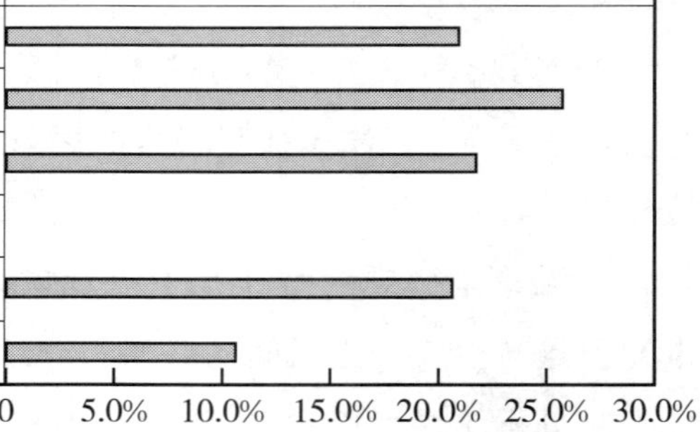

由此可见，所选英国初中物理教材在知识点编排上没有涉及“动力学和平衡”这部分的内容，因此在后面的教材评价中将不再涉及此方面的内容。其余五部分的内容，“物性”所占的比例最小，仅为 10.7%，剩下的四部分内容从知识点的个数上看基本持平，占知识点总个数比例由高至低分别为“电”25.8%、“波”21.8%、“力与运动”21.0%、“能量”20.7%。

（1）电学是物理学的重要组成部分，“电”部分的内容包括静电学的电荷、静电利弊、电路、电流、电压、电阻、串联和并联电路、欧姆定律、电能、电功率、焦耳定律、安全用电，电场与磁场相互作用中的电动机、电磁感应、变压器等。在介绍理论知识之后，教材还向学生介绍了电在日常生活中的利用与传输，包括国家电网、常用电气设备、交流电等内容。这部分内容涵盖的知识点很多，既有理论知识，也有实际应用；既有宏观世界的知识，也有微观世界的知识。同时这部分内容与学生的实际生活联系较为密切。

“电”部分内容较抽象，使得初中生在学习这部分内容时有一定的困难。在静电学的内容中，由于微观世界与学生的日常生活联系较少，因此教材偏重于用直观的图象来展现电荷微观的运动过程，尽可能让学生清楚地掌握电荷转移等相关内容。在介绍电路这部分内容时，虽然教材选取的例题和习题计算都比较简单，但是包含从图象中获取信息的内容，例如从电流－电位差图象中获取信息，加大了学生对知识的理解难度。教材涉及的电学内容还包括场的相互作用中的左手定则、发电机等比较复杂的内容。

（2）“波”部分包括 59 个知识点，占知识点总个数的 21.8%。

“波”部分包括光的传播、反射、折射，平面镜成像，透镜及其应用；电磁波谱，γ 射线和 X 射线，可见光和紫外线，红外线，微波和无线电波，核辐射，α 射线、β 射线和 γ 射线，半衰期，放射性；声音的性质，声音的反射，声音的折射，乐音，乐器，超声波；还有通信中的无线电波和模拟、数字信号等知识。

这部分内容涵盖的知识点比较多，包括光学、声学、电磁波、核物理等。在内容的选择上，既有与生活实际联系紧密的声和光，体现把物理学习带入生活的宗旨，同时也包括许多高能物理的知识，让学生了解物理知识对人类生活所起的巨大作用，体验物理学的伟大和精妙之处。

（3）“力与运动”部分包括 57 个知识点，占知识点总个数的 21.0%。

“力与运动”部分包括位移－时间图象、速度、加速度、速度－时间图象、速率、力、摩擦力、动量、平衡、万有引力、圆周运动、向心力等知识。

这部分内容涉及的知识点较多，因为此版教材知识点的呈现是在学生原有知识基础上进行的，比如时间、距离等，建立的知识具有较高的起点。但由于学生考试的需要，教材在呈现这些知识点时，并没有一条逻辑清晰的主线，显得内容多而零散。此外，教材涉及的知识点多，但每节的内容又偏少，所以在讲解知识时并没有充分展开，教材在知识处理上也没有呈现出系统性，这样就加大了学生对这部分内容的理解难度。

（4）“能量”部分包括 56 个知识点，占知识点总个数的 20.7%。

“能量”部分包括势能，动能，能量守恒定律，功、热能及其三种转化方式；在机械能和机械方面涉及力矩和杠杆的内容。与能源相关的内容占据教材较大的篇幅，包括能源的形式、有用能源、能源的效率、发电厂、核电站、风力、水力、潮汐能、太阳能发电、化石燃料、核能与可再生能源等，同时这部分内容还包括高能物理的知识，例如核裂变和聚变等。

这部分内容大多以简单介绍的方式呈现，意在让学生拓宽对于能源的理解，并能把物理知识应用到现实生活中去，所以这部分内容虽然偏多，但是难度上总体偏易。

（5）“物性”部分包括 29 个知识点，占知识点总个数的 10.7%。

“物性”部分包含的内容均与学生实际生活偏离较远，例如原子学说和宇宙起源等。原子学说部分包含原子结构、放射性衰变、原子核的发现等内容，而宇宙起源部分则包括宇宙膨胀、宇宙大爆炸、观察太空、星系、恒星的生命历程等内容。

这部分内容虽与学生的实际生活有一定的距离，但是这些知识均是学生在物理学习方面必备的知识，所以教材设计这部分内容意在增加学生的知识储备，提高学生对物理学习的兴趣。同时这部分内容也是学生提升科学素养不可或缺的内容。

从分析结果可以看出，所选英国初中物理教材中知识点达到 271 个，涉及的知识点较多，覆盖了“力与运动”“电”“波”“能量”“物性”这五个一级主题。从涉及的知识点个数和内容上看，这套教材知识起点较高，内容广泛，注重联系实际，贴近生活，同时也兼顾现代科技和高能物理的知识。总体而言，这套教材对学生开拓眼界、丰富知识起到很大帮助，并且教材中还给学生创造很多学以致用的机会，使学生真正地做到将物理带入生活。

七、德国初中物理教材广度分布

通过对所选德国初中物理教材进行分析，统计得出该教材总广度如表 3-16 所示。

表3-16　德国初中物理教材总广度

	力与运动	电	波	动力学和平衡	能量	物性	总计
知识点	66	90	96	43	53	104	452
实验	23	17	15	5	5	10	75
例题	8	3	2	1	5	1	20
习题	107	71	75	45	60	51	409
拓展	0	0	0	0	0	0	0
总计	204	181	188	94	123	166	956

对知识点广度（一级主题）进行统计分析，可以得出知识点在六个一级主题中的广度分布，如表 3-17 所示。广度从大到小依次为物性、波、电、力与运动、能量、动力学和平衡。

表3-17　德国初中物理教材知识点的广度分布

	知识点个数	百分比	知识点百分比分布
力与运动	66	14.6%	
电	90	19.9%	
波	96	21.2%	
动力学和平衡	43	9.5%	
能量	53	11.7%	
物性	104	23.0%	

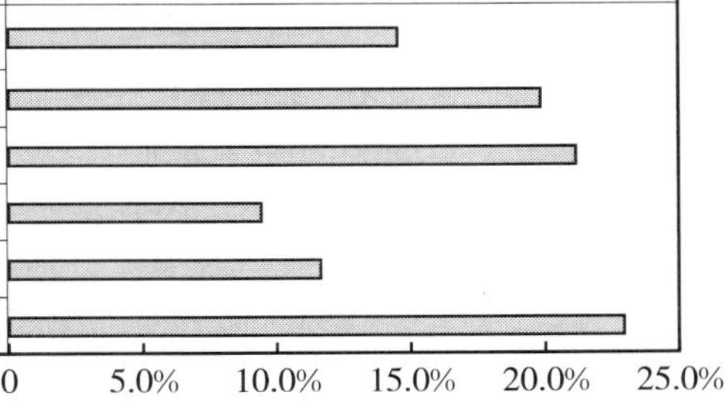

（1）由表 3-17 可以看出，“物性”知识点个数最多，达到了 104 个，占知识点总个数的 23.0%。

“物性”是物理学的重要组成部分，更是认识身边事物的基础。“物性”部分的内容包括气体和凝聚态物质、气体的热学性质、相变、沸腾和蒸发、在自然和工程中的相变、密度、光谱、光化反应、光子、光子的能量和动量、光子和干涉、原子结构、原子的不同状态、用光子激发原子、气体光源、气体光谱、原子核的结构、核辐射、半衰期、核反应堆等。这部分不仅包含的概念、定律比较多，而且和实际生活的联系也比较紧密，既有理论知识，也有实际应用；既有宏观世界的知识，也有微观世界的知识，因此涵盖的知识点比较多。

（2）“波”部分包括96个知识点，占知识点总个数的21.2%。

“波”部分包括波的携带者、用波传输能量、波速、振动、正弦波、驻波的干涉、光源、光的特性、反射定律、光的折射、全反射、针孔照相机、透镜组、物镜、照相机、眼睛、幻灯机、混合光、声波、电磁波等内容。在内容的选择上，注重结合生活实际，体现“从生活走向物理，从物理走向社会”的理念。

（3）“电”部分包括90个知识点，占知识点总个数的19.9%。

“电”部分包括电荷和电荷携带者、电荷的积累、电场、电容器、电容、阴极射线管、大气层中的电、电路、交流电、电是能量携带者、电流、节点定理、电势、电阻、磁极、磁力线、磁场的图示、地磁场、电流和磁场、电磁铁、电动机、电磁感应、发电机、变压器、超导体等。这部分知识对初中生来说相对较难理解，既有理论知识，又有实际应用；既有宏观世界的知识，又有微观世界的知识。

（4）“力与运动”部分包括66个知识点，占知识点总个数的14.6%。

“力与运动”部分包括物理量、矢量、流的方向和流动着的量的方向、矢量相加、速度、动量流的方向、测量动量流、动量流的破坏性、动量和速度、开车和刹车、平衡状态、动量流路、惯性、能量和动量的复杂路径、卫星、月亮和行星、质心、稳定平衡、竖直运动、自由落体运动、失重、角动量和角速度等。这些内容逻辑严谨，注重概念、规律的提出过程以及知识的形成和发展过程，有助于培养学生的物理思维。但是对初中生来说，这部分的内容比较抽象，对逻辑思维要求较高。

（5）“能量”部分包括53个知识点，占知识点总个数的11.7%。

“能量”部分包括热泵、熵的产生、熵流、通过对流传递熵、热机、热机的熵源、能耗、热机的运行模式、热对流、光的种类、用光传递熵和能量、光的温度、机械能的存储、滑轮和滑轮组、杠杆原理、能量、能流等。教材以能量为主线，通过动量和能量的传递，将各种实物型物理量整合成一个有机整体。

（6）“动力学和平衡”知识点个数最少，只有43个，占知识点总个数的9.5%。

“动力学和平衡”部分包括压强、大气压、压强差和真空、泵、流的强度、流和驱动力、流和阻力、液压能量传递、物体何时沉浮、压强和动量之间的关系、液体和气体中的压强、流体静压强、浮力、气体和液体中的拉伸状态、熵和温度、守恒量、反应方向等。这部分内容的共同特点是微观变化引起宏观变化，难度较大，同时“守恒”也是较为抽象的物理规律，因此，在教材编排时，这部分内容最少，以降低难度。

从分析结果可以看出，所选德国初中物理教材中知识点达到了452个，涉及的知识点较多，覆盖了“力与运动”“电”“波”“动力学和平衡”“能量”“物性”这六个一级主题。这套教材视野开阔，注重联系实际，贴近生活，知识面广。

八、法国初中物理教材广度分布

通过对所选法国初中物理教材进行分析，统计得出该教材总广度如表3-18所示。

表3-18　法国初中物理教材总广度

	力与运动	电	波	动力学和平衡	能量	物性	总计
知识点	6	49	28	1	4	11	99
实验	3	38	20	1	2	9	73
习题	24	141	81	2	15	29	292
拓展	8	48	27	1	4	11	99
总计	41	276	156	5	25	60	563

对知识点广度（一级主题）进行统计分析，可以得出知识点在六个一级主题中的广度分布情况，如表3-19所示。广度从大到小依次为电、波、物性、力与运动、能量、动力学和平衡。

表3-19　法国初中物理教材知识点的广度分布

	知识点个数	百分比	知识点百分比分布
力与运动	6	6.1%	
电	49	49.5%	
波	28	28.3%	
动力学和平衡	1	1.0%	
能量	4	4.0%	
物性	11	11.1%	

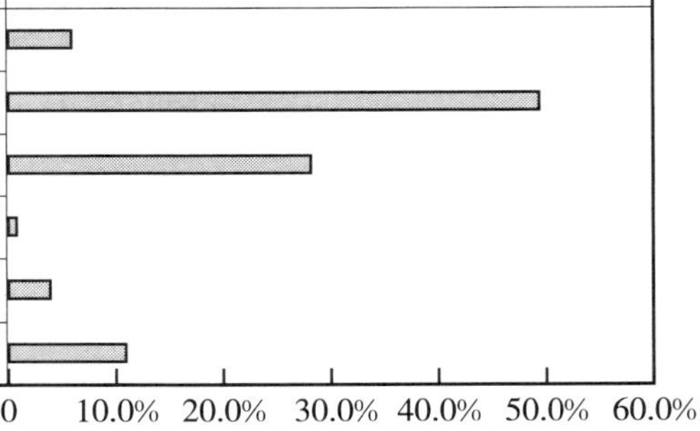

（1）由表3-19可以看出，整套教材中“电”和“波”涉及的知识点个数较多，“电”部分包括49个知识点，所占比例为49.5%。

电学是物理学的重要组成内容，“电”部分包括电路、电流、电路接法、电压、电路中的电压、电流的强度、普遍法则、电阻、交流发电机和发电站、电压的特性、示波器测量、交流电压伏特表、功率与电能等，共十三章。

在*Physique-Chimie 5e*教材中，“电路”部分内容以电路组装作为学生实验，让学生通过实验了解电路的基本组成，进而学习电路图、电源短路、电能的利用等知识。值得注意的是，教材把电灯、发电机等这些拥有两个端子的物体叫作偶极子，把电池叫作电流计。“电流”部分的引入环节比较特殊，教材从电源上为什么要标注“+”和“-”出发，提出问题，引发学生思考，分别讲述了电流的方向、导体和绝缘体、开关和人体导电等知识。“电路接法”部分则进一步讲述电路的串、并联接法，同时讨论偶极子在串、并联电路中的安放顺序不同是否会对电路连接造成影响，为后面将要学习的“普遍法则”奠定基础。

*Physique-Chimie 4e*教材同样以电学知识作为开篇，设置的知识回顾可以帮助学生回忆已经学习过的相关内容。“电压的测量”是重点内容，教材首先让学生利用传感器测量电池两端的电压，学会识别电池的正负极，说出电压的单位、符号等，再让学生用数字万用表替代传感器完成测量，要求学生说出具体操作过程，之后使用数字万用表测量电路中的电压，以及偶极子两端电压。“电路中的电压”部分内容则是对串、并联电路中偶极子两端电压规律的探究，改变偶极子在串联电路中的顺序，分别测量改变前后偶极子两端的电压，得出串联电路中偶极子两端的电压不会因为偶极子连接顺序的改变而改变，并以此为基础，进一步分析电池两端电压、不同偶极子两端电压的规律，从而归纳出串、并联电路中电压规律。“电流的强度”部分内容编排方式与“电路中的电压”部分类似，从测量电路中的电流入手，让学生学习使用数字万用表测量电流，分析串、并联电路中电流规律。“普遍法则”部分是对前两章中得出的串、并联电路中电压和电流规律的验证，并对“电压”中提出的影响电灯亮度的原因做深入分析，指出电灯的亮度取决于加在它两端的电压和流经的电流的大小，综合分析电压、电流对灯泡亮度的影响，这也是为电学部分的最后一章“功率

与电能”的学习做铺垫。“电阻”一章由电路中电阻的作用引出使用数字万用表测量电阻大小的方法，并通过实验探究，得出欧姆定律。

Physique-Chimie 3e 教材以“电”作为开始，“交流发电机和发电站”一章是前面所学知识的综合，把电学与磁学相结合，通过对电磁感应现象的探究和解释手摇发电机的原理，引出交流电的产生及电磁感应现象中能量的转化，同时对生活中常见的水力发电、风力发电和热力发电的结构、原理加以分析。“电压的特性”“示波器的测量”“交流电压伏特表”三章主要介绍交流电的性质、图象，交流电压的有效值和最大值，示波器的使用等内容，要求学生能说出交流电与直流电的区别，分析交流电在示波器中的图象含义等。最后在“功率与电能”一章中，介绍额定功率、电能等相关内容。

（2）“波”部分包括 28 个知识点，所占比例为 28.3%。

“波”部分知识学生比较熟悉，在日常生活中都能观察到相应的光学现象，具有丰富的直接经验。“波”部分主要包括光源、光的传播、日地月体系、有色光、物体的颜色、透镜、眼睛、光的速度等内容，其中光源、光的传播、日地月体系等设置在 *Physique-Chimie 5e* 中，其余内容被编排到 *Physique-Chimie 4e* 之中。

“光源”部分首先对教材中四张不同类型的光源图片加以分析，让学生知道光源和反光物体的含义，再通过实验分别探究人在什么条件下可以看到物体，引出光线和光的反射，之后继续利用实验让学生观察光线，体会光线的存在。由于大多数光学实验会使用到激光器，因此为了防止因操作失误而带来的危险，教材对激光器的使用做了详细的叙述。“光的传播”部分把棉线与光线相联系，用实验的方式，模拟光在空气中的传播路径，建立光路模型，对生活中常见的光照区和阴影区、背面和投影等现象加以阐述。“日地月体系”部分则结合了相关地理知识，对月相、月食、日食的形成原因做出解释，同时也是对前一章所学知识的运用。“有色光”一章首先以学生活动的形式展开，通过单缝衍射实验和棱镜对光束的作用所得到的光谱，让学生知道日常生活中的白光是由多种颜色组成的；再使用不同颜色的滤镜，探究滤镜对光的吸收作用；最后通过红、蓝、绿三种颜色光的混合，学习色光的混合。“物体的颜色”部分主要对不透明物体对光的吸收和反射作用进行探究，要求学生能说出眼睛看到不同物体表面颜色的原因。“透镜”部分主要介绍凸透镜与凹透镜的区别，要求学生知道凸透镜的焦点和焦距，能利用凸透镜使物体在屏幕上成像。“眼睛”一章分析了人眼模型，介绍了人眼的基本结构和各部分的功能，同时利用光学模型对人眼成像过程加以分析，通过实验探究人眼中晶状体的形状对成像的影响，进而提出视力矫正的方法。“光的速度”部分由丹麦天文学家罗默于1676年对光的速度进行测量的历史故事展开，介绍光在真空中的传播速度，让学生知道光在不同介质中的传播速度不相同，最后把空间和时间相结合，使学生了解光年的物理含义，要求学生能根据具体的物理情境进行简单计算。

（3）“物性”部分包括11个知识点，所占比例为11.1%。

“物性”部分所包含的知识点全部出现在 *Physique-Chimie 5e* 教材“水”部分中，由“物理测量”“凝固和熔化”“蒸发和液化”三章内容组成。“物理测量”一章主要介绍容积的测量、质量的测量，要求学生会使用天平、量筒等仪器。“凝固和熔化”部分从宏观入手，分析大自然中水的循环过程，要求学生能辨认水的三种状态，然后再通过实验探究水的凝固和冰的熔化过程中温度的变化规律，帮助学生理解水在不同状态下质量和体积的关系。“蒸发和液化”部分主要介绍蒸发和沸腾的定义及区别、液化现象，并通过对混合物和纯净物加热过程中所得到的数据建立图象，帮助学生了解纯净物和混合物的区别。

（4）“力与运动”部分包括6个知识点，所占比例为6.1%。

“力与运动”部分的知识点仅由 *Physique-Chimie 3e* 中“万有引力”和“重量与质量”两章组成。“万有引力”是力学部分的开篇，通过对太阳系构成的介绍，让学生知道太阳系是由众多天体组成的行星系统，了解行星、卫星的含义，进而讨论月球绕地球的运动，以推理假设的方式，引出万有引力，并利用物理实验和物理思维方法，将万有引力抽象为理论模型，加以分析。“重量与质量”首先介绍重量与质量的物理意义，让学生知道二者的区别，学习使用弹簧测力计测量物体的重力，根据物体自由下落的频闪照片，找出重力的方向，再结合探究实验，分析质量与重力的关系，记录数据并作图，根据图象特征分析得出规律。

（5）“能量”部分包括有 4 个知识点，所占比例为 4.0%。

Physique-Chimie 3e 教材第二章“重量与质量”中的第四节“能量的换算”，通过对水下落过程的分析，引出势能、动能、机械能的含义，并在“动能及道路安全”中深入分析影响物体动能大小的因素、推导动能的公式、讨论车辆刹车过程中能量间的转化等问题。

（6）“动力学和平衡”部分只有 1 个知识点，所占比例为 1.0%。

只有 *Physique-Chimie 5e* 教材第十章“物理测量”第四节“温度的测量”中的内容涉及“动力学和平衡”，并且这部分内容侧重说明温度的测量过程和温度的单位，其他内容并无涉及。

九、澳大利亚初中物理教材广度分布

通过对所选澳大利亚初中物理教材进行分析，统计得出该教材总广度如表 3-20 所示。

表3-20　澳大利亚初中物理教材总广度

	力与运动	电	波	动力学和平衡	能量	物性	总计
知识点	23	12	11	4	57	41	148
实验	23	6	8	0	22	15	74
例题	5	1	0	0	4	3	13
习题	77	34	42	0	80	103	336
拓展	5	2	4	0	7	13	31
总计	133	55	65	4	170	175	602

对知识点广度（一级主题）进行统计分析，可以得出知识点在六个一级主题中的广度分布，如表 3-21 所示。广度从大到小依次为能量、物性、力与运动、电、波、动力学和平衡。

表3-21　澳大利亚初中物理教材知识点的广度分布

	知识点个数	百分比	知识点百分比分布
力与运动	23	15.5%	
电	12	8.1%	
波	11	7.4%	
动力学和平衡	4	2.7%	
能量	57	38.5%	
物性	41	27.7%	

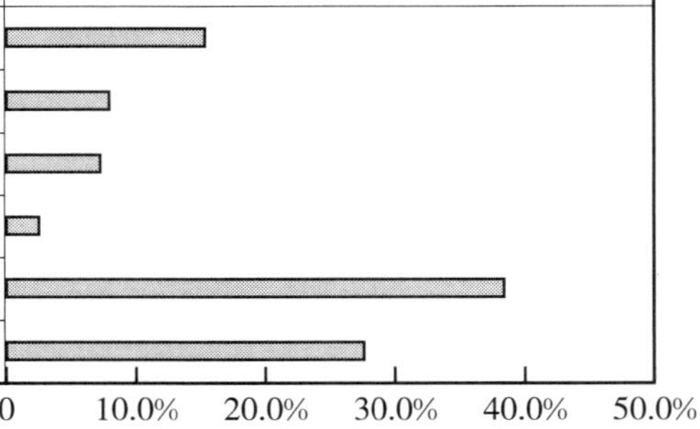

（1）由表3-21可以看出，澳大利亚初中物理教材对“能量”部分的要求比较多，“能量”部分有57个知识点，占知识点总个数的38.5%。

“能量”是物理学的重要组成部分，所选澳大利亚初中物理教材中这部分内容包含了势能、动能、热能及热传递、光能、声能、功和能、机械能和机械、能源。其中，动能和势能的知识点只有3个，热能及热传递的知识点有14个，光能的知识点有3个，功和能知识点有7个，其他有关机械能和机械的知识点有21个，能源知识点有9个。动能和势能作为最基础的能方面的知识，只有3个知识点，这是很少的；功和能的知识点也很少，只有7个。这说明所选澳大利亚教材初中物理部分对基础概念的介绍得不是很多，而将重点放在了机械能和机械上面，更多地介绍了古代的一些简单机械的发展和推广使用，介绍了杠杆、斜坡、滑轮的功能，其中以杠杆的应用为主，详细说明了力矩、杠杆定理，关于滑轮的知识介绍了滑轮的几种类型，文字说明也很多，与生活实际相联系的部分有很多详细介绍和举例、图片说明，体现出该教材突出应用的特点。能源部分讲的是如何体验能量和能量是如何转变的，重点是能量的转变。这一部分介绍了水力、电力、生物能、核能，这些是我们生活中主要应用的能源。这部分内容是给初中生普及一些生活中常见能源类型的知识，对初中生来说相对较容易。教材尽量避免理论过深，更注重实际应用，从而减轻了学生学习的压力。

（2）“物性”部分包括41个知识点，占知识点总个数的27.7%。

“物性”部分包括物态、物理特性和原子学说等内容。其中物态部分有5个知识点，物理特性有15个知识点，原子学说有21个知识点。物态部分介绍了物质常见的三种状态，并从宏观上介绍了物质的物理性质，与热相关的蒸发、凝结、熔化、凝固和升华。重点介绍的部分是物理特性和原子学说，物理特性部分讲了如何解释物质的性质，包含物质的熔点、沸点、强度、硬度、黏度、传导性、折射率、热容、压缩性、漫射、密度，动力学和热，粒子间的能量，粒子压力和粒子理论等知识点。这一部分主要是向初中生简要介绍物质的一些常见物理特性，难度不大，学生易于接受，但是介绍的范围非常广，比如介绍了粒子理论、粒子间的能量、动力学和热。这一部分属于深难内容的前期简单介绍，学生在将来的物理学习中还会进一步学习。关于原子内部，介绍了原子理论，道尔顿的原子模型，卢瑟福的核式结构模型的建立，汤姆孙的枣糕模型，电子、原子、离子的基础知识，放射性。这部分介绍了很多微观的知识，是从宏观世界到微观世界的过渡，初中生对微观世界还不是很了解，难以掌握。

（3）“力与运动”内容不是很多，有 23 个知识点，占知识点总个数的 15.5%。

“力与运动”部分包括矢量和标量，距离和位移，速率和速度，加速度和力，牛顿三大定律，动量、冲量和守恒，平衡和摩擦力。这一部分内容围绕运动的物体、力与运动这两个方面展开。第一部分是运动物体的性质，包含矢量和标量、距离和位移、速率和速度、加速度；第二部分是力与运动，也是重点和主要内容，包含力，牛顿三大定律，动量、冲量和守恒，平衡和摩擦力，这些内容按照力与运动的关系展开，逻辑严谨，注重概念、规律的提出过程以及知识的形成和发展过程，有助于培养学生的物理思维。这部分内容逻辑性强，体系严谨，但是对初中生来说较为抽象，知识点数量也多（有 16 个知识点），对计算的要求也比较高，总体偏难。

（4）“电”部分包括 12 个知识点，占知识点总个数的 8.1%，占教材总知识点的比例较低。

电学是物理学的重要组成部分，“电”部分的内容由电能的使用展开，是能量的转移的知识，包括电能的产生、能量的利用率、电压和电阻、欧姆定律、电路的类型等。这部分不仅包含的概念、定律比较多，和实际生活联系也比较紧密，既有理论知识，也有实际应用；既有宏观世界的知识，也有微观世界的知识，因此涵盖的知识点比较多。

（5）“波”部分包括 11 个知识点，占知识点总个数的 7.4%，占教材总知识点的比例也较低。

“波”部分的内容也是能量的转移的知识。这部分涵盖的内容比较少，包括眼睛、光波、太阳光、声波的模拟、听觉等。在内容的选择上，注重结合生活实际，体现“从生活走向物理，从物理走向社会”的理念。其中，眼睛的结构、视觉的形成部分的内容编排体现了物理和生物的学科渗透。

（6）“动力学和平衡”部分包括 4 个知识点，占知识点总个数的 2.7%。

“动力学和平衡”是由“物质的本质：性质和结构”的下一级内容“如何解释物质的性质”展开的，分为物质的粒子模型、物质的动力学理论和物质的性质，这些内容在初中阶段是难点。由于微观世界的抽象性，教材并没有相应的实验和例题，而是增加了生活中的例子，客观上降低了教材的难度。

从分析结果可以看出，该教材的知识点有148个，涉及的知识点较少，覆盖了“力与运动”“电”“波”“动力学和平衡”“能量”“物性”这六个一级主题。这套教材作为澳大利亚科学课程的一部分内容，注重联系实际，贴近生活，与多学科进行穿插，但是物理知识内容的编排不是很系统，欠缺连贯性，而且整体知识点较少，缺乏系统、严谨的物理知识结构体系。

十、美国初中物理教材广度分布

通过对所选美国初中物理教材进行分析，统计得出该教材总广度如表3-22所示。

表3-22　美国初中物理教材总广度

	力与运动	电	波	动力学和平衡	能量	物性	总计
知识点	53	56	122	42	94	39	406
实验	10	10	22	7	15	8	72
例题	4	3	1	1	5	2	16
习题	44	37	81	29	66	28	285
拓展	8	16	20	6	18	7	75
总计	119	122	246	85	198	84	854

对知识点广度（一级主题）进行统计分析，可以得出知识点在六个一级主题中的广度分布，如表3-23所示。广度从大到小依次为波、能量、电、力与运动、动力学和平衡、物性。从表3-23可以看出，该教材对“波”和“能量”部分的要求比较多。

（1）“力与运动”部分包括53个知识点，占知识点总个数的13.1%。这并不意味着力学内容少，因为有大量的知识点分属“动力学和平衡”部分。相反，该教材力学内容的涉及面要远远大于我国初中物理教材，其中很多知识点（如加速度等）我国高中物理教材才涉及，这可以从另一个角度说明美国教材的难度较大。

表3-23　美国初中物理教材知识点的广度分布

	知识点个数	百分比	知识点百分比分布
力与运动	53	13.1%	
电	56	13.8%	
波	122	30.0%	
动力学和平衡	42	10.3%	
能量	94	23.2%	
物性	39	9.6%	

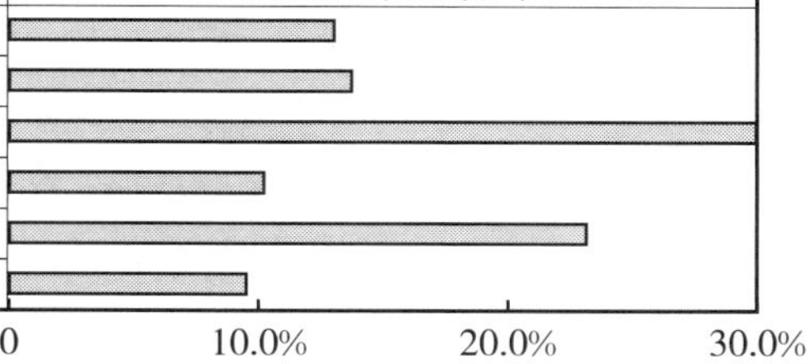

（2）“电”部分包括56个知识点，占知识点总个数的13.8%。

电学是物理学的重要组成部分，“电”部分和“力与运动”部分知识点的比例差不多，这说明两者的重要程度基本一致。该教材“电”部分已经纳入了电场等内容，这一点在国际上也比较超前。

（3）“波”部分包括122个知识点，占知识点总个数的30.0%。

“波”部分涵盖知识点较多，这和我国教材比较一致。该教材“波”部分不仅包括声波等机械波，还包括几何光学和电磁波的内容，更有关于人耳的构造、乐器的发声机理等内容，体现了物理和其他学科的紧密结合。

（4）“动力学和平衡”部分包括42个知识点，占知识点总个数的10.3%。

该部分都是关于压强和浮力的内容。其中包括压强的定义、固体压强的公式、大气压、液体压强及流体压强等，还比较关注物理知识的应用及其与生活的联系，如高空旅行、液压系统、压力泵、烟囱和伯努利原理、强风所带来的损害等内容。

（5）“能量”部分包括94个知识点，占知识点总个数的23.2%。

该教材对“能量”部分也很重视。这部分的重点内容是各种形式的能的定义、物理意义以及能量守恒定律。开发新能源，是一个世界性的问题，教材列举了各种各样的能源类型，如核能、化石能源、生物质能、太阳能等，同时介绍了一次能源、二次能源，以及可再生能源和不可再生能源。这不仅可以使学生加深对科学与社会关系的理解，而且可以实现物理、化学、生物等学科的相互渗透。与我国教材比较一致。

（6）“物性”部分包括39个知识点，占知识点总个数的9.6%。

美国教材这部分内容是和化学紧密联系在一起的，教材从物理和化学的角度系统地分析物质的组成，有助于学生更好地理解物质科学。

从总的统计结果可以看出，所选美国初中物理教材的知识点达到了406个，涉及的知识点较多，覆盖面广，说明这套教材很注重知识的广度。

第二节　初中物理教材广度比较

基于对所选十个国家初中物理教材的研究，得出所选各国教材的广度并进行排序，结果如表 3-24 和图 3-1 所示。

表3-24　各国初中物理教材广度排序

序号	教材	广度	相对广度
1	德国	452	1.00
2	美国	406	0.90
3	俄罗斯	397	0.88
4	英国	271	0.60
5	中国	243	0.54
6	新加坡	197	0.44
7	韩国	168	0.37
8	澳大利亚	148	0.33
9	日本	147	0.33
10	法国	99	0.22

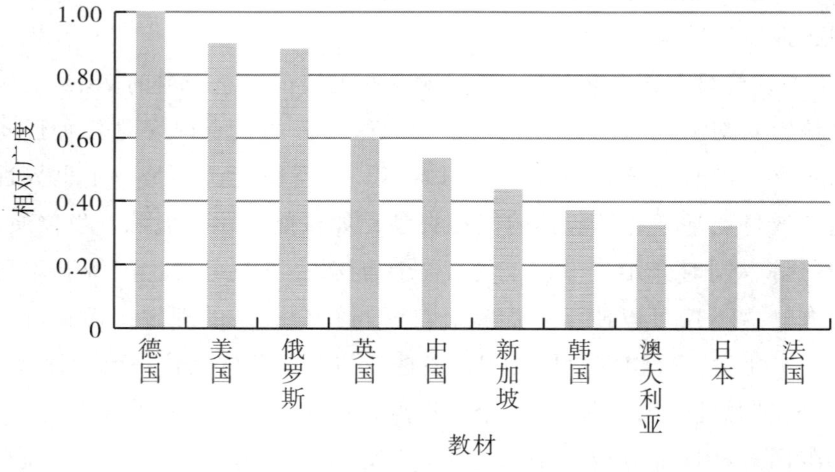

图 3-1　各国初中物理教材广度排序

可以看出，教材广度从大到小依次为德国、美国、俄罗斯、英国、中国、新加坡、韩国、澳大利亚、日本、法国，中国排第五。德国、美国、俄罗斯教材的广度明显大于其他国家，法国最小。广度较小的所选新加坡、韩国、澳大利亚、日本、法国教材是科学教材，选用的其他国家的教材都是物理教材。每个国家基于不同的国情和教育策略，在科学（物理）教材中对物理内容的设置有所差异，由此会导致各国教材中物理知识点的广度有所不同。此外，由于各国的学制有差别，初中物理的学习时间段、知识面有所不同，也会造成各国教材的广度存在差异。

第四章 初中物理教材总体难度比较

教材的难度是指各知识点的总深度。本书在第三章探讨了各国初中物理教材的广度，本章在广度的基础上，分别对知识点、实验、例题和习题进行了深度赋值，首先探讨和分析各国初中物理教材的总深度及其相应的深度分布，其次根据教材深度探讨教材的难度和平均深度。为了指标的统一，进行了数据转换，得到了各国初中物理教材广度、难度、平均深度的相对值，对各国初中物理教材的难度、平均深度进行了比较和排序，了解了各国初中物理教材的难度和深度相对排序情况。

第一节　初中物理教材深度

探讨各国初中物理教材深度是在广度分析的基础上，依据知识点、实验、例题、习题等四个部分各自内容的特点，分别应用不同的赋值工具对其进行赋值。其中知识点的深度涵盖了相关的实验、例题、习题、拓展等内容，因此以知识点的总深度代表教材的难度。拓展的材料主要目的是拓宽学生的知识面，因此不对其做深度赋值。

知识点深度赋值方法参见前面的赋值工具。赋值人员有三类：课题组研究人员、高级教师、相关领域的专家。课题组研究人员按知识点进行赋值，高级教师和专家按节进行赋值。研究人员第一遍赋值完成后，汇总每节的深度，与高级教师和专家的赋值进行对比复核，对于差异较大的部分进行分析比较，课题组内讨论是否需要调整，调整后进行第二遍复核，如果有些地方差异还是较大，则给出具体的说明。

一、中国初中物理教材深度

按照教材深度的分析方法，通过分析中国初中物理教材，得到其总深度如表 4-1 所示。

表4-1　中国初中物理教材总深度

	知识点	实验	例题	习题	拓展
广度	243	143	14	337	41
深度	447.3	873.0	34.8	631.2	
平均深度（深度/广度）	1.84	6.10	2.49	1.87	

由表 4-1 可知，知识点为 243 个，知识点的总深度，即教材难度为 447.3。

基于知识点深度（一级主题）数据，应用 SPSS 中的“Descriptive Statistics—Frequencies”命令对知识点的深度进行频数分析。表 4-2 为中国初中物理教材知识点深度统计表。

表4-2 中国初中物理教材知识点深度统计表

N		243
Mean		1.84
Std. Deviation		1.03
Percentiles	25	1.0
	50	1.6
	75	2.5

N 表示知识点的个数，共 243 个，平均值（Mean）为 1.84，标准差（Std. Deviation）为 1.03。Percentiles 25 值为 1.0，表明有 25% 的知识点深度低于 1.0；Percentiles 50 值为 1.6，表明有 50% 的知识点深度低于 1.6；Percentiles 75 值为 2.5，表明有 75% 的知识点深度低于 2.5。

表 4-3 为中国初中物理教材知识点深度的频数分布表。其中的深度代表知识点的深度水平，频数代表每个深度水平上的知识点个数，百分比指的是每个深度水平上的知识点个数占知识点总个数的百分比。

根据表 4-3 得出中国初中物理教材知识点深度分布的直方图，见图 4-1。其中横坐标代表的是深度，纵坐标代表的是频数。可以看出，知识点的深度分布接近高斯分布，大部分在 2.0 附近，深度比较高的知识点占比很小，说明知识点的深度分布是合理的。

表4-3 中国初中物理教材知识点深度的频数分布表

深度	频数	百分比（%）	深度	频数	百分比（%）
0.5	19	7.8	2.5	9	3.7
0.6	6	2.5	2.6	5	2.1
0.7	6	2.5	2.7	3	1.2
0.8	26	10.7	2.8	4	1.6
0.9	2	0.8	2.9	2	0.8
1.0	11	4.5	3.0	14	5.8
1.1	1	0.4	3.2	9	3.7
1.2	10	4.1	3.3	1	0.4
1.3	4	1.6	3.4	6	2.5
1.4	8	3.3	3.6	1	0.4
1.5	21	8.6	3.8	1	0.4
1.6	10	4.1	3.9	1	0.4
1.7	4	1.6	4.0	3	1.2

续表

深度	频数	百分比（%）	深度	频数	百分比（%）
1.8	12	4.9	4.2	2	0.8
1.9	2	0.8	4.3	1	0.4
2.0	16	6.6	4.4	1	0.4
2.1	3	1.2	4.5	2	0.8
2.2	6	2.5	4.6	1	0.4
2.3	5	2.1	5.5	1	0.4
2.4	4	1.6	总计	243	100.0

注：因为百分比按照四舍五入原则保留一位小数，可能导致各百分比相加不等于100%。

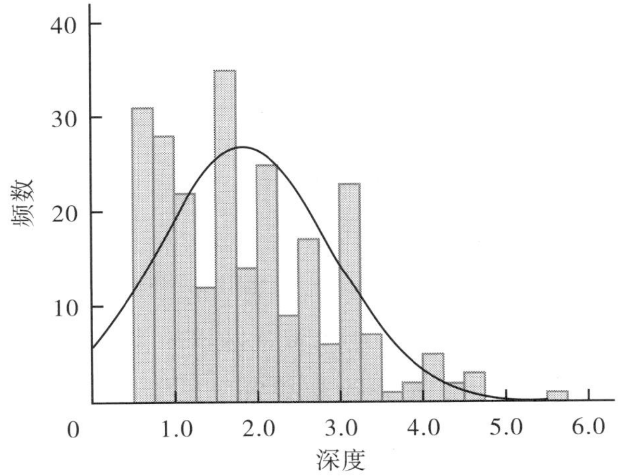

图 4-1　中国初中物理教材知识点深度分布直方图

根据以上统计分析的结果，按照“了解”“理解”“应用”三级分类，其中“了解”的水平区间为［0.5，2.5），“理解”的水平区间为［2.5，4.0），“应用”的水平区间为［4.0，5.5］，得出知识点的深度分布及总深度，如表4-4所示。

表4-4　中国初中物理教材知识点深度分布及总深度（三级）

	了解	理解	应用	总计
力与运动	30.1	15.5	0	45.6
电	64.0	52.9	16.9	133.8
波	55.9	30.7	8.4	95.0
动力学和平衡	24.1	22.0	0	46.1
能量	35.7	32.9	10.1	78.7
物性	22.9	12.4	12.8	48.1
总计	232.7	166.4	48.2	447.3

243个知识点的总深度为447.3，平均深度为1.84。

因为在赋值过程中，知识点深度已经包含了实验和例题的深度，所以知识点的总深度也就是教材的难度，达到了447.3。然而，知识点平均深度只有1.84，在知识点深度区间［0.5，5.5］中位于偏易的水平，说明中国初中物理教材视野开阔，涉及的内容较多，但是难度并不算大，知识点总体处于“了解”水平。

进一步将知识点划分为三级深度，结果如表4-5所示。

表4-5 中国初中物理教材知识点三级深度分布

	知识点个数	深度	深度百分比	深度百分比分布
了解	176	232.7	52.0%	
理解	56	166.4	37.2%	
应用	11	48.2	10.8%	

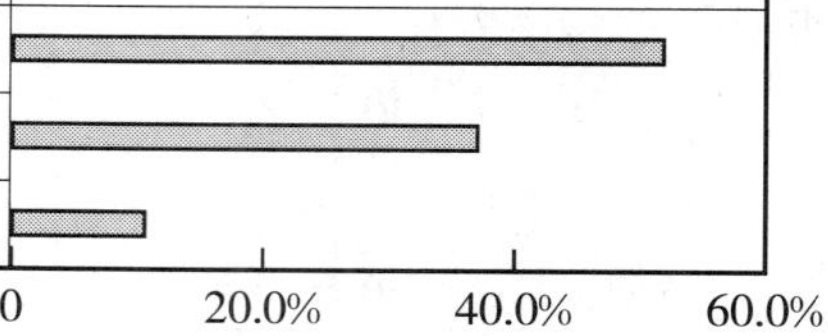

由表4-5可知，“了解”、“理解”和“应用”的深度百分比分别为52.0%、37.2%、10.8%，对应的知识点个数分别为176、56、11。这说明教材的重点在构建知识结构的基础，突出科学领域中最基本的概念和原理，扩大学生的知识面，使学生掌握最基本的科学方法、事实、假说、理论和定律，在此基础上，使学生学会思考和探索，为他们下一步的学习打下基础。

如“力与运动”部分，包含的知识点有27个，其中，匀速直线运动、国际单位制、力的单位、力的作用效果、力的三要素、力的示意图、重力的由来、重力的方向、重心、平均速度、误差、物体的平衡状态、弹力、机械运动、参照物、时间的测量、力是物体间的相互作用、长度的测量、惯性等知识点都属于“了解”水平，表征方式有基本定义、单位、符号、例子、想想议议、想想做做等；属于“理解”水平的知识点只有重力的大小、力不是维持物体运动的原因、速度、二力平衡的条件、摩擦力的大小等5个，除了以上的表征方式，还有探究实验、例题、习题，或者在内容编排上占比较大的篇幅等；“力与运动”部分没有属于“应用”水平的知识点。

教材中属于“应用”水平的知识点有探究如何测量小灯泡的电阻、探究电阻上的电流跟两端电压的关系、测量小灯泡的电功率的实验、什么情况下磁能生电、平面镜成像的特点、探究凸透镜成像的规律、功率、物态变化、物质的质量与体积的关系、测量液体和固体的密度等 10 个。可以看出这些知识点都属于比较核心的概念，对知识的理解要求比较高，探究起来比较难。这些知识点的表征方式有复杂、定量的探究；通过探究实验总结出概念和规律，用概念、规律解释生活中的现象；运用知识解决综合性的问题、设计制作等。

知识点在六个一级主题中的总深度、深度百分比分布如表 4-6 所示，总深度从高到低依次为电、波、能量、物性、动力学和平衡、力与运动。

表4-6 中国初中物理教材知识点在一级主题中的总深度及深度百分比分布

	知识点个数	深度	深度百分比	深度百分比分布
力与运动	27	45.6	10.2%	
电	64	133.8	29.9%	
波	62	95.0	21.2%	
动力学和平衡	25	46.1	10.3%	
能量	41	78.7	17.6%	
物性	24	48.1	10.8%	

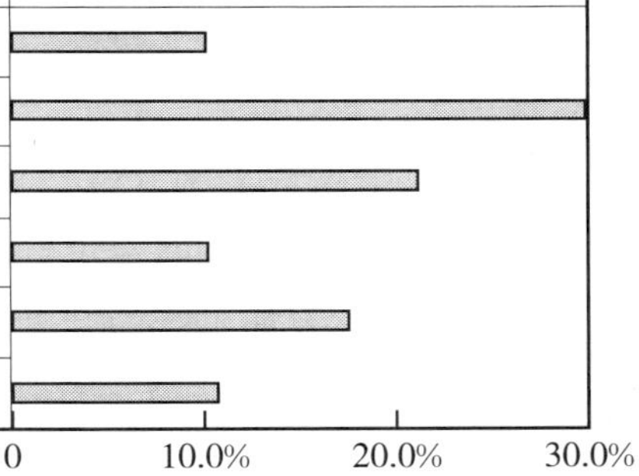

可以看出，知识点的广度和深度分布在六个一级主题中基本保持一致。

从表 4-6 还可以得到知识点的平均深度，见表 4-7。可以看出各个部分的平均深度均处于 1.50~2.50，也就是对应三级指标体系中的“了解”水平，这与对整本书深度评估的结论相同。

表4-7 中国初中物理教材知识点在一级主题中的平均深度

	知识点个数	深度	平均深度
力与运动	27	45.6	1.7
电	64	133.8	2.1
波	62	95.0	1.5
动力学和平衡	25	46.1	1.8
能量	41	78.7	1.9
物性	24	48.1	2.0

“电”部分的深度和广度一样，是最高的，深度为133.8，占教材总深度的29.9%，高于广度百分比26.3%，知识点平均深度为2.1，说明这部分不仅涵盖的内容广，而且要求比较高。原因是这部分涵盖的知识点和规律比较多，内容也比较抽象，实验较多、较难，对计算的要求也比较高，而且更注重应用。比如探究电阻上的电流跟两端电压的关系、欧姆定律、探究如何测量小灯泡的电阻、测量小灯泡的电功率的实验、焦耳定律、保险丝的作用、电流、电阻、决定电阻大小的因素、串联和并联、串联电路中各点电流之间的关系、并联电路中干路电流和各支路电流之间的关系、串联电路电压的规律、并联电路电压的规律、电阻串联的特点、电阻并联的特点、通电螺线管的磁场、磁场对通电导线的作用、什么情况下磁能生电、发电机等知识点的深度都在2.5及以上，占这部分知识点总个数的31.2%。

“波”部分的深度为95.0，占教材总深度的21.2%，低于广度百分比25.5%。这部分有79%的知识点深度在2.5以下，平均深度1.5，是最低的。这部分的内容和生活的联系较多，因此降低了对知识严谨性的要求，更多的是对相关现象的定性分析，使学生了解其在生活中的应用，扩大知识面。这说明教材设计时考虑到学生刚刚学习物理，首先接触声和光，难度较低有利于学生的学习，在纪国玉的硕士论文《人教版初中物理教材与宁波市初中物理教材的比较研究》[1]中也有类似的观点。

“能量”部分的深度为78.7，占教材总深度的17.6%，知识点的平均深度为1.9。这部分包含的知识点和“电”部分一样，比较抽象，综合性强，对计算的要求也比较高。比如势能、动能、物体内能的改变、比热容、功的计算、功的原理、机械效率、功率、杠杆的平衡条件、定滑轮和动滑轮、滑轮组、机械能等知识点在初中阶段都属于重点内容，同时也是难点。

“物性”部分的深度为48.1，占教材总深度的10.8%，知识点的平均深度为2.0。这部分的知识点和生活的联系比较紧密，编排的实验比较多，而且实验的难度比较高。比如物态变化、沸腾、物质的质量与体积的关系、测量液体和固体的密度、密度与物质鉴别等知识点都有相应的探究实验。

[1] 纪国玉. 人教版初中物理教材与宁波市初中物理教材的比较研究［D］. 长春：东北师范大学，2007.

“动力学和平衡”部分的深度为46.1，占教材总深度的10.3%，知识点的平均深度为1.8。这部分的知识点（如压强、浮力等）在初中阶段都是难点，但是教材将它们打碎、细化，减少探究实验，增加想想做做和演示等小实验，从而降低了整体的难度。比如液体的压强这个知识点就细分成了液体压强的特点、液体压强的大小、连通器三个知识点。

“力与运动”的深度为45.6，占教材总深度的10.2%，知识点的平均深度为1.7。这部分的知识体系严谨，逻辑性强，但教材在编排时减少了知识点的数量，降低了难度。比如平均速度的实质内容是平均速率，牛顿三大定律只纳入了牛顿第一定律。

二、日本初中物理教材深度

按照教材深度的分析方法，通过分析日本初中物理教材，得到其总深度如表4-8所示。

表4-8　日本初中物理教材总深度

	知识点	实验	例题	习题	拓展
广度	147	62	4	37	30
深度	228.5	398.0	8.4	37.7	
平均深度（深度/广度）	1.55	6.42	2.10	1.02	

由表4-8可知，知识点为147个，知识点的总深度，即教材难度为228.5。

基于知识点深度（一级主题）数据，应用SPSS中的“Descriptive Statistics—Frequencies”命令对知识点的深度进行频数分析。表4-9为日本初中物理教材知识点深度统计表。

表4-9　日本初中物理教材知识点深度统计表

N		147
Mean		1.55
Std. Deviation		0.94
Percentiles	25	0.6
	50	1.5
	75	1.8

N 表示知识点的个数，共 147 个，平均值（Mean）为 1.55，标准差（Std. Deviation）为 0.94。Percentiles 25 值为 0.6，表明有 25% 的知识点深度低于 0.6；Percentiles 50 值为 1.5，表明有 50% 的知识点深度低于 1.5；Percentiles 75 值为 1.8，表明有 75% 的知识点深度低于 1.8。

表 4-10 为日本初中物理教材知识点深度的频数分布表，其中的深度代表知识点的深度水平，频数代表每个深度水平上的知识点个数，百分比指的是每个深度水平上的知识点个数占知识点总个数的百分比。

表4-10　日本初中物理教材知识点深度的频数分布表

深度	频数	百分比（%）	深度	频数	百分比（%）
0.5	28	19.0	2.2	1	0.7
0.6	12	8.2	2.3	1	0.7
0.7	4	2.7	2.6	3	2.0
0.8	3	2.0	2.7	1	0.7
0.9	2	1.4	2.8	3	2.0
1.0	2	1.4	3.0	3	2.0
1.1	1	0.7	3.1	3	2.0
1.2	1	0.7	3.2	2	1.4
1.5	24	16.3	3.3	2	1.4
1.6	18	12.2	3.4	1	0.7
1.7	10	6.8	3.8	3	2.0
1.8	8	5.4	4.0	2	1.4
1.9	2	1.4	4.1	1	0.7
2.0	3	2.0	4.2	1	0.7
2.1	2	1.4	总计	147	100.0

注：因为百分比按照四舍五入原则保留一位小数，可能导致各百分比相加不等于 100%。

图 4-2 为日本初中物理教材知识点深度分布的直方图，其中横坐标代表的是深度，纵坐标代表的是频数。可以看出，知识点的深度分布接近高斯分布，大部分在 1.5 附近，深度比较高的知识点占比很小，说明知识点的深度分布比较平均。

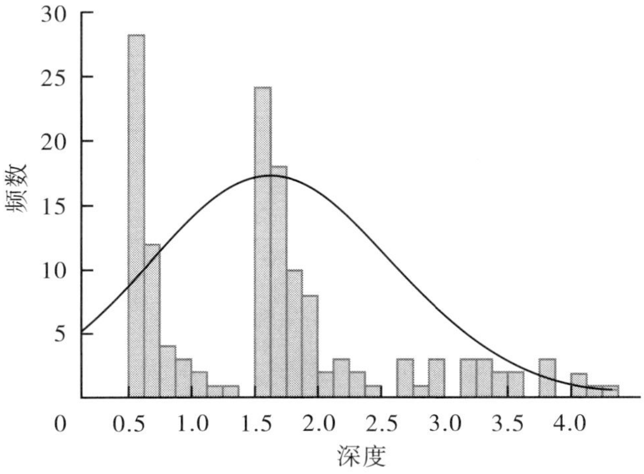

图 4-2　日本初中物理教材知识点深度分布直方图

根据以上统计分析的结果，按照“了解”“理解”“应用”三级分类，其中“了解”的水平区间为[0.5,2.5),“理解”的水平区间为[2.5,4.0),“应用”的水平区间为[4.0,5.5],得出知识点的深度分布及总深度，如表 4-11 所示。

表4-11　日本初中物理教材知识点深度分布及总深度（三级）

	了解	理解	应用	总计
力与运动	25.1	9.6	0	34.7
电	39.7	17.6	8.1	65.4
波	24.4	9.0	4.2	37.6
动力学和平衡	10.1	9.3	0	19.4
能量	32.0	9.7	4.0	45.7
物性	15.9	9.8	0	25.7
总计	147.2	65.0	16.3	228.5

147 个知识点的总深度为 228.5，平均深度为 1.55，标准差为 0.94。

因为在赋值过程中，知识点深度已经包含了实验和例题的深度，所以知识点的总深度也就是教材的难度，达到了 228.5。然而，知识点平均深度只有 1.55，且处于“了解”水平的深度为 147.2，占总深度的 64.4%，在知识点深度区间［0.5，5.5］中位于偏易的水平，说明这套教材视野开阔，涉及的内容较多，但是难度并不高，知识点总体处于“了解”水平。

进一步将知识点划分为三级深度，结果如表 4-12 所示。

表4-12　日本初中物理教材知识点三级深度分布

	知识点个数	深度	深度百分比	深度百分比分布
了解	122	147.2	64.4%	
理解	21	65.0	28.4%	
应用	4	16.3	7.1%	

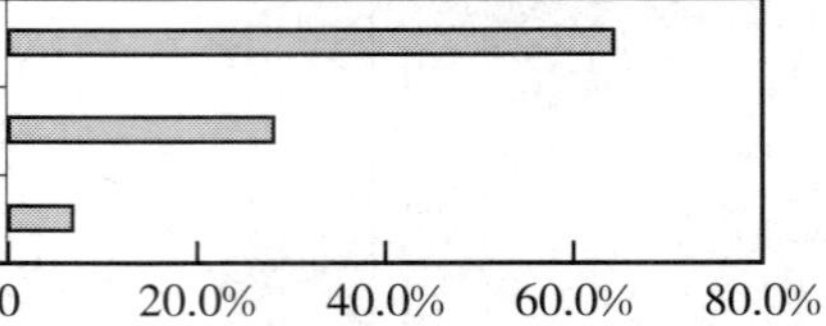

由表4-12可知，“了解”、“理解”和“应用”的深度百分比分别为64.4%、28.4%、7.1%，对应的知识点个数分别为122、21、4。这说明教材的重点在于构建知识结构的基础，突出科学领域中最基本的概念、原理，扩大学生的知识面，使学生掌握最基本的科学方法、事实、假说、理论和定律，在此基础上，引导学生积极思考和探索，为他们下一步的学习打下基础。

例如“力与运动”部分，包含的知识点有24个，其中，运动的速度和方向、瞬时速度和平均速度、匀速直线运动、力的作用、分辨力的作用的方法、力的单位、测量工具、表示力的方法、重量和质量、方向相同的两个力的合成、力的分解、力可以改变物体的运动状态、惯性、作用力与反作用力、力的平衡、摩擦力、重力等知识点都属于“了解”水平，表征方式主要有基本定义、单位、符号、例子、想一想、试一试、实验等；属于“理解”水平的知识点只有小车的种种运动记录、探究力的大小与弹簧伸长量之间的关系、方向不同的两个力的合成等3个，除了以上的表征方式，还有基础操作、活用、做做看、科学的历史等；“力与运动”部分没有处于“应用”水平的知识点。

日本中央教育审议会《关于幼儿园、小学、初中、高中以及特别支援学校的课程标准的改善（答申）》中指出[1]，课程结构应以强调科学基本概念为支柱，在理科学习中，强调体验式学习，把学习基础知识与基本技能作为实际生活中灵活运用知识和培养逻辑思维能力的基础。因此，教材中涉及“应用”水平的知识点较少，更多的是“了解”和“理解”水平的知识点。

---

[1]（日）中央教育审议会. 关于幼儿园、小学、初中、高中以及特别支援学校的课程标准的改善（答申）[EB/OL]. [2013-04-18]. http：//www.mext.go.jp/a_menu/shotou/new-cs/080216.htm.

知识点在六个一级主题中的总深度、深度百分比分布如表 4–13 所示，总深度从高到低依次为电、能量、波、力与运动、物性、动力学和平衡。

表4–13　日本初中物理教材知识点在一级主题中的深度分布

	知识点个数	深度	深度百分比	深度百分比分布
力与运动	24	34.7	15.2%	
电	38	65.4	28.6%	
波	28	37.6	16.5%	
动力学和平衡	11	19.4	8.5%	
能量	33	45.7	20.0%	
物性	13	25.7	11.2%	

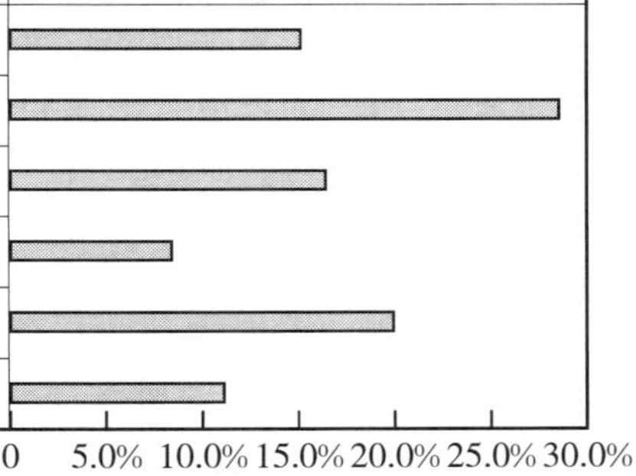

可以看出，日本初中物理教材知识点的广度和深度在六个一级主题中的分布基本保持一致。

通过表 4–13 还可以得到知识点的平均深度。从表 4–14 中可以看出各个部分的平均深度均处于 1.00~2.50，对应三级指标体系中的“了解”水平，这与对整本书深度评估的结论相同。

表4–14　日本初中物理教材知识点在一级主题中的平均深度分布

	知识点个数	深度	平均深度
力与运动	24	34.7	1.45
电	38	65.4	1.72
波	28	37.6	1.34
动力学和平衡	11	19.4	1.76
能量	33	45.7	1.38
物性	13	25.7	1.98

“电”部分的深度和广度一样，是最高的，深度为 65.4，占教材总深度的 28.6%。虽然这部分内容涵盖面广，包含的知识点和规律比较多，比较抽象，实验比较多，但教材十分注重基础知识的学习，难度基本处于“了解”水平。身边的静电现象、真空放电、阴极射线、电子、电流的原形、利用电工作的电路、电路图、热量与瓦特数、直流、交流、电流、电压、磁力与磁场、电流受到的力、电磁感应、话筒等，这部分内容深度水平为“了

解”，占这部分知识点深度的60.7%。

“能量”部分的知识点深度为45.7，占教材总深度的20.0%。通过讲解位置势能、运动的物体具有的能、能量的转化、能量的保存与利用、热传导的三种方式、功的计算、做功和机械能、功率、探究功的原理等内容，让学生对能量、能量守恒、功等概念形成初步认识后，展开综合性的能源教育，把生活中的发电方法及自然界中的能源作为学习素材，培养学生节约能源、利用新能源的意识，这部分有63.9%的知识点深度水平在2.5以下。

“波”部分的知识点深度为37.6，占教材总深度的16.5%。这部分内容贴近生活，学生头脑中存在着各种各样的关于这部分内容的前概念，教材通过探究实验，设置认知冲突，帮助学生纠正错误概念，加深正确的认识和理解，学生既学到了知识，又锻炼了动手能力、实践能力。处于“应用”水平的知识点占12.4%，说明教材在注重基础知识、基本技能的学习的同时，强调理论与实践相结合，灵活运用知识解决实际问题。

“力与运动”部分的知识点深度为34.7，占教材总深度的15.2%。这部分内容是学生认识世界、了解自然的基础，更是整个物理学的基础，因此强调基本概念和基础知识的学习，没有涉及“应用”难度水平的知识点。通过对运动规律的分析，使学生掌握运动的速度和方向、运动的记录方法、瞬时速度和平均速度、等速直线运动等内容，由生活中的力引出力的定义、力的单位、测力工具、胡克定律等，进而引导学生学习力的合成与分解、力与运动的关系、惯性、二力平衡等重要知识。其中小车的运动记录、胡克定律、力的合成等内容的深度为“理解”水平，占这部分知识点深度的27.7%，其余部分内容的深度都为“了解”水平，占这部分知识点深度的72.3%。

“物性”部分的知识点深度为25.7，占教材总深度的11.2%。这部分内容从身边的物质出发，让学生学会分辨物质，根据金属的性质，探究区分金属与非金属的方法，再利用粒子模型来引导学生思考物体的状态变化、蒸发与沸腾等。这部分内容在注重让学生了解基础知识的同时，要求学生深入理解基本概念的内涵，学会使用模型思考问题。“了解”水平知识点占这部分知识点深度的61.9%，“理解”水平占38.1%。

“动力学和平衡”部分的知识点深度为19.4，占教材总深度的8.5%。

这部分内容较为抽象，概念较多，不仅涉及压力和浮力、大气压等难点，还涉及速度的变化与力的关系、自由落体运动等，旨在培养学生利用知识解决综合性问题的能力。“了解”和“理解”水平知识点的深度占这部分知识点深度的比例基本一致，分别为 52.1% 和 47.9%。

三、韩国初中物理教材深度

按照教材深度的分析方法，通过分析韩国初中物理教材，得到其总深度如表 4-15 所示。

表4-15　韩国初中物理教材总深度

	知识点	实验	例题	习题	拓展
广度	168	111	1	317	26
深度	390.6	730.0	2.2	557.2	
平均深度（深度/广度）	2.33	6.58	2.20	1.76	

由表 4-15 可知，知识点为 168 个，知识点的总深度，即教材难度为 390.6。

基于知识点深度（一级主题）数据，应用 SPSS 中的“Descriptive Statistics—Frequencies”命令对知识点的深度进行频数分析。表 4-16 为韩国初中物理教材知识点深度统计表。

表4-16　韩国初中物理教材知识点深度统计表

N		168
Mean		2.33
Std. Deviation		0.86
Percentiles	25	1.8
	50	2.3
	75	2.8

N 表示知识点的个数，共 168 个，平均值（Mean）为 2.33，标准差（Std. Deviation）为 0.86。Percentiles 25 值为 1.8，表明有 25% 的知识点深度低于 1.8；Percentiles 50 值为 2.3，表明有 50% 的知识点深度低于 2.3；Percentiles 75 值为 2.8，表明有 75% 的知识点深度低于 2.8。

表 4-17 为韩国初中物理教材知识点深度的频数分布表，其中的深度代表知识点的深度水平，频数代表每个深度水平上的知识点个数，百分比指的是每个深度水平上的知识点个数占知识点总个数的百分比。

表4-17 韩国初中物理教材知识点深度的频数分布表

深度	频数	百分比（%）	深度	频数	百分比（%）
0.5	4	2.4	2.6	5	3.0
0.6	1	0.6	2.7	9	5.4
0.7	3	1.8	2.8	5	3.0
0.8	2	1.2	2.9	2	1.2
0.9	1	0.6	3.0	4	2.4
1.0	2	1.2	3.1	3	1.8
1.2	1	0.6	3.2	6	3.6
1.3	3	1.8	3.3	3	1.8
1.4	6	3.6	3.4	2	1.2
1.5	4	2.4	3.5	1	0.6
1.6	5	3.0	3.6	2	1.2
1.7	9	5.4	3.7	4	2.4
1.8	5	3.0	3.8	3	1.8
1.9	9	5.4	3.9	2	1.2
2.0	7	4.2	4.0	3	1.8
2.1	9	5.4	4.3	1	0.6
2.2	7	4.2	4.4	2	1.2
2.3	13	7.7	4.5	1	0.6
2.4	18	10.7	总计	168	100.0
2.5	1	0.6			

注：因为百分比按照四舍五入原则保留一位小数，可能导致各百分比相加不等于 100%。

图 4-3 为韩国初中物理教材知识点深度分布的直方图，其中横坐标代表的是深度，纵坐标代表的是频数。可以看出，知识点的深度分布接近高斯分布，大部分在 2.3 附近，深度比较高的知识点占比很小，说明知识点的深度分布是合理的。

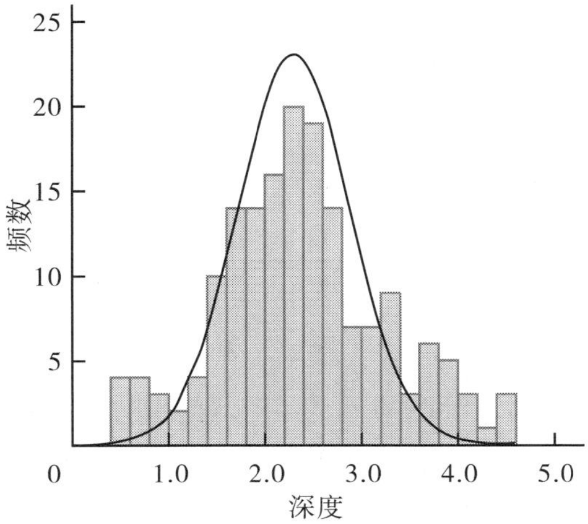

图 4-3　韩国初中物理教材知识点深度分布直方图

根据以上统计分析的结果，按照“了解”“理解”“应用”三级分类，其中“了解”的水平区间为[0.5,2.5),“理解”的水平区间为[2.5,4.0),“应用”的水平区间为[4.0, 5.5]，可以得到韩国初中物理教材知识点的深度分布及总深度，如表 4-18 所示。

表4-18　韩国初中物理教材知识点深度分布及总深度（三级）

	了解	理解	应用	总计
力与运动	36.0	31.3	0	67.3
电	23.3	25.2	8.4	56.9
波	37.7	24.4	4.0	66.1
动力学和平衡	16.8	17.6	8.5	42.9
能量	61.2	50.1	8.7	120.0
物性	24.5	12.9	0	37.4
总计	199.5	161.5	29.6	390.6

168 个知识点的总深度为 390.6，平均深度为 2.33，标准差为 0.86。

因为在赋值过程中，知识点深度已经包含了实验和例题的深度，所以知识点的总深度也就是教材的难度，达到了 390.6。然而，知识点平均深度只有 2.33，在知识点深度区间［0.5，5.5］中位于偏易的水平，说明这套教材视野较开阔，涉及的内容较多，但是难度并不算高，知识点总体处于“了解”水平。

进一步将知识点划分为三级深度，结果如表 4-19 所示。

表4-19 韩国初中物理教材知识点三级深度分布

	知识点个数	深度	深度百分比	深度百分比分布
了解	109	199.5	51.1%	
理解	52	161.5	41.3%	
应用	7	29.6	7.6%	

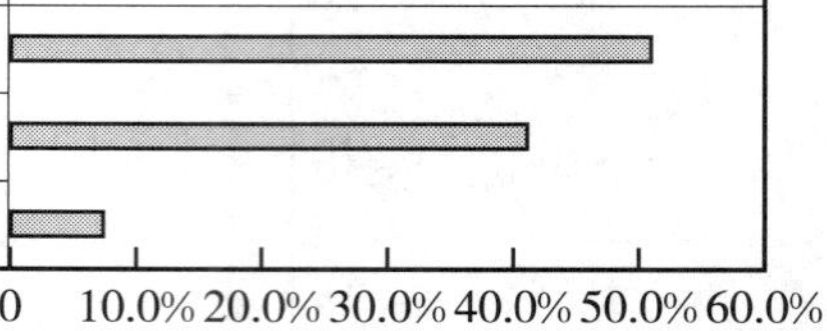

从表 4-19 可知，“了解”、“理解”和“应用”的深度百分比分别为 51.1%、41.3%、7.6%，对应的知识点个数分别为 109、52、7。这说明教材比较注重基础知识的理解和相关概念、原理的应用，在学生掌握基本原理的基础上，提高学生分析问题和解决问题的能力。

如“力与运动”部分，包含的知识点有 30 个，其中，运动的定义、速度、平均速度、匀速直线运动的特征、力的作用效果、力的作用点与物体运动方向、圆周运动的定义、圆周运动的速度方向、向心力、匀速圆周运动、没有力作用时的物体运动、惯性、惯性的利用、力改变物体的速度、二力平衡、摩擦力的定义、重力的定义、重力的方向、形变与弹力、弹力的利用等知识点都属于“了解”水平，表征方式有基本定义、单位、符号、图例、探究实验、观察、讨论、推理、资料解释等；属于“理解”水平的知识点有利用打点计时器测速度、匀速直线运动的时间 – 位移图象、变速运动、力的大小的测量、相同方向和相反方向的二力合成、不在同一直线上两种力的合成、力和质量对物体运动方向的影响、质量与速度变化的关系、摩擦力大小的影响因素、不同地点的重力的大小（重力加速度）等 10 个，这些知识点的表征方式基本与“了解”水平的相同，知识探究实验的复杂性有所增加或者所占篇幅较大；“力与运动”部分没有属于“应用”水平的知识点。

教材中属于“应用”水平的知识点有欧姆定律、电阻的并联、平面镜的成像、玻意耳定律、查理定律、重力势能与功的关系、动能定理等 7 个。可以看出这些知识点多是物理学体系中的核心概念，因此对这些知识点要求的理解层次也比较高。教材通过复杂的探究实验来分析总结出这些概念规律，并用其分析和解释生活中与之联系的问题。

知识点在六个一级主题中的总深度、深度百分比分布如表 4-20 所示，总深度从高到低依次为能量、力与运动、波、电、动力学和平衡、物性。

表4-20　韩国初中物理教材知识点在一级主题中的深度分布

	知识点个数	深度	深度百分比	深度百分比分布
力与运动	30	67.3	17.2%	
电	24	56.9	14.6%	
波	29	66.1	16.9%	
动力学和平衡	17	42.9	11.0%	
能量	52	120.0	30.7%	
物性	16	37.4	9.6%	

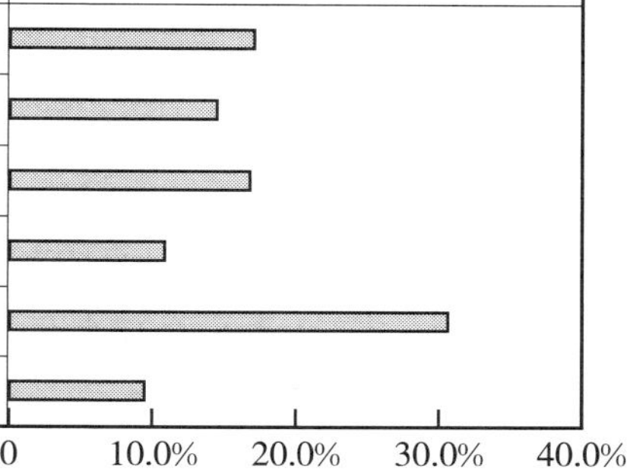

可以看出，知识点的广度和深度在六个一级主题中的分布，除了“能量”这部分知识点广度较大，深度较高外，其他几个部分相差不大。

通过表4-20还可以得到知识点的平均深度，见表4-21。从表中可以看出各个部分的平均深度除了“动力学和平衡”为2.5，其余均大于1.50且小于2.50，也就是说几乎都对应三级指标体系中的“了解”水平，这与对整本书深度评估的结论相同。

表4-21　韩国初中物理教材知识点在一级主题中的平均深度分布

	知识点个数	深度	平均深度
力与运动	30	67.3	2.2
电	24	56.9	2.4
波	29	66.1	2.3
动力学和平衡	17	42.9	2.5
能量	52	120.0	2.3
物性	16	37.4	2.3

“能量”部分的深度和广度一样，是最高的，深度为120.0，占教材总深度的30.7%，略低于广度百分比31.0%，但知识点平均深度只有2.3。这部分包含的知识点比较抽象，对计算的要求也比较高，比如势能、动能、热量、比热的计算、功的计算、功的原理、功率、利用定滑轮和动滑轮的功、利用杠杆的功、机械能等知识点都要求会定量计算，但教材中这些内容没有例题，因此无形中降低了教材的难度。

“力与运动”部分的知识点深度为67.3，占知识点总深度的17.2%，知识点的平均深度为2.2。这部分知识与生活联系紧密，除了部分知识点，如匀速直线运动的时间–位移图象、力的大小的测量、二力合成等要求进行定量分析，对于初中生来讲较难，其余的知识点，如力的作用效果、圆周运动、惯性等都是让学生通过体验来获得的。

“波”部分的知识点深度为66.1，占知识点总深度的16.9%，低于广度百分比17.3%。这部分有69.0%的知识点深度在2.5以下，平均深度为2.3，低于教材知识点深度的平均值。这部分内容和生活的联系较多，比如光的反射、光的折射、光的三原色、物体的颜色、波的产生和传播、声音的产生和传播、音色、音调、噪声等，因此教材多从日常生活中常见的现象入手，对现象进行定性的分析，让学生了解现象的本质，增强学生学习物理的兴趣。

“电”部分的知识点深度为56.9，占教材总深度的14.6%，略高于广度百分比14.3%，知识点平均深度为2.4，说明这部分要求较高。原因是这部分内容比较抽象，探究实验的仪器学生也是第一次接触，且实验更侧重定量的探究，更偏重理论的学习。但同时这部分有很多基础知识点的介绍，因此平均深度不高。比如静电感应、验电器的制作、电流强度的测定、电荷的守恒、测量电压、欧姆定律、电阻的串联、电阻的并联等知识点的深度都在2.5及以上，占这部分知识点总个数的33.3%，而还有66.7%的知识点只处在“了解”水平。

“动力学和平衡”部分的知识点深度为42.9，占教材总深度的11.0%，知识点的平均深度为2.5。这部分知识点中压强、玻意耳定律、查理定律等在初中阶段都是难点，因此探究较复杂，也较难理解，内容篇幅较大。

“物性”部分的知识点深度为37.4，占教材总深度的9.6%，知识点的平均深度为2.3，低于教材的平均深度。这部分的知识点多数属于“了解”水平，只有分子模型与物质的状态、沸点的测量、密度的计算、生活中的密度等四个知识点处于“理解”水平。

四、新加坡初中物理教材深度

按照教材深度的分析方法，通过分析新加坡初中物理教材，得到其总深度如表 4–22 所示。

表4–22　新加坡初中物理教材总深度

	知识点	实验	例题	习题	拓展
广度	197	52	34	79	25
深度	327.2	354.0	80.0	92.7	
平均深度（深度/广度）	1.66	6.81	2.35	1.17	

由表 4–22 可知，知识点为 197 个，知识点的总深度，即教材难度为 327.2。

基于知识点深度（一级主题）数据，应用 SPSS 中的“Descriptive Statistic—Frequencies”命令对知识点的深度进行频数分析。表 4–23 为新加坡初中物理教材知识点深度统计表。

表4–23　新加坡初中物理教材知识点深度统计表

N		197
Mean		1.66
Std. Deviation		1.12
Percentiles	25	0.8
	50	1.2
	75	2.5

N 表示知识点的个数，共 197 个，平均值（Mean）为 1.66，标准差（Std. Deviation）为 1.12。Percentiles 25 值为 0.8，表明有 25% 的知识点深度低于 0.8；Percentiles 50 值为 1.2，表明有 50% 的知识点深度低于 1.2；Percentiles 75 值为 2.5，表明有 75% 的知识点深度低于 2.5。

表 4–24 为新加坡初中物理教材知识点深度的频数分布表，其中深度代表知识点的深度水平，频数代表每个深度水平上的知识点个数，百分比指的是每个深度水平上的知识点个数占知识点总个数的百分比。

表4-24 新加坡初中物理教材知识点深度的频数分布表

深度	频数	百分比（%）	深度	频数	百分比（%）
0.5	22	11.2	2.5	9	4.6
0.6	10	5.1	2.6	2	1.0
0.7	11	5.6	2.7	1	0.5
0.8	13	6.6	2.8	9	4.6
1.0	25	12.7	3.0	3	1.5
1.1	4	2.0	3.2	4	2.0
1.2	17	8.6	3.3	4	2.0
1.3	5	2.5	3.4	4	2.0
1.4	17	8.6	3.8	1	0.5
1.5	4	2.0	4.0	1	0.5
1.7	1	0.5	4.2	4	2.0
1.9	1	0.5	4.3	3	1.5
2.0	7	3.6	4.5	2	1.0
2.2	4	2.0	4.8	2	1.0
2.3	3	1.5	5.2	1	0.5
2.4	3	1.5	总计	197	100.0

注：因为百分比按照四舍五入原则保留一位小数，可能导致各百分比相加不等于100%。

图4-4为新加坡初中物理教材知识点深度分布的直方图，其中横坐标代表的是深度，纵坐标代表的是频数。可以看出，知识点的深度大部分分布在1.0附近，深度比较高的知识点占比很小。

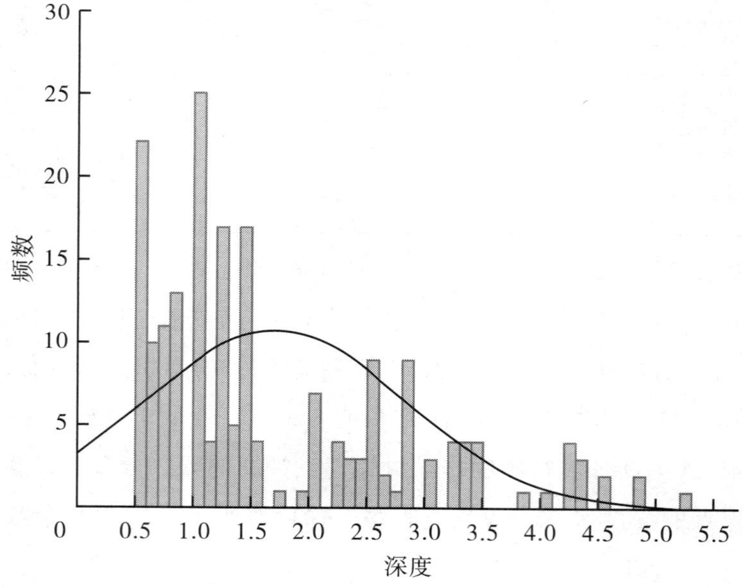

图4-4 新加坡初中物理教材知识点深度分布直方图

根据以上统计分析的结果，按照“了解”“理解”“应用”三级分类，其中“了解”的水平区间为［0.5,2.5），“理解”的水平区间为［2.5,4.0），“应用”的水平区间为［4.0, 5.5］，可以得到知识点的深度分布及总深度，如表 4–25 所示。

表4–25　新加坡初中物理教材知识点深度分布及总深度（三级）

	了解	理解	应用	总计
力与运动	17.6	29.7	40.2	87.5
电	65.0	49.6	8.5	123.1
波	28.2	13.7	4.3	46.2
动力学和平衡	9.5	0	0	9.5
能量	25.9	8.3	4.5	38.7
物性	15.5	6.7	0	22.2
总计	161.7	108.0	57.5	327.2

197 个知识点的总深度为 327.2，平均深度为 1.66，标准差为 1.12。

因为在赋值过程中，知识点深度已经包含了实验和例题的深度，所以知识点的总深度也就是教材的难度，达到了 327.2。然而，知识点平均深度只有 1.66，在知识点深度区间［0.5，5.5］中位于偏易的水平，说明这本教材涉及的内容不太多，而且难度并不算高，知识点总体处于“了解”水平。

进一步将知识点划分为三级深度，结果如表 4–26 所示。

表4–26　新加坡初中物理教材知识点三级深度分布

	知识点个数	深度	深度百分比	深度百分比分布
了解	147	161.7	49.4%	
理解	37	108.0	33.0%	
应用	13	57.5	17.6%	

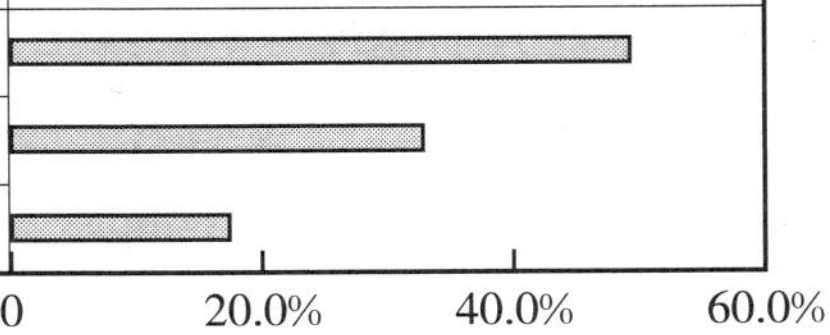

其中，“了解”、“理解”和“应用”的深度百分比分别为 49.4%、33.0%、17.6%，对应的知识点个数分别为 147、37、13。虽然这本教材知识覆盖面窄，没有涉及矢量和标量，牛顿第三定律，动量、冲量和守恒，万有引力，弹力，人造卫星，电场，场的相互作用，导体和绝缘体，

特性和作用，声音，地震，海啸和海浪，分子运动，压强和浮力，平衡，反应速率，声能，热力学和熵，机械能和机械，特性及构成，光子和光谱，原子学说，量子论和电子云等知识点，但是物理体系的基本框架已经建立，内容覆盖了力与运动、电、波、动力学和平衡、能量和物性这六个一级主题。这说明，教材要求学生了解一些简单常见的物理知识或现象，拓展一定的知识面，认识周围的世界，了解物理对生活和环境带来的影响。在此基础上，要求学生理解知识，并且学会运用知识解决问题，不断思考、探索和创造，同时养成严谨的科学态度，为以后的学习和生活打下基础，帮助学生学会让生活走进物理，让物理走进生活，学以致用。

如"力与运动"部分，包含的知识点有33个。其中，属于"了解"水平的知识点有国际单位制、米尺、游标卡尺、螺旋测微器、规则物体的体积、钟表、秒表、距离、位移、速率、平均速率、力的作用效果、力的图示、牛顿第一定律等14个知识点，包括了物理学中最基本的测量仪器、物理概念或物理模型，是学生学习物理学的基石。通过了解这些知识，学生不仅可以学习物理，更重要的是可以认识周围的世界。教材中的表征方式有基本定义、单位、符号、总结、快速检查等。属于"理解"水平的知识点有探究不规则物体的体积、探究单摆运动的周期与摆长的关系（实验）、速度、平均速度、加速度、位移－时间图象、合外力、力矩、重心、稳态等10个知识点。了解这些知识，学生不仅可以加深对物理学的认识和理解，还可以认识到物理对生活和环境的影响，增加学习物理的兴趣。这些知识点除了以上的表征方式，还有探究实验、例题、习题等，有的内容在篇幅上占比较大。"力与运动"部分属于"应用"水平的知识点有重力加速度、牛顿第二定律、力矩平衡原理、平衡条件、摩擦力、匀速直线运动、匀变速直线运动、非匀变速直线运动、速度－时间曲线中面积的物理意义等9个知识点。这些知识点对于初中生来说有一定的难度，并且大部分内容所占篇幅很大。这些知识点除了以上的表征方式，还有规律的得出，教材还有意识地让学生将这些规律应用到生活中，或者利用这些规律进行创新。

整本教材中属于"应用"水平的知识点有重力加速度、牛顿第二定律、力矩平衡原理、平衡条件、摩擦力、匀速直线运动、匀变速直线运动、非匀变速直线运动、速度－时间曲线中面积的物理意义、功率、影响电阻大小的因素、光的折射定律、红外辐射等 13 个。可以看出这些知识点都属于比较核心的概念，对知识的理解要求比较高，探究起来比较难。教材中这些知识点的表征方式有复杂、定量的探究；通过探究实验总结出概念和规律，用概念、规律解释生活中的现象；运用知识解决综合性的问题、设计制作等。在学习这些知识点的过程中，学生不仅可以掌握知识，而且养成了严谨、认真、创新、缜密的科学态度，提高了科学素养。

知识点在六个一级主题中的总深度、深度百分比分布如表 4-27 所示，总深度从高到低依次为电、力与运动、波、能量、物性、动力学和平衡。

表4-27　新加坡初中物理教材知识点在一级主题中的深度分布

	知识点个数	深度	深度百分比	深度百分比分布
力与运动	33	87.5	26.7%	
电	80	123.1	37.6%	
波	37	46.2	14.1%	
动力学和平衡	9	9.5	2.9%	
能量	24	38.7	11.8%	
物性	14	22.2	6.8%	

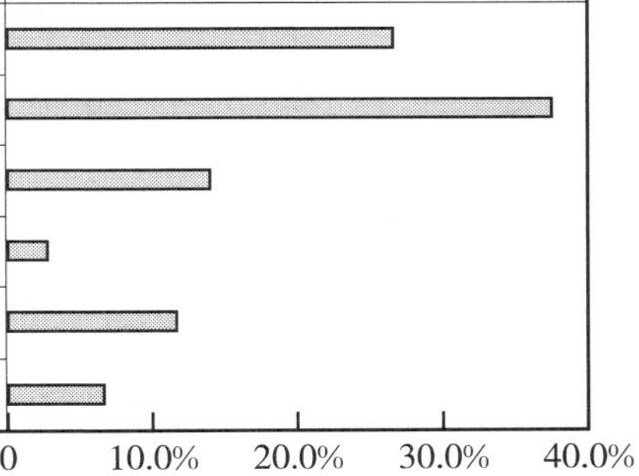

可以看出，知识点的广度和深度在六个一级主题中的分布基本保持一致，但是“力与运动”部分深度所占比重远大于广度所占的比重，说明新加坡教材对于“力与运动”部分的要求很高。

通过表 4-27 还可以得到新加坡初中物理教材知识点的平均深度，如表 4-28 所示。从表中可以看出除了力与运动、动力学和平衡、波部分，其他各部分的平均深度均处于 1.50~2.50，对应三级指标体系中的“了解”水平。其中，“力与运动”部分平均深度超过 2.5，属于三级指标体系中的“理解”水平，而“动力学与平衡”和“波”部分的平均深度在 1.5 以下，这说明新加坡教材对不同主题知识点，要求掌握的水平有较大差异。

表4-28 新加坡初中物理教材知识点在一级主题中的平均深度分布

	知识点个数	深度	平均深度
力与运动	33	87.5	2.65
电	80	123.1	1.54
波	37	46.2	1.25
动力学和平衡	9	9.5	1.06
能量	24	38.7	1.61
物性	14	22.2	1.59

对这本教材中力与运动、电、波、动力学和平衡、能量和物性这六个一级主题的知识点广度、深度进行分析，可以了解这本教材的编者对于物理体系中各部分知识的理解，以及各部分知识在物理体系中的地位。

“力与运动”部分有33个知识点，占知识点总数的16.8%，低于“电”和“波”部分；深度为87.5，占教材总深度的26.7%，低于“电”部分，但高于“波”部分。

“力与运动”部分包括了基本物理量的测量、基本测量仪器的使用及其原理、距离、位移、速率和速度、加速度、重力加速度、位移-时间图象、速度-时间图象、力的作用效果、力的图示、牛顿第一定律、合外力、牛顿第二定律、力矩、力矩平衡原理、平衡条件、重心、稳态、摩擦力等。这些内容是物理学习的基础，并按照力与运动的关系展开。教材介绍了一些特殊的力和常见的测量仪器、基本物理量，帮助学生建立起物理知识体系的基础知识。教材编写逻辑严谨，注意概念、规律的提出过程以及知识的形成和发展过程，有助于培养学生的物理思维和建立知识间的整体联系。同时教材加入了很多物理与生活紧密联系的例子和问题，将“从生活走向物理，从物理走向生活”的理念融入整个教材中，内化成学生的世界观。

“力与运动”部分的深度百分比高于广度百分比，平均深度为2.65，是六个一级主题中知识点平均深度最高的。这说明虽然这部分内容涉及面有限（矢量和标量，相对位置和速度，牛顿第三定律，动量、冲量和守恒，万有引力，弹力，人造卫星等知识点没有涉及），但要求很高。这部分内容的知识体系严谨，逻辑性强，有大量的概念和规律，特别是牛顿运动定律，是中学物理中最重要的知识，是经典物理的基石。而且这部分知识中也不乏一些数据分析、作图、计算等，如位移－时间图象、速度－时间图象等数据分析，计算运动物体的速度、加速度等。这部分知识本身又很抽象、难懂，虽然知识点数量不多，但每个知识点深度都很高。比如，这部分内容中探究不规则物体的体积、探究单摆运动的周期与摆长的关系（实验）、速度、平均速度、加速度、重力加速度、位移－时间图象、匀速直线运动、匀变速直线运动、非匀变速直线运动、速度－时间曲线中面积的物理意义、合外力、牛顿第二定律、力矩、力矩平衡原理、平衡条件、重心、稳态、摩擦力等知识点深度都超过了 2.5，占这部分知识点总深度的 57.6%，其中 47.4% 的知识点深度超过 4.0。

由此说明，该教材对于“力与运动”部分，要求学生对知识的掌握求深不求广，重点知识要重点掌握。不管从知识点的深度还是广度来说，“力与运动”部分都是该教材中的重点与难点之一。

该教材要求学生掌握的电学知识点很多。“电”部分有 80 个知识点，占知识点总个数的 40.6%，是六个一级主题中知识点广度最大的。同时“电”部分的深度和广度一样，是最高的，总深度为 123.1，占教材知识点总深度的 37.6%，知识点平均深度为 1.54。

电学是物理学知识体系中很重要的组成部分，教材中“电”部分的内容包括电荷及电荷间的电场力、电路、电阻器和电阻、电流的热效应、电能的计算、电能的使用、用电的危险、安全用电、家庭电路、电流和电荷、串联和并联电路、电势差和电动势、欧姆定律和电阻、磁铁的性质、磁感应、磁化和消磁的方法、磁学理论、磁场、铁和钢的磁学性质、永磁体、电磁铁及它们的用途等。这部分内容包含的概念、定律比较多，并且和实际生活联系紧密，既要求学生掌握理论知识，也要求学生了解电与磁和日常生活的紧密联系，学会应用所学知识解决现实问题；既从宏观的角度讲解电学的性质，也从微观角度介绍形成现象的原因，因此涵盖的知识点比较多。这部分注重电学与生活的联系，多从现实生活的各种电学现象入手，使学生掌握电学理论知识，最后鼓励学生学以致用，用所学知识解决现实问题。

“电”部分涵盖的内容广，知识点深度整体不高，但有些知识点、实验需要重点掌握。“电”部分的大部分知识点深度不高，原因是涵盖的知识点和规律比较多，实验也比较多，与实际生活贴近，再加上充分考虑学生的认知能力，对知识的严谨性降低了一些要求，以便学生理解，使学生在认识物理,感知“从生活走向物理,从物理走向社会”的过程中，保持对物理的兴趣。“电”部分中还有一部分知识要求学生达到理解水平，如探究电荷间的相互作用规律、焦耳定律、功率、保险丝、电流、电势差、欧姆定律、电阻及电阻的测定、影响电阻大小的因素、串联和并联电路及串联和并联电路的电阻、磁性材料与非磁性材料、磁极间的相互作用、磁感线、人体中的电流及相应的反应、电费的计算等知识点深度在 2.5 以上，占“电”部分知识点个数的 23.8%。这部分知识使学生在掌握一定的基本知识之后，得到进一步的提升，对于电与磁部分物理知识的理解更上一层楼。

由此说明，该教材要求学生对于“电”部分知识的掌握深而广，在拓展知识面的同时，也要重点知识重点掌握。不管从知识点的深度还是广度来说，“电”部分都是该教材的重点与难点之一。

“波”有 37 个知识点，占知识点总个数的 18.8%，深度为 46.2，平均深度是 1.25，这部分知识点的深度在六个一级主题中排第三。

“波”部分包括发光物体（光源）、光的反射、光的折射、折射率与光速的关系、光的透射、透镜的种类、凸透镜成像、电磁波、微波、红外线、可见光、紫外线、X 射线、γ 射线等。这部分涵盖的主要是光学、电磁波谱的内容，没有涉及声音以及地震、海啸和海浪等知识。在内容的选择上，更注重结合生活实际，在生活中常见的光学现象和电磁波谱的应用中呈现物理知识，体现“从生活走向物理，从物理走向社会”的理念，让学生充分感受物理对生活和世界的影响。

“波”部分有 83.8% 的知识点深度水平在 2.5 以下，平均深度 1.25，说明这部分内容和生活的联系较多，因此对知识的严谨性降低了要求，更多的是对相关现象和概念的定性分析和了解，旨在使学生了解物理知识在生活中的应用，扩大知识面。

由此说明，该教材要求学生对于“波”部分知识的掌握求广不求深，积极拓展知识面，使学生认识到物理与生活的紧密联系，以及物理对生活和周围环境的影响。

“动力学和平衡”有9个知识点，占知识点总个数的4.6%，深度为9.5，占教材总深度的2.9%，知识点的深度和广度在六个一级主题中都是最低的。

“动力学和平衡”部分包括温度和热量、温度的测量、温度计及其使用等，内容较少，没有涉及分子运动、压强和浮力、平衡、反应速率等内容。但该教材中涉及的这些概念都是与我们的生活息息相关的，学生在经历对生活经验的感性认识后，会对具体原理产生兴趣，这有利于学生更好地学习。同时，这些概念、仪器使学生充分认识到物理与生活不可分割。“动力学和平衡”部分所有知识点难度都在2.5以下，平均深度为1.06，是最低的。在这部分知识中温度是难点，但是教材将其打碎、细化，并减少探究实验，增加随堂学生实验等小实验，从而降低了整体的难度。比如温度计及其使用这个内容就细分成了温度计的选择和使用、医用温度计、温度计的灵敏度和适用范围这三个知识点。

“能量”部分内容不太多，有24个知识点，占知识点总个数的12.2%，深度为38.7，占教材总深度的11.8%，知识点的平均深度为1.61，这部分知识点的深度和广度在六个一级主题中均排第四。

“能量”部分包括势能、动能、质能守恒、热能及热传递、功和能、能源等。这部分的重点是不同物质热传递的方式及它们在生活中的应用。热能及热传递在我们的生活中随处可见，研究热能及热传递可以帮助我们更好地利用热能，达到保温或散热的目的。教材中详细介绍了热传递的三种方式，不仅帮助学生了解我们生活的世界热量的传递方式，还使学生意识到物理与生活联系密切，激发学生学习的兴趣。“能量”部分包含的知识点和“电”部分一样，比较抽象，综合性强，对计算有一定的要求。比如重力势能、动能、功、功率这些知识点在初中阶段都属于重点内容，同时也是难点。此外，这部分内容与生活联系紧密，特别是热能转化问题，与我们的生活息息相关，掌握这部分知识可以帮助学生更好地认识我们生活的世界，还可以更好地为我们的生活提供便利。

“物性”部分有14个知识点，占知识点总个数的7.1%，深度为

22.2，占教材总深度的6.8%，知识点的平均深度为1.59，这部分知识点的深度和广度在六个一级主题中均排第五。

“物性”部分包括六种物态变化、质量、密度及其测量和应用，没有涉及特性及构成、物态、光子和光谱、原子学说、量子论和电子云，因为这些内容较难、较抽象，对于初中生来说较难接受。这部分涉及的知识点是大多数初中生都非常熟悉的，这些现象、概念和规律在生活中无处不在。教材中应用了大量的实例，并结合学生实验，使学生在认识现象、了解过程之后，充分认识到这些物理现象、过程所蕴含的知识，使学生对于所学知识由感性认识提升到理性认识。这部分的知识点和生活的联系比较紧密，实验虽然不多，但是实验的难度比较高，冰的凝固点和温度随冰熔化的改变、熔点、密度等知识点都有相应的探究实验。

由此说明，这本教材要求学生对于动力学和平衡、能、物性这三部分的掌握求广不求深，这三部分知识的编排旨在拓展学生的知识面，使学生认识到物理与生活的紧密联系，以及物理对我们的生活和周围环境的影响。同时，对于一小部分知识要求较高，需要学生重点掌握。

五、俄罗斯初中物理教材深度

按照教材深度的分析方法，通过分析俄罗斯初中物理教材，得到其总深度如表4-29所示。

表4-29 俄罗斯初中物理教材总深度

	知识点	实验	例题	习题	拓展
广度	397	108	24	1486	18
深度	619.8	721.0	69.6	2693.1	
平均深度（深度/广度）	1.56	6.68	2.90	1.81	

由表4-29可知，知识点为397个，知识点的总深度，即教材难度为619.8。

基于知识点深度（一级主题）数据，应用SPSS中的“Descriptive Statistics—Frequencies”命令对知识点的深度进行频数分析。表4-30为俄罗斯初中物理教材知识点深度统计表。

表4-30　俄罗斯初中物理教材知识点深度统计表

N		397
Mean		1.56
Std. Deviation		0.89
Percentiles	25	0.8
	50	1.3
	75	2.1

N 表示知识点的个数，共 397 个，平均值（Mean）为 1.56，标准差（Std. Deviation）为 0.89。Percentiles 25 值为 0.8，表明有 25% 的知识点深度低于 0.8；Percentiles 50 值为 1.3，表明有 50% 的知识点深度低于 1.3；Percentiles 75 值为 2.1，表明有 75% 的知识点深度低于 2.1。

表 4-31 为俄罗斯初中物理教材知识点深度的频数分布表，其中的深度代表知识点的深度水平，频数代表每个深度水平上的知识点个数，百分比指的是每个深度水平上的知识点个数占知识点总个数的百分比。

表4-31　俄罗斯初中物理教材知识点深度的频数分布表

深度	频数	百分比（%）	深度	频数	百分比（%）
0.5	13	3.3	2.3	9	2.3
0.6	35	8.8	2.4	7	1.8
0.7	27	6.8	2.5	3	0.8
0.8	25	6.3	2.6	7	1.8
0.9	10	2.5	2.7	8	2.0
1.0	26	6.5	2.8	10	2.5
1.1	15	3.8	2.9	9	2.3
1.2	27	6.8	3.0	3	0.8
1.3	34	8.6	3.1	4	1.0
1.4	30	7.6	3.2	9	2.3
1.5	10	2.5	3.3	4	1.0
1.6	13	3.3	3.4	1	0.3
1.7	8	2.0	3.5	3	0.8
1.8	8	2.0	3.8	4	1.0

续表

深度	频数	百分比（%）	深度	频数	百分比（%）
1.9	6	1.5	4.0	1	0.3
2.0	10	2.5	4.1	5	1.3
2.1	4	1.0	4.2	2	0.5
2.2	7	1.8	总计	397	100.0

注：因为百分比按照四舍五入原则保留一位小数，可能导致各百分比相加不等于100%。

图4-5为俄罗斯初中物理教材知识点深度分布的直方图，其中横坐标代表的是深度，纵坐标代表的是频数。

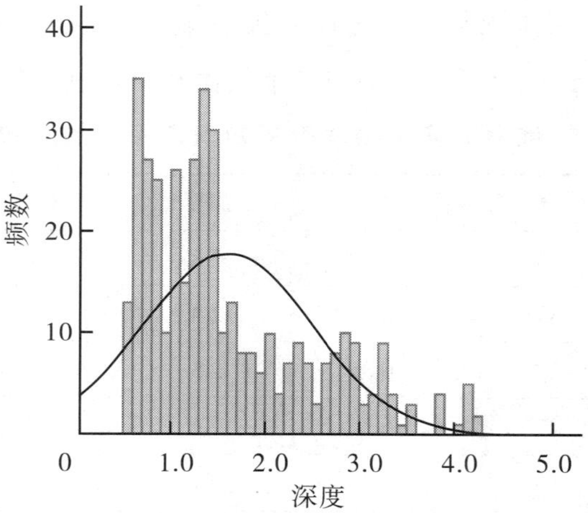

图4-5　俄罗斯初中物理教材知识点深度分布直方图

根据以上统计分析的结果，按照“了解”“理解”“应用”三级分类，其中“了解”的水平区间为[0.5,2.5),“理解”的水平区间为[2.5,4.0),“应用”的水平区间为[4.0,5.5],可以得到知识点的深度分布及总深度，如表4-32所示。

表4-32　俄罗斯初中物理教材知识点深度分布及总深度（三级）

	了解	理解	应用	总计
力与运动	88.4	19.5	4.1	112.0
电	89.1	73.9	4.2	167.2

续表

	了解	理解	应用	总计
波	73.0	8.6	4.2	85.8
动力学和平衡	38.5	16.8	8.1	63.4
能量	37.0	38.1	0	75.1
物性	67.0	37.0	12.3	116.3
总计	393.0	193.9	32.9	619.8

397 个知识点的总深度为 619.8，平均深度为 1.56，标准差为 0.89。

因为在赋值过程中，知识点深度已经包含了实验和例题的深度，所以知识点的总深度也就是教材的难度，达到了 619.8。然而，知识点平均深度只有 1.56，在知识点深度区间［0.5，5.5］中位于偏易的水平，说明这套教材视野开阔，涉及的内容较多，但是难度并不算高，总体处于“了解”水平。

进一步将知识点划分为三级深度，结果如表 4-33 所示。

表4-33 俄罗斯初中物理教材知识点三级深度分布

	知识点个数	深度	深度百分比	深度百分比分布
了解	324	393.0	63.4%	
理解	65	193.9	31.3%	
应用	8	32.9	5.3%	

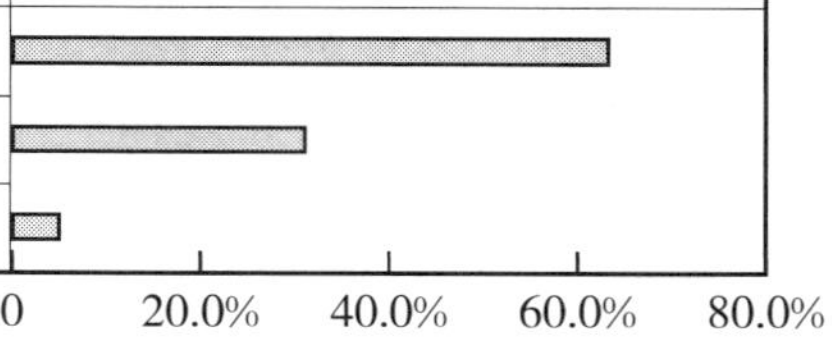

其中，“了解”、“理解”和“应用”的深度百分比分别为 63.4%、31.3%、5.3%，对应的知识点个数分别为 324、65、8。这说明教材的重点在构建知识结构的基础，突出科学领域中最基本的概念和原理，扩大学生的知识面，使学生掌握最基本的科学方法、事实、假说、理论和定律，在此基础上，使学生学会思考和探索，为他们下一步的学习打下基础。

如“力与运动”部分，包含的知识点有 79 个，其中，质点、参照物、参考系、路程、位移、速度、匀速运动、变速运动、匀速直线运动、加速度、匀加速直线运动、曲线运动、竖直上抛、自由落体运动、相对运动、惯性系、非惯性系、几种常见的测力计、机械运动、力的单位、力学单位制、力的三要素、重量、重量和重力、摩擦力、滑动摩擦和滚动摩擦、增大和减小摩擦的应用、弹力、合力、牛顿第一定律、作用力与反作用力、万有引力定律、引力常量、人造地球卫星、地心说、日心说、地球的自转、向心力、重力加速度、力的作用效果、动量、火箭、地球和其他天体上的重力加速度、海王星和冥王星的发现、第一宇宙速度和第二宇宙速度、向心加速度、相互作用的物体速度改变、牛顿第二定律、牛顿第三定律、失重、动量守恒定律等都属于“了解”水平，表征方式有基础性阅读材料、基本定义、单位、符号、例子、简单的演示实验等。属于“理解”水平的知识点只有测力计及其使用、重力、重力的计算、用路程和时间计算速度、反冲、胡克定律等，除了以上的表征方式，还有例题、较为复杂的演示实验、公式的推导等，有的内容在篇幅上占比较大。“力与运动”部分只有惯性这一个知识点属于“应用”水平，因为教材中涉及了实验，行文中有用概念、规律解释的生活中的现象，所以将其归纳为“应用”水平。

俄罗斯初中物理教材中属于“应用”水平的知识点有速度、物质的密度、用密度求物体的质量和体积、重力和质量的关系、压强、浮力、机械功、功率、机械效率、计算热量、比热容、汽化和冷凝、欧姆定律、电流做功。可以看出这些知识点都属于比较核心的概念，对知识的理解要求比较高。教材对这些知识点的表征方式有复杂、定量的探究；通过探究实验总结出概念和规律，用概念、规律解释生活中的现象；运用知识解决综合性的问题等。

知识点在六个一级主题中的总深度、深度百分比分布如表 4-34 所示，总深度从高到低依次为电、物性、力与运动、波、能量、动力学和平衡。

表4-34　俄罗斯初中物理教材知识点在一级主题中的深度分布

	知识点个数	深度	深度百分比	深度百分比分布
力与运动	79	112.0	18.1%	
电	91	167.2	27.0%	
波	59	85.8	13.8%	
动力学和平衡	40	63.4	10.2%	
能量	51	75.1	12.1%	
物性	77	116.3	18.8%	

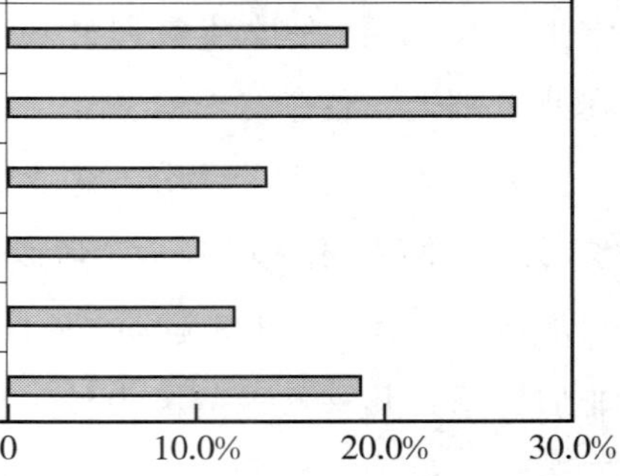

可以看出，知识点的广度和深度在六个一级主题中的分布基本保持一致。

从表 4-34 还可以得到知识点的平均深度，如表 4-35 所示。从表中可以看出该教材各个部分知识点的平均深度均处于 1.40~1.90，对应三级指标体系中的“了解”水平，这与对整本书深度评估的结论相同。而且，教材中各部分知识点平均深度比较接近，说明教材兼顾各主题在物理学上的地位和作用，各主题没有主次之分。

表4-35　俄罗斯初中物理教材知识点在一级主题中的平均深度分布

	知识点个数	深度	平均深度
力与运动	79	112.0	1.42
电	91	167.2	1.84
波	59	85.8	1.45
动力学和平衡	40	63.4	1.59
能量	51	75.1	1.47
物性	77	116.3	1.51

“电”部分的深度和广度一样，是最高的，深度为 167.2，占教材总深度的 27.0%，这部分知识点平均深度为 1.84，说明这部分不仅涵盖的内容广，而且要求普遍较高。原因是这部分涵盖的知识点和规律比较多，内容也比较抽象，实验比较多，而且注重应用。电荷可均等分配、实践中电流做功的单位、电流的化学效应、电流的磁效应、电流的热效应、电功、焦耳定律、电功率、电压的产生、电流与电压的关系、电阻大小的影响因素、滑动变阻器及其使用、串联电路电阻的特点、串联电路电压的特点、并联电路电流的特点、并联电路电阻的特点、欧姆定律、欧姆定律和电阻公式的应用、永磁铁及其磁场、磁场对通电导线的作用、直流电的磁场、通电导体在磁场中的作用、通电螺线管产生的磁场、电动机、通电线圈在磁场中的作用、法拉第电磁感应，这些知识点的深度都在 2.5 及以上，占“电”部分知识点总个数的 28.6%。

“物性”部分的深度为 116.3，占教材总深度的 18.8%。在这一部分中，量子现象以及核物理方面的知识权重较大，知识点个数为 48 个，深度达到 76.3，占“物性”部分总深度的 65.6%。由此可以看出，教材除了重视学生接触较多的经典物理学所涉及的知识，也很关注近代物理学的研究成果，注重完善学生对物理学的整体认知。知识点深度在 2.5 以下的共 63 个，占“物性”部分知识点总个数的 81.8%。

“力与运动”部分的深度为 112.0，占教材总深度的 18.1%。这部分的知识点个数偏多，但深度并不是很高，知识点平均深度只有 1.42，小于总知识点的平均深度 1.56，说明该部分知识的覆盖面较广，但是对学生的要求偏低，难度偏低，平均处在“了解”水平。知识点深度在 2.5 以下的共 71 个，占“力与运动”部分知识点总个数的 89.9%。

“波”部分的深度为 85.8，占教材总深度的 13.8%。这部分知识点的平均深度为 1.45，说明教材对“波”部分的相关知识要求并不是很高，但这部分内容涉及机械振动、波的基本特性、机械波、电磁波、几何光学等内容，所以知识点数量较多，广度较大，导致这部分知识点深度偏高。“波”部分有 93.2% 的知识点深度在 2.5 以下。

“能量”部分的总深度为 75.1，占教材总深度的 12.1%。这部分知识点的平均深度为 1.47，多涉及内能、比热容、几种简单机械、机械能、机械效率，与实际生产、生活联系较为紧密，但知识点数量不多，平均深度也不高，分布较为均匀，上述几个内容中仅有一两个知识点难度高于 2.5，说明教材在编排时，注重对核心知识点的要求。“能量”部分有 74.5% 的知识点深度在 2.5 以下。

“动力学和平衡”部分的深度为 63.4，占教材总深度的 10.2%，知识点平均深度为 1.59。“动力学和平衡”部分的知识点数量较少，只有 40 个。其中有 27 个知识点是围绕压强与浮力展开的，占这部分知识点总数的 67.5%，平均深度为 1.77。由此易见，俄罗斯初中物理教材注重压强与浮力这部分内容，多涉及例题、实验，以及对生活中现象的解释。“动力学和平衡”部分有 80.0% 的知识点深度在 2.5 以下。

六、英国初中物理教材深度

按照教材深度的分析方法，通过分析英国初中物理教材，得到其总深度如表 4–36 所示。

表4-36 英国初中物理教材总深度

	知识点	实验	例题	习题	拓展
广度	271	59	22	170	91
深度	383.5	355.0	39.7	619.1	
平均深度（深度/广度）	1.42	6.02	1.80	3.64	

由上表可知，知识点为 271 个，知识点的总深度，即教材难度为 383.5。

基于知识点深度（一级主题）数据，应用 SPSS 中的“Descriptive Statistics—Frequencies”命令对知识点的深度进行频数分析。表 4-37 为英国初中物理教材知识点深度统计表。

表4-37 英国初中物理教材知识点深度统计表

N		271
Mean		1.42
Std. Deviation		0.79
Percentiles	25	1.0
	50	1.0
	75	2.0

N 表示知识点的个数，共 271 个，平均值（Mean）为 1.42，标准差（Std. Deviation）为 0.79。Percentiles 25 和 Percentiles 50 值均为 1.0，表明有 50% 的知识点深度低于 1.0；Percentiles 75 值为 2.0，表明有 75% 的知识点深度低于 2.0。

表 4-38 为英国初中物理教材知识点深度的频数分布表，其中的深度代表知识点的深度水平，频数代表每个深度水平上的知识点个数，百分比指的是每个深度水平上的知识点个数占知识点总个数的百分比。

表4-38 英国初中物理教材知识点深度的频数分布表

深度	频数	百分比（%）	深度	频数	百分比（%）
0.5	6	2.2	2.4	5	1.8
0.6	14	5.2	2.5	3	1.1
0.7	6	2.2	2.6	1	0.4
0.8	40	14.8	2.8	8	3.0
0.9	1	0.4	3.0	5	1.8
1.0	69	25.5	3.2	5	1.8

续表

深度	频数	百分比（%）	深度	频数	百分比（%）
1.2	39	14.4	3.3	2	0.7
1.3	4	1.5	3.4	2	0.7
1.4	15	5.5	3.8	1	0.4
1.6	2	0.7	4.0	2	0.7
1.8	2	0.7	4.2	1	0.4
2.0	23	8.5	4.5	1	0.4
2.2	14	5.2	总计	271	100.0

注：因为百分比按照四舍五入原则保留一位小数，可能导致各百分比相加不等于100%。

图4-6为英国初中物理教材知识点深度分布的直方图，其中横坐标代表的是深度，纵坐标代表的是频数。可以看出，知识点的深度大部分分布在1.0附近，深度较高的知识点占比很小，说明知识点的难度总体而言不大。

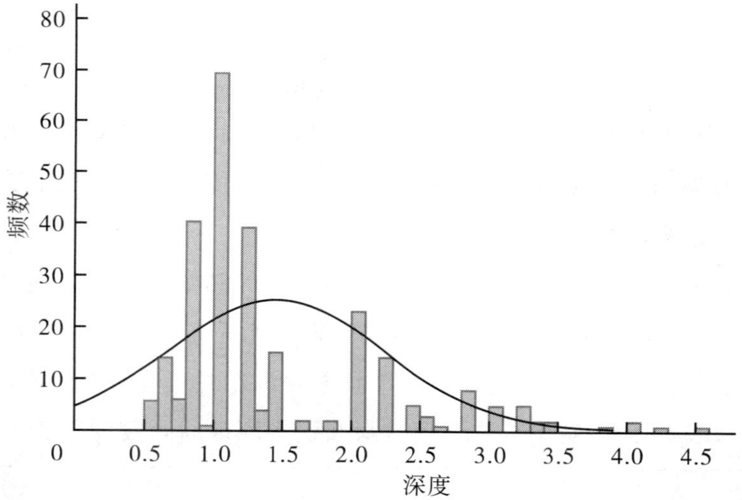

图4-6 英国初中物理教材知识点深度分布直方图

根据以上统计分析的结果，按照“了解”“理解”“应用”三级分类，其中“了解”的水平区间为[0.5,2.5)，“理解”的水平区间为[2.5,4.0)，“应用”的水平区间为[4.0, 5.5]，可以得到知识点的深度分布及总深度，如表4-39所示。

表4-39 英国初中物理教材知识点深度分布及总深度（三级）

	了解	理解	应用	总计
力与运动	61.0	13.1	12.7	86.8
电	78.9	23.2	0	102.1
波	63.7	17.3	0	81.0
动力学和平衡	0	0	0	0
能量	53.0	27.1	4.0	84.1
物性	29.5	0	0	29.5
总计	286.1	80.7	16.7	383.5

271 个知识点的总深度为 383.5，平均深度为 1.42，标准差为 0.79。

因为在赋值过程中，知识点深度已经包含实验和例题的深度，所以知识点的总深度也就是教材的难度，达到了 383.5。知识点平均深度是 1.42，在知识点深度区间［0.5，5.5］中位于偏易的水平，说明这套教材的知识点广度很大，涉及的内容较多，但是深度并不算高，总体处于“了解”水平。

进一步将知识点划分为三级深度，结果如表 4-40 所示。

表4-40 英国初中物理教材知识点三级深度分布

	知识点个数	深度	深度百分比	深度百分比分布
了解	240	286.1	74.6%	
理解	27	80.7	21.0%	
应用	4	16.7	4.4%	

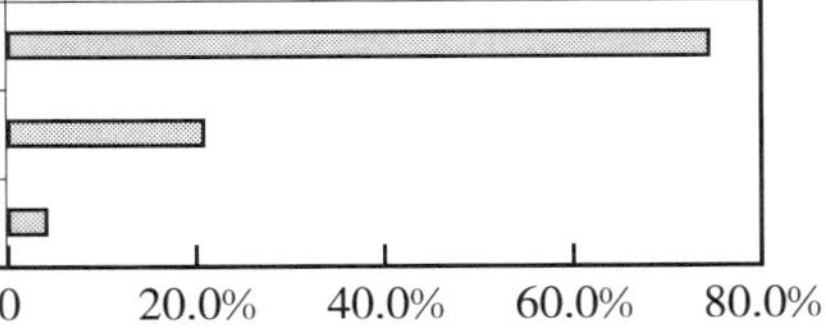

其中，“了解”、“理解”和“应用”的深度百分比分别为 74.6%、21.0%、4.4%，对应的知识点个数分别为 240、27、4。教材中“了解”水平的知识点较多，这样的知识编排，不仅说明教材中知识点个数较多，涉及的范围较广，更说明教材的重点在构建知识结构的基础，突出物理教学中最基本的概念和原理。

如“力与运动”部分，包含的知识点有 57 个。共有 50 个知识点属于“了解”水平，这 50 个知识点包括的内容有应用速度－时间图象、动量的应用、重力、重心、加速度、速率、合力、引力场强度、圆周运动等，表征方式有基本定义、单位、符号、图例、简单分析例子和课外拓展等。属于“理解”水平的知识点有力和加速度、爆炸中的动量守恒，以及力矩原理等 3 个，除了包含上述的表征方式，还有探究实验、例题、习题等较复杂的表征方式。属于“应用”水平的知识点是动量，动量属于较高层次的知识点，对学生的理解能力要求较高，其中涉及的探究也较难，表征方式有复杂、定量的探究；通过探究实验总结出概念和规律，用概念、规律解释生活中的现象；运用知识解决综合性的问题、设计制作等。

知识点在六个一级主题中的总深度、深度百分比分布如表 4-41 所示，总深度从高到低依次为电、力与运动、能量、波、物性、动力学和平衡。

表4-41　英国初中物理教材知识点在一级主题中的深度分布

	知识点个数	深度	深度百分比	深度百分比分布
力与运动	57	86.8	22.6%	
电	70	102.1	26.6%	
波	59	81.0	21.1%	
动力学和平衡	0	0	0	
能量	56	84.1	21.9%	
物性	29	29.5	7.7%	

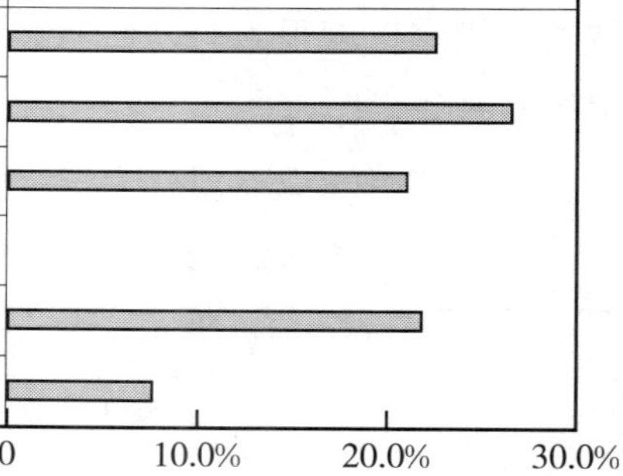

表 4-42 是知识点的平均深度分布。从表中可以看出除了动力学和平衡部分，其他各部分的平均深度均处于 1.00~1.50，对应三级指标体系中的“了解”水平，这与对整本书深度评估的结论相同。

表4-42　英国初中物理教材知识点在一级主题中的平均深度分布

	知识点个数	深度	平均深度
力与运动	57	86.8	1.52
电	70	102.1	1.46
波	59	81.0	1.37
动力学和平衡	0	0	0

续表

	知识点个数	深度	平均深度
能量	56	84.1	1.50
物性	29	29.5	1.02

“电”部分的深度和广度一样，是最高的，深度为102.1，占教材总深度的26.6%，说明这部分不仅涵盖的内容广，而且规律较抽象，实验较多，还包括较多的电学计算，对学生的要求也较高。

在“电”部分的知识点中，比如静电现象、导体带电、静电的利用及危害、电功、不同的电子元件电阻的测试、交流电、电功率、电荷、能量和电位差、电路中的能量转换、电流表和电压表、电流－电位差图象、电路串联和并联、电动机原理、左手定则、变压器工作原理、远距离高压输电、变压器效率等，都属于对学生的物理思维要求较高的知识点。深度在2.5及以上的知识点有8个，包括计算电功率、交流发电机、电阻、变压器工作原理、电动机原理、电路规则、测量交流电位差等，占“电”部分知识点总个数的11.4%。

力与运动、能量、波这三个一级主题深度和广度所占的比例基本上一致，由此可以看出，这三部分内容在所选英国初中物理教材中的地位相差不大。

“力与运动”部分的深度为86.8，占教材总深度的22.6%，说明这部分内容在教材中属于相对重要的部分。这部分知识点覆盖面广，从相对简单的停车距离的影响因素到深度赋值最高的动量定理，各个不同深度水平的知识点均有所涉及。教材在兼顾广度的同时，还考虑到“力与运动”这部分内容中知识点深度的水平。知识点的深度在2.5及以上的有7个，分别是测量加速度、力矩、力和动量、力和加速度、动量守恒、力矩原理、动量，占“力与运动”部分知识点总个数的12.3%；知识点深度在4.0及以上的有4个，分别是力和加速度、动量守恒、力矩原理、动量，占“力与运动”知识点总个数的7.02%。整体而言，“力与运动”部分内容在知识点深度安排上较为合适，做到了知识面广、难易兼顾。

“能量”部分的深度为84.1，占教材总深度的21.9%，这部分内容在教材中也属于较重要的。此部分内容涉及热能、动能、势能、机械能、能源、功、质能守恒等知识点。由于在“力与运动”“波”“物性”部分中都会对能量的问题有所涉及，所以“能量”部分中有些知识点属于交叉内容，知识面比较广，共涉及56个知识点。知识点的深度在2.5及以上的有10个，其中4.0以下的有9个，分别是实验测量热辐射、实验吸收测试、实验测试不同材料的导体棒、做功、(能源利用)效率、实验测试不同表面、实验调查热传递、对流和太阳能。深度在2.5及以上的知识点占“能量”部分知识点总个数的17.9%，这一数据高于“电”和“力与运动”两部分的数据，这说明“能量”部分内容包含较多对学生要求较高的知识点。知识点深度在4.0及以上的有1个——动能。这些数据可以说明教材中“能量”部分的知识点里面“理解”水平的知识点较多，但总体难度并不是很大。

“波”部分的深度为81.0，占教材总深度的21.1%。这部分内容不仅涉及与生活联系非常紧密且难易适中的光学和声学部分的知识，也涉及很多不可见光，如γ射线和X射线等内容。此部分内容的知识点较多，在声学和光学部分涉及日常生活中诸多现象的理论解释，相应公式、定理的理解，还有少量计算题。不可见光部分，教材的要求是了解相关物理知识，拓展物理知识在生活中的应用，拓宽学生对物理世界的认识等，属于记忆层次或较为浅显的理解层次。知识点的深度在2.5及以上的有7个，分别是光速、不同的声音、超声波、光的反射定律、声波的性质、光的折射现象和凸透镜实验，占“波”部分知识点总个数的11.9%；知识点深度在4.0及以上的没有。从数据分析上可以看出“波”部分内容的难易程度中等偏易，侧重于学生对基础知识的掌握。

“物性”部分的深度为29.5，占教材总深度的7.7%，广度为29，深度和广度均是五个涉及的一级主题中最低的。这部分内容大多侧重于拓展学生的物理知识，增强学生对物理学史的认识与理解，同时也向学生介绍物理学前沿的内容，例如恒星的生命历程、宇宙大爆炸、核反应等。由于这部分内容与学生的生活实际有一定的距离，所以大致在“了解”水平，这部分知识点的平均深度为1.02。这部分内容没有深度在2.5及以上的知识点，再次佐证教材对于这部分内容仅要求学生了解。

七、德国初中物理教材深度

按照教材深度的分析方法，通过分析德国初中物理教材，得到其总深度如表 4-43 所示。

表4-43　德国初中物理教材总深度

	知识点	实验	例题	习题	拓展
广度	452	75	20	409	0
深度	583.5	438.0	52.8	733.3	
平均深度（深度/广度）	1.29	5.84	2.64	1.79	

由表 4-43 可知，知识点为 452 个，知识点的总深度，即教材难度为 583.5。

基于知识点深度（一级主题）数据，应用 SPSS 中的“Descriptive Statistics—Frequencies”命令对知识点的深度进行频数分析。表 4-44 为德国初中物理教材知识点深度统计表。

表4-44　德国初中物理教材知识点深度统计表

N		452
Mean		1.29
Std. Deviation		0.77
Percentiles	25	0.7
	50	1.1
	75	1.6

N 表示知识点的个数，共 452 个，平均值（Mean）为 1.29，标准差（Std. Deviation）为 0.77。Percentiles 25 值为 0.7，表明有 25% 的知识点深度低于 0.7；Percentiles 50 值为 1.1，表明有 50% 的知识点深度低于 1.1；Percentiles 75 值为 1.6，表明有 75% 的知识点深度低于 1.6。

表 4-45 为德国初中物理教材知识点深度的频数分布表，其中的深度代表知识点的深度水平，频数代表每个深度水平上的知识点个数，百分比指的是每个深度水平上的知识点个数占知识点总个数的百分比。

表4-45 德国初中物理教材知识点深度的频数分布表

深度	频数	百分比（%）	深度	频数	百分比（%）
0.5	13	2.9	2.2	12	2.7
0.6	74	16.4	2.3	4	0.9
0.7	44	9.7	2.4	2	0.4
0.8	38	8.4	2.6	3	0.7
0.9	44	9.7	2.7	3	0.7
1.0	10	2.2	2.8	7	1.5
1.1	35	7.7	2.9	7	1.5
1.2	24	5.3	3.0	1	0.2
1.3	27	6.0	3.1	8	1.8
1.4	13	2.9	3.2	3	0.7
1.5	4	0.9	3.3	9	2.0
1.6	15	3.3	3.6	1	0.2
1.7	12	2.7	3.9	1	0.2
1.8	12	2.7	4.0	1	0.2
1.9	10	2.2	4.2	2	0.4
2.0	3	0.7	总计	452	100.0
2.1	10	2.2			

图 4-7 为德国初中物理教材知识点深度分布的直方图。其中横坐标代表的是深度，纵坐标代表的是频数。可以看出，知识点的深度分布接近高斯分布，大部分在 1.4 附近，深度比较高的知识点占比很小，说明知识点的深度分布是合理的。

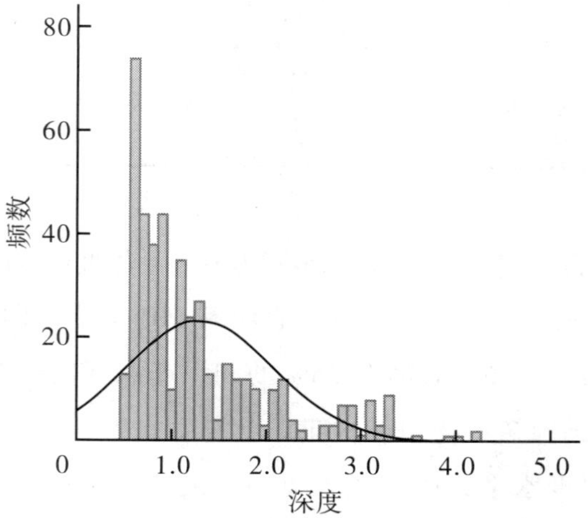

图 4-7 德国初中物理教材知识点深度分布直方图

根据以上统计分析的结果，按照“了解”“理解”“应用”三级分类，其中“了解”的水平区间为［0.5,2.5）,“理解”的水平区间为［2.5,4.0），“应用”的水平区间为［4.0, 5.5］,可以得到知识点的深度分布及总深度，如表 4-46 所示。

表4-46 德国初中物理教材知识点深度分布及总深度（三级）

	了解	理解	应用	总计
力与运动	66.9	26.8	11.5	105.2
电	85.1	30.1	0	115.2
波	90.1	14.1	0	104.2
动力学和平衡	50.3	18.6	4.0	72.9
能量	56.1	18.9	0	75.0
物性	92.2	18.8	0	111.0
总计	440.7	127.3	15.5	583.5

452 个知识点的总深度为 583.5，平均深度为 1.29，标准差为 0.77。

因为在赋值过程中，知识点深度已经包含了实验和例题的深度，所以知识点的总深度也就是教材的难度，达到了 583.5。然而，知识点平均深度只有 1.29，在知识点深度区间［0.5，5.5］中位于偏易的水平，说明这套教材视野开阔，涉及的内容较多，但是难度并不算高，知识点总体处于“了解”水平。

进一步将知识点划分为三级深度，结果如表 4-47 所示。

表4-47 德国初中物理教材知识点三级深度分布

	知识点个数	深度	深度百分比	深度百分比分布
了解	406	440.7	75.5%	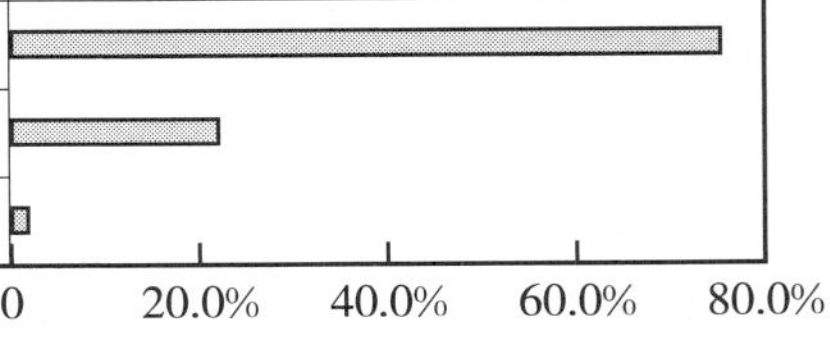
理解	43	130.4	22.3%	
应用	3	12.4	2.1%	

其中，“了解”、“理解”和“应用”的深度百分比分别为 75.5%、22.3%、2.1%，对应的知识点个数分别为 406、43、3。这说明教材的重点在构建知识结构的基础，突出科学领域中最基本的概念和原理，扩大学生的知识面，使学生掌握最基本的科学方法、事实、假说、理论和定律，在此基础上，使学生学会思考和探索，为他们下一步的学习打下基础。

如“力与运动”部分，包含的知识点有66个。其中，物理量、矢量、流的方向和流动着的量的方向、速度、动量流强度、力、测量动量流、动量流的破坏性、平衡状态、能量和动量的复杂路径、平衡、质心、竖直运动、考虑摩擦的落体运动、角动量泵、角动量导体等知识点都属于“了解”水平，表征方式有基本定义、单位、符号、图例，属于“理解”水平的知识点有矢量相加、动量流的节点定理、动量的分配、动量的正负、动量的导体、动量流路、动量、轮子上动量的传导、绳子上动量的传导、自由落体运动、角动量的流动等11个，这些知识点除了以上的表征方式，还有实验、例题等，有的内容在篇幅上占比较大。动量、质量和速度之间的关系，能流强度、动量流、速度之间的关系属于“应用”水平的知识点，这几个知识点有个共同特征，即需要运用控制变量的方法探究物理量之间的关系，并得出结论。

知识点在六个一级主题中的总深度、深度百分比分布如表4-48所示，总深度从高到低依次为电、物性、力与运动、波、能量、动力学和平衡。

表4-48 德国初中物理教材知识点在一级主题中的深度分布

	知识点个数	深度	深度百分比	深度百分比分布
力与运动	66	105.2	18.0%	
电	90	115.2	19.7%	
波	96	104.2	17.9%	
动力学和平衡	43	72.9	12.5%	
能量	53	75.0	12.9%	
物性	104	111.0	19.0%	

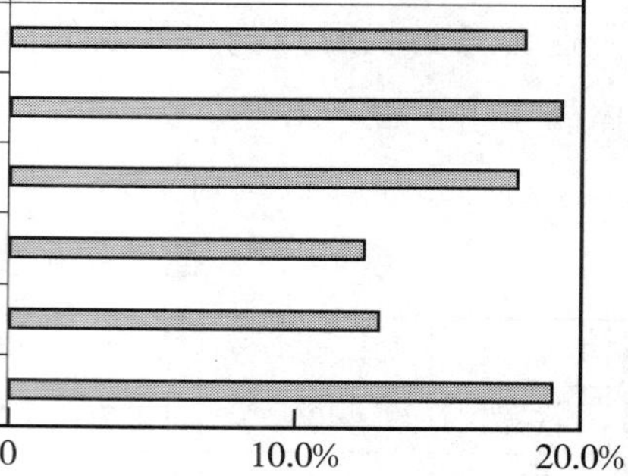

可以看出，知识点的广度和深度在六个一级主题中的分布略有不同。

从表4-48还可以得到德国初中物理教材知识点的平均深度，如表4-49所示。从表中可以看出各个部分的平均深度均处于1.00~1.70，对应三级指标体系中的“了解”水平，这与对整本书深度评估的结论相同。

表4-49　德国初中物理教材知识点在一级主题中的平均深度分布

	知识点个数	深度	平均深度
力与运动	66	105.2	1.59
电	90	115.2	1.28
波	96	104.2	1.09
动力学和平衡	43	72.9	1.70
能量	53	75.0	1.42
物性	104	111.0	1.07

“电”部分的深度是最高的，为115.2，占教材总深度的19.7%，说明这部分不仅涵盖的内容广，而且要求比较高。原因是这部分的知识点和规律比较多，内容也比较抽象，实验比较多，而且更注重应用。比如物体电势高低与所带电荷多少的关系，电场，静电感应现象，电容器两板间距与储电量之间的关系，电容器的电荷量，电容的定义，保险丝，P、U、I的关系，磁极表面的磁荷，磁场的几种图示，磁场能穿过的材料，通电导线周围磁场的相互作用，电磁感应现象，增强电磁感应效果的几种方法，变压器的特点等知识点的深度均在2.0及以上，占“电”部分知识点总深度的34.5%。

“物性”的深度为111.0，占教材总深度的19.0%。这部分内容和生活的联系较多，是了解身边的物质和现象的基础，因此教材更多的是对相关现象的定性分析，同时也增加了原子学说、光子和光谱部分内容，让学生从微观世界的角度深入了解物质的构成。但这部分知识点深度为“了解”水平的占83.1%。

“力与运动”的深度为105.2，占教材总深度的18.0%。这部分既有“了解”和“理解”水平的内容，也有“应用”水平的内容，强调综合运用知识解决实际问题。为了拓宽学生的知识面，增加物理量的广延性，教材还添加了与角动量相关的物理知识。

“波”的深度为104.2，占教材总深度的17.9%。这部分内容贴近生活，学生易于掌握和理解，同时也注重理论与实际的联系，讲述利用光学规律制作的照相机、电视机、幻灯机等仪器的结构、原理，深入浅出。“波”

部分的知识点主要为“了解”水平，占“波”部分知识点深度的86.5%。

“能量”的深度为75.0，占教材总深度的12.9%。这部分主要涉及热能及热传递、光能、机械能和机械、能量及其携带者等知识。“能量”是该套教材知识体系中的核心概念，通过对这部分知识的学习，学生可以用“能流及能量的流动”方式思考物理问题，将各个物理量统一起来。

“动力学和平衡”的深度为72.9，占教材总深度的12.5%。虽然这部分知识深度在六个一级主题中是最低的，但压强、大气压、物体何时沉浮、浮力、熵和温度、守恒等都是非常重要的物理概念，而且对计算能力要求较高，“理解”水平的知识点深度占这部分知识点深度的25.5%。

八、法国初中物理教材深度

按照教材深度的分析方法，通过分析法国初中物理教材，得到其总深度如表4-50所示。

表4-50 法国初中物理教材总深度

	知识点	实验	习题	拓展
广度	99	73	292	99
深度	208.8	490.0	436.7	
平均深度（深度/广度）	2.11	6.71	1.50	

由表4-50可知，知识点为99个，知识点的总深度，即教材难度为208.8。

基于知识点深度（一级主题）数据，应用SPSS中的“Descriptive Statistics—Frequencies”命令对知识点的深度进行频数分析。表4-51为法国初中物理教材知识点深度统计表。

表4-51 法国初中物理教材知识点深度统计表

N		99
Mean		2.11
Std. Deviation		1.02
Percentiles	25	1.5
	50	1.9
	75	2.7

N 表示知识点的个数，共 99 个，平均值（Mean）为 2.11，标准差（Std. Deviation）为 1.02。Percentiles 25 值为 1.5，表明有 25% 的知识点深度低于 1.5；Percentiles 50 值为 1.9，表明有 50% 的知识点深度低于 1.9；Percentiles 75 值为 2.7，表明有 75% 的知识点深度低于 2.7。

表 4-52 为法国初中物理教材知识点深度的频数分布表，其中的深度代表知识点的深度水平，频数代表每个深度水平上的知识点个数，百分比指的是每个深度水平上的知识点个数占知识点总个数的百分比。

表4-52 法国初中物理教材知识点深度的频数分布表

深度	频数	百分比（%）	深度	频数	百分比（%）
0.5	5	5.1	2.5	8	8.1
0.6	2	2.0	2.6	2	2.0
0.7	1	1.0	2.7	5	5.1
0.8	2	2.0	2.8	3	3.0
0.9	3	3.0	2.9	2	2.0
1.0	2	2.0	3.0	2	2.0
1.1	1	1.0	3.1	3	3.0
1.2	1	1.0	3.2	1	1.0
1.3	2	2.0	3.4	1	1.0
1.5	14	14.1	3.5	2	2.0
1.6	10	10.1	3.6	1	1.0
1.8	4	4.0	3.7	1	1.0
1.9	4	4.0	3.8	1	1.0
2.0	4	4.0	4.0	1	1.0
2.1	2	2.0	4.5	3	3.0
2.2	3	3.0	4.9	2	2.0
2.4	1	1.0	总计	99	100.0

注：因为百分比按照四舍五入原则保留一位小数，可能导致各百分比相加不等于 100%。

图 4-8 为法国初中物理教材知识点深度分布的直方图，其中横坐标

代表的是深度，纵坐标代表的是频数。可以看出，知识点的深度分布接近高斯分布，大部分在 1.8~2.5，深度比较高的知识点占比很小，说明知识点的深度分布比较均匀。

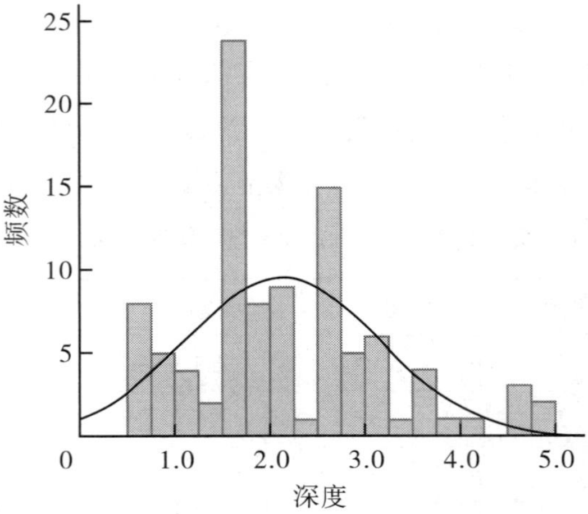

图 4-8 法国初中物理教材知识点深度分布直方图

根据以上统计分析的结果，按照“了解”“理解”“应用”三级分类，其中“了解”的水平区间为[0.5,2.5),“理解”的水平区间为[2.5,4.0),“应用”的水平区间为［4.0，5.5］，可以得到知识点的深度分布及总深度如表 4-53 所示。

表4-53 法国初中物理教材知识点深度分布及总深度（三级）

	了解	理解	应用	总计
力与运动	2.3	2.8	8.5	13.6
电	44.0	46.5	14.3	104.8
波	26.9	28.4	0	55.3
动力学和平衡	1.6	0	0	1.6
能量	4.6	2.9	0	7.5
物性	9.2	12.3	4.5	26.0
总计	88.6	92.9	27.3	208.8

因为在赋值过程中，知识点深度已经包含了实验和例题的深度，所以知识点的总深度也就是教材的难度,达到了 208.8。处于“了解”和“理

解”水平的知识点深度分别为88.6和92.9，说明教材既注重基础知识的学习，又侧重知识间的内在联系，意在引导学生运用已学知识解决实际问题，并能对常见的物理现象做出解释。

进一步将知识点划分为三级深度，结果如表4-54所示。

表4-54　法国初中物理教材知识点三级深度分布

	知识点个数	深度	深度百分比	深度百分比分布
了解	61	88.6	42.4%	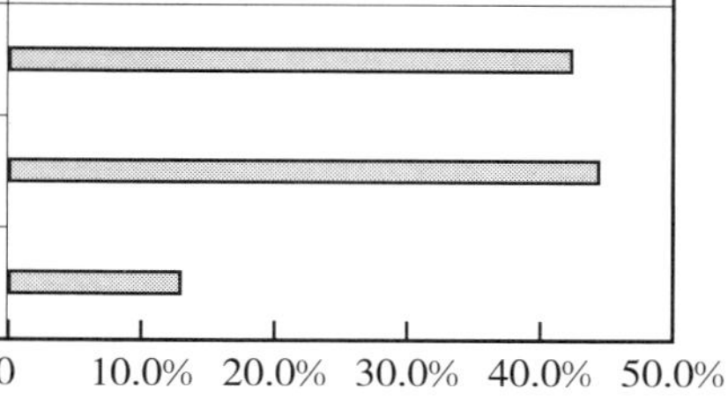
理解	32	92.9	44.5%	
应用	6	27.3	13.1%	

其中，“了解”、“理解”和“应用”的深度百分比分别为42.4%、44.5%、13.1%，对应的知识点个数分别为61、32、6。这说明教材的重点在于构建知识结构的基础，突出科学领域中最基本的概念、原理，扩大学生的知识面，使学生掌握最基本的科学方法、事实、假说、理论和定律，在此基础上，引导学生积极思考和探索，对学生的理解能力、推理能力等提出要求。“理解”水平的知识点要求学生能熟练地运用定律或公式进行运算，并能用所学知识解释实际生活中的物理现象，也为他们下一步的学习打下基础。

例如“凸透镜的焦点和焦距”一节，首先通过讨论与交流，猜想森林里的一块玻璃碎片如何能够引起火灾，引发学生思考，同时提出玻璃碎片能够汇聚太阳光；然后要求学生把凸透镜放置在阳光底下，用一张纸作为光屏，移动光屏的位置，使光屏上成像的光点变到最小、最亮，一段时间后，纸就燃烧起来，激发学生的学习兴趣；再利用温度传感器测量太阳光经凸透镜汇聚后“光点”处的温度；最后让学生结合之前所学，画出光路图，学习焦点、焦距的定义和估测方法，并对引起森林火灾的原因做进一步解释。

知识点在六个一级主题中的总深度、深度百分比分布如表4-55所示，总深度从高到低依次为电、波、物性、力与运动、能量、动力学和平衡。

表4-55 法国初中物理教材知识点在一级主题中的深度分布

	知识点个数	深度	深度百分比	深度百分比分布
力与运动	6	13.6	6.5%	
电	49	104.8	50.2%	
波	28	55.3	26.5%	
动力学和平衡	1	1.6	0.8%	
能量	4	7.5	3.6%	
物性	11	26.0	12.5%	

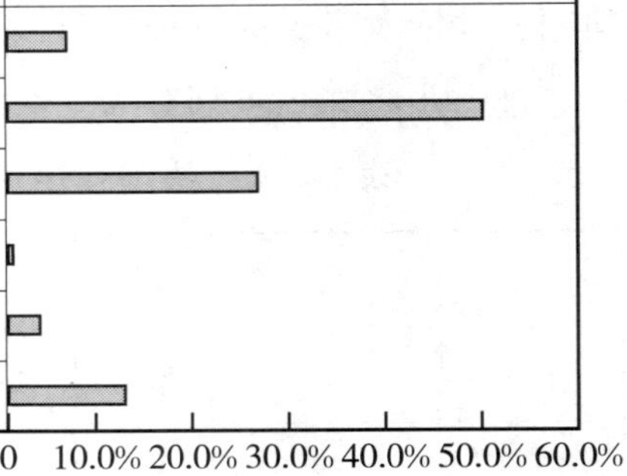

可以看出，知识点的广度和深度在六个一级主题中的分布基本保持一致。

从表4-55还可以得到法国初中物理教材知识点的平均深度，如表4-56所示。从表中可以看出各个部分的平均深度均处于1.60~2.50，对应三级指标体系中的“了解”水平，这与对整本书深度评价的结论相同。

表4-56 法国初中物理教材知识点在一级主题中的平均深度分布

	知识点个数	深度	平均深度
力与运动	6	13.6	2.27
电	49	104.8	2.14
波	28	55.3	1.98
动力学和平衡	1	1.6	1.60
能量	4	7.5	1.88
物性	11	26.0	2.36

“电”部分的深度和广度一样，是最高的，深度为104.8，占教材总深度的50.2%。这部分内容涵盖面广，包含的知识点和规律比较多，内容也比较抽象，实验比较多。电学部分以简单电路的组装开始，介绍电路的组成、电路图的画法，由电源短路和电能的使用引出电流的定义、电流的方向，对导体和绝缘体进行介绍，并分别叙述了开关在何种情况下是导体、何种情况下是绝缘体，之后介绍电路的连接方法，把串联电路抽象为一个“环”，那么并联电路就是多个“环”的组成，便于学生理解。此外，还要求学生掌握使用万用表测量电压和电流的方法，而关于这部

分内容，教材采用了类比的方式编写，利于知识的正向迁移，通过测量串、并联电路中电压和电流的大小，找出规律，归纳出电路中的普遍法则，结合实验，探究欧姆定律。电和磁的结合由“交流发电机和发电站”一章引出，学生既学习了与电磁感应相关的知识，又在实际操作中体验探究过程，并结合已学知识，对生活中的水力发电、风力发电、热力发电的原理做出解释。对于交流电的学习，教材设置了大量的学生活动，让学生利用示波器测量交流电，观察示波器中的电压图象，并介绍交流电的周期、频率、周期与频率间的关系、交流电压的有效值和最大值等知识，对生活中常见用电器上的文字标示做出解释，引出电功率、电能等。总体来说，电学部分知识结构完整，内在逻辑性强，联系紧密，难度螺旋上升。

“波”的知识点深度为55.3，占教材总深度的26.5%。法国初中物理教材中，“波”部分仅包含与光学相关的知识，并没有涉及声学内容。教材从生活中常见的光源出发，教会学生辨认两种光源，解释人眼能够看到物体的原因；通过实验让学生观察光线，利用棉线模拟光传播的路径，并用模型法构建光路模型，介绍光路图的画法；之后对光照区和阴影区、背面和投影的形成做出解释。月相、日食和月食等内容是物理学科与地理学科交叉融合的部分，教材利用光学知识解释物理现象，深化学生对知识的理解。*Physique-Chimie 4e* 中对光学知识做进一步分析，通过单缝衍射后形成的光谱颜色，使学生知道白光的组成，再使用不同颜色的滤镜，使学生掌握滤镜对光的作用，并对在不同颜色光的照射下，人眼观察到的汽车实际颜色不同做出解释，侧重理论与实践的联系。透镜部分内容主要有凸透镜和凹透镜的区别、凸透镜的焦点和焦距等，对凸透镜成像规律的学习没有做出明确要求，仅要求学生能利用凸透镜使物体在光屏上成像。值得注意的是，光的速度内容被编排在光学知识的最后部分。通过前面知识的学习，学生已能对光学现象做出合理解释，会使用常见的光学仪器，在此基础上，经过科学故事的铺垫，提出了光的速度，并且把光、时间和空间相联系，利用光传播的速度，计算天体间的距离，把物理学和天文学相结合，侧重知识的运用。

“物性”的知识点深度为26.0，占教材总深度的12.5%。通过实验的方式，让学生自己动手测量物体的质量和体积，在测量的过程中学习物理知识。物理变化部分则以大自然中水的循环为情境，介绍水的三种不同状态，通过实验探究水的凝固和冰的熔化过程中温度变化规律，利用传感器进行数据采集，在计算机上建立图象，根据图象特征得出结论。同样，纯净物和混合物处于沸腾时的特征曲线也是通过实验得出。“物性”部分内容不仅实验较多，而且需要运用现代科技分析数据，对学生能力要求较高。

“力与运动”的知识点深度为13.6，占教材总深度的6.5%。这部分内容从万有引力出发，介绍重力的概念、大小和方向，并把万有引力抽象为模型，简单分析影响万有引力大小的因素，再把物体的质量和重量加以区分，通过探究实验分析出物体的质量与重量间的关系。

“能量”的知识点深度为7.5，占教材总深度的3.6%。这部分内容主要介绍势能、动能、机械能、动能的转化等，所涉及的知识点深度在五级指标中全部处于操作水平，说明这部分知识要求学生能通过阅读材料进行简单的分析、推理，使用适当的仪器进行观察。

“动力学和平衡”的知识点深度为1.6，占教材总深度的0.8%。教材中仅通过物体温度的测量过程，提出温度的单位，要求学生会使用传感器测量物体的温度。

九、澳大利亚初中物理教材深度

按照教材深度的分析方法，通过分析澳大利亚初中物理教材，得到其总深度如表4–57所示。

表4–57　澳大利亚初中物理教材总深度

	知识点	实验	例题	习题	拓展
广度	148	74	13	336	31
深度	273.6	538.0	32.8	638.5	
平均深度（深度/广度）	1.85	7.27	2.52	1.90	

由表4–57可知，知识点为148个，知识点的总深度，即教材难度为273.6。

基于知识点深度（一级主题）数据，应用SPSS中的“Descriptive Statistics—Frequencies”命令对知识点的深度进行频数分析。表4–58为澳大利亚初中物理教材知识点深度统计表。

表4–58 澳大利亚初中物理教材知识点深度统计表

N		148
Mean		1.85
Std. Deviation		1.16
Percentiles	25	1.0
	50	1.4
	75	2.8

N 表示知识点的个数，共 148 个，平均值（Mean）为 1.85，标准差（Std. Deviation）为 1.16。Percentiles 25 值为 1.0，表明有 25% 的知识点深度低于 1.0；Percentiles 50 值为 1.4，表明有 50% 的知识点深度低于 1.4；Percentiles 75 值为 2.8，表明有 75% 的知识点深度低于 2.8。

表 4–59 为澳大利亚初中物理教材知识点深度的频数分布表，其中的深度代表知识点的深度水平，频数代表每个深度水平上的知识点个数，百分比指的是每个深度水平上的知识点个数占知识点总个数的百分比。

表4–59 澳大利亚初中物理教材知识点深度的频数分布表

深度	频数	百分比（%）	深度	频数	百分比（%）
0.5	14	9.5	2.5	6	4.1
0.6	6	4.1	2.6	1	0.7
0.7	1	0.7	2.7	2	1.4
0.8	5	3.4	2.8	7	4.7
0.9	5	3.4	2.9	2	1.4
1.0	20	13.5	3.0	3	2.0
1.2	14	9.5	3.2	5	3.4
1.3	2	1.4	3.3	5	3.4
1.4	12	8.1	3.4	5	3.4
1.6	6	4.1	4.0	2	1.4

续表

深度	频数	百分比（%）	深度	频数	百分比（%）
1.7	1	0.7	4.2	2	1.4
1.8	2	1.4	4.3	2	1.4
1.9	3	2.0	4.5	2	1.4
2.0	6	4.1	4.6	1	0.7
2.1	1	0.7	4.9	1	0.7
2.2	1	0.7	5.5	1	0.7
2.4	2	1.4	总计	148	100.0

注：因为百分比按照四舍五入原则保留一位小数，可能导致各百分比相加不等于100%。

如图4–9为澳大利亚初中物理教材知识点深度分布直方图，其中横坐标代表的是深度，纵坐标代表的是频数。可以看出，知识点的深度分布接近高斯分布，大部分在1.4附近，但是比较离散，深度比较高的知识点占比很小，说明知识点的深度分布基本合理。

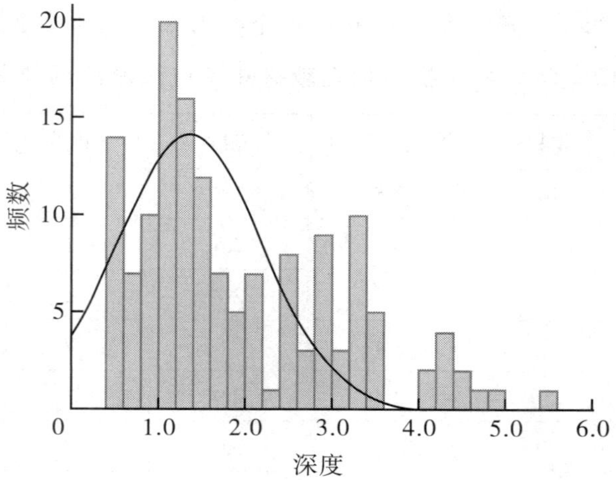

图4–9 澳大利亚初中物理教材知识点深度分布直方图

根据以上统计分析的结果，按照“了解”“理解”“应用”三级分类，其中“了解”的水平区间为［0.5, 2.5），“理解”的水平区间为［2.5, 4.0），“应用”的水平区间为［4.0, 5.5］，可以得到知识点的深度分布及总深度，如表 4-60 所示。

表4-60　澳大利亚初中物理教材知识点总深度（三级）

	了解	理解	应用	总计
力与运动	8.9	26.8	30.5	66.2
电	10.9	6.0	4.3	21.2
波	12.8	3.2	0	16.0
动力学和平衡	4.5	0	0	4.5
能量	42.5	53.2	4.2	99.9
物性	38.1	17.7	10.0	65.8
总计	117.7	106.9	49.0	273.6

148 个知识点的总深度为 273.6，平均深度为 1.85，标准差为 1.16。

因为在赋值过程中，知识点深度已经包含了实验和例题的深度，所以知识点的总深度也就是教材的难度，达到了 273.6，知识点平均深度达到 1.85，在知识点深度区间［0.5，5.5］中属于中等偏易的水平，说明这套教材涉及的知识点内容不多，且难度不是很大，大部分属于“了解”和“理解”水平。

进一步将知识点划分为三级深度，结果如表 4-61 所示。

表4-61　澳大利亚初中物理教材知识点三级深度分布

	知识点个数	深度	深度百分比	深度百分比分布
了解	101	117.7	43.0%	
理解	36	106.9	39.1%	
应用	11	49.0	17.9%	

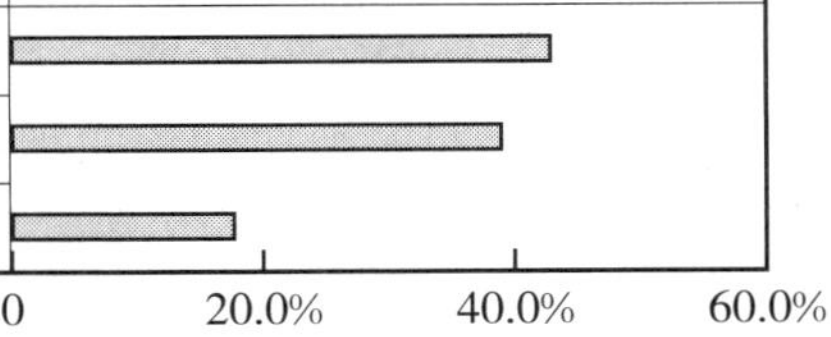

其中，“了解”、“理解”和“应用”的深度百分比分别为 43.0%、39.1%、17.9%，对应的知识点个数分别为 101、36、11。这说明教材的重点在构建知识结构的基础，突出科学领域中最基本的概念和原理，扩大学生的知识面，使学生掌握最基本的科学方法、事实、假说、理论和定律，在此基础上，使学生学会思考和探索，为他们下一步的学习打下基础。

如“能量”这一部分有 57 个知识点，总深度为 99.9，占教材总深度的 36.5%。其中，重力势能、弹性势能、热能、热传导、光能、声能、力、负载、机械增益、力的放大器、距离放大器、历史上的简单机械、简单机械的工作、滑轮的应用、滑轮的类型、杠杆在人体中的应用、电力能源、核能、流程图、能量守恒定律、娱乐仪器的转变、交通工具的转变等知识点都属于“了解”水平，表征方式有基本定义、单位、符号、描述性说明、分析性说明、图例、学生实验、实验、例题、习题等。属于“理解”水平的知识点有热对流、功、能量效率、简单机械、简单机械的类型、滑轮、力矩、杠杆原理、齿轮、水力学、生物能、热的转变，这些知识点的表征方式中占很大一部分的是描述性说明、分析性说明、图例、实验、学生实验、例题、习题。对“理解”水平知识点的要求比对“了解”水平知识点的要求要高出很多。“能量”部分没有属于“应用”水平的知识点。

教材中属于“应用”水平的知识点有加速度、动量守恒定律、状态和粒子理论的变化、物质的性质（密度）、力的平衡等 11 个，占教材知识点总深度的百分比为 17.9%。可以看出这些知识点都属于比较核心的概念，对知识的理解要求比较高，探究起来比较难。对这些知识点，教材的表征方式有复杂、定量的探究；通过探究实验总结出概念和规律，用概念、规律解释生活中的现象；运用知识解决综合性的问题、设计实验等。

知识点在六个一级主题中的总深度、深度百分比分布如表 4-62 所示，总深度从高到低依次为能量、力与运动、物性、电、波、动力学和平衡。

表4-62　澳大利亚初中物理教材知识点在一级主题中的深度分布

	知识点个数	深度	深度百分比	深度百分比分布
力与运动	23	66.2	24.2%	
电	12	21.2	7.7%	
波	11	16.0	5.8%	
动力学和平衡	4	4.5	1.6%	
能量	57	99.9	36.5%	
物性	41	65.8	24.0%	

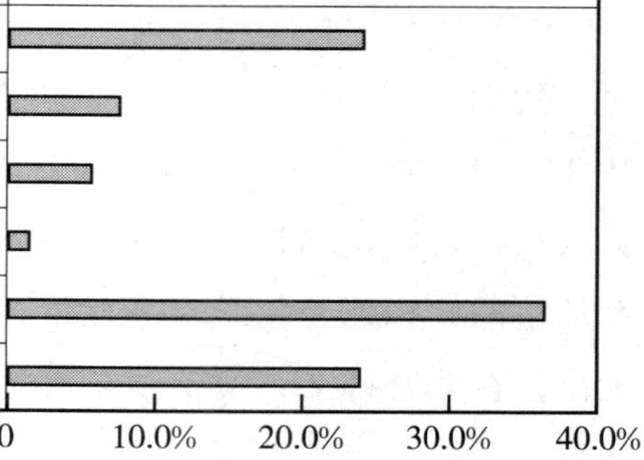

可以看出知识点的广度和深度在六个一级主题中的分布情况：能量

和物性这两部分知识点个数明显多于其他四个主题；电和波的知识点个数和深度大体相同；动力学和平衡的知识点个数最少，深度最低。

从表 4-62 还可以得到澳大利亚初中物理教材知识点的平均深度，如表 4-63 所示。从表中可以看出各个部分的平均深度均处于 1.10~2.90，大部分对应三级指标体系中的“了解”水平，这与对整本书深度评估的结论相同。

表4-63　澳大利亚初中物理教材知识点在一级主题中的平均深度分布

	知识点个数	深度	平均深度
力与运动	23	66.2	2.88
电	12	21.2	1.77
波	11	16.0	1.45
动力学和平衡	4	4.5	1.13
能量	57	99.9	1.75
物性	41	65.8	1.60

“力与运动”部分知识的广度在六个一级主题中排名第三，知识点个数只有 23 个；总深度排名第二，为 66.2，比排名第三的“物性”仅高出 0.4；但平均深度排名第一，为 2.88，远远高于其他一级主题的平均深度（其他均低于 1.80）。这说明，“力与运动”部分内容知识点数量较少，涵盖的内容并不广泛，但是对学生的要求比较高，基本要求达到“理解”水平。学生需要更加努力地学习这部分的内容。这部分内容涵盖的定理和规律比较多，内容也比较抽象，实验比较多，且一般较难，对计算的要求也很高。

“电”的知识点个数为 12，深度为 21.2，占教材总深度的 7.7%，平均深度为 1.77，仅次于平均深度最高的“力与运动”部分。原因是这部分涵盖的定理和规律比较多，内容也比较抽象，实验比较多，对学生的动手能力要求很高。这部分内容大多是定量计算，但是例题和习题的难度并不是很高，所以这部分内容的难度主要集中在对规律和定理的理解和探究方面，对实验方面也有较高的要求。

“波”的知识点个数为 11，深度为 16.0，平均深度为 1.45，占教材总深度的 5.8%。这部分内容由“波传递能量”展开，主要介绍了眼睛的结构、视觉形成的机理、光波、彩虹颜色的产生原因、电磁波谱、太阳光、声波的模拟、听觉等内容，是物理与生物等学科知识结合最紧密的部分。知识点主要处于“了解”水平；实验较少，难度也不大；习题难度较低。

“能量”的知识点个数为57，是六个一级主题中知识点个数最多的；深度为99.9，占教材总深度的36.5%，也是总深度最高的；平均深度为1.75，排名第三。这部分内容包含的知识点有宏观的热能、势能、动能、光能、声能等，也有对计算要求比较高的能量守恒、功的计算，还有与生活紧密结合的日光、照明电器等。这一部分内容非常广泛，要求学生“理解”和“了解”的知识特别多，有较多的实验、例题、习题，对学生的科学探究能力和计算能力要求很高，且这部分知识与日常生活息息相关，光能、热能、简单机械、水力学、电力能源、核能、生物能、能量效率、交通工具和娱乐工具的发展等都体现出了物理知识在生活中的广泛应用。这部分知识在初中物理中属于重点内容和难点内容。

“物性”的知识点个数为41，深度为65.8，占教材总深度的24.0%，平均深度为1.60。这部分知识点和生活的联系比较紧密，实验比较多，而且实验的难度比较高，学生实验和实验共15个，包括制作黏液、模型化物质、物态比较、密度实验室、热效率、从冰到水蒸气、如何说服别人相信原子的存在、被稀释的牛奶的布朗运动、了解物质内部组成、焰色反应、探索铀、用事物模拟放射衰变等，这些都需要学生掌握一定的科学探究技能和科学探究方法。

“动力学和平衡”的知识点个数为4，深度为4.5，占教材总深度的1.6%，平均深度为1.13。这部分知识点对于初中生来说是难点，但是教材中这部分知识点数量很少，只有物质的粒子模型、物质的动力学理论（粒子能量、利用物质的动力学理论）等，没有实验，缺少相应的例题，习题数量也较少，从而降低了整体的难度，造成这部分知识点的广度最小，深度和平均深度都是最低的。

十、美国初中物理教材深度

按照教材深度的分析方法，通过分析美国初中物理教材，得到其总深度如表4-64所示。

表4-64　美国初中物理教材总深度

	知识点	实验	例题	习题	拓展
广度	406	72	16	285	75
深度	506.9	479.0	29.2	434.6	
平均深度（深度/广度）	1.25	6.65	1.83	1.52	

由表4-64可知，知识点为406个，知识点的总深度，即教材难度为506.9。

基于知识点深度（一级主题）数据，应用SPSS中的“Descriptive Statistics—Frequencies”命令对知识点的深度进行频数分析。表4-65为美国初中物理教材知识点深度统计表。

表4-65　美国初中物理教材知识点深度统计表

N		406
Mean		1.25
Std. Deviation		0.84
Percentiles	25	0.6
	50	1.0
	75	1.4

N 表示知识点的个数，共406个，平均值（Mean）为1.25，标准差（Std. Deviation）为0.84。Percentiles 25值为0.6，表明有25%的知识点深度低于0.6；Percentiles 50值为1.0，表明有50%的知识点深度低于1.0；Percentiles 75值为1.4，表明有75%的知识点深度低于1.4。

表4-66为美国初中物理教材知识点深度的频数分布表，其中的深度代表知识点的深度水平，频数代表每个深度水平上的知识点个数，百分比指的是每个深度水平上的知识点个数占知识点总个数的百分比。

表4-66　美国初中物理教材知识点深度的频数分布表

深度	频数	百分比（%）	深度	频数	百分比（%）
0.5	47	11.6	2.1	4	1.0
0.6	62	15.3	2.2	3	0.7
0.7	19	4.7	2.3	3	0.7
0.8	46	11.3	2.4	11	2.7

续表

深度	频数	百分比（%）	深度	频数	百分比（%）
0.9	6	1.5	2.6	1	0.2
1.0	75	18.5	2.7	4	1.0
1.1	4	1.0	2.8	1	0.2
1.2	22	5.4	3.0	16	3.9
1.3	7	1.7	3.2	5	1.2
1.4	25	6.2	3.3	2	0.5
1.5	5	1.2	3.4	7	1.7
1.6	4	1.0	4.0	3	0.7
1.7	1	0.2	4.2	2	0.5
1.8	2	0.5	4.3	1	0.2
1.9	4	1.0	4.4	1	0.2
2.0	13	3.2	总计	406	100.0

注：因为百分比按照四舍五入原则保留一位小数，可能导致各百分比相加不等于100%。

图4-10为美国初中物理教材知识点深度分布直方图，其中横坐标代表的是深度，纵坐标代表的是频数。可以看出，知识点的深度大部分分布在1.0附近，深度比较高的知识点占比很小，说明知识点的分布宽而浅。

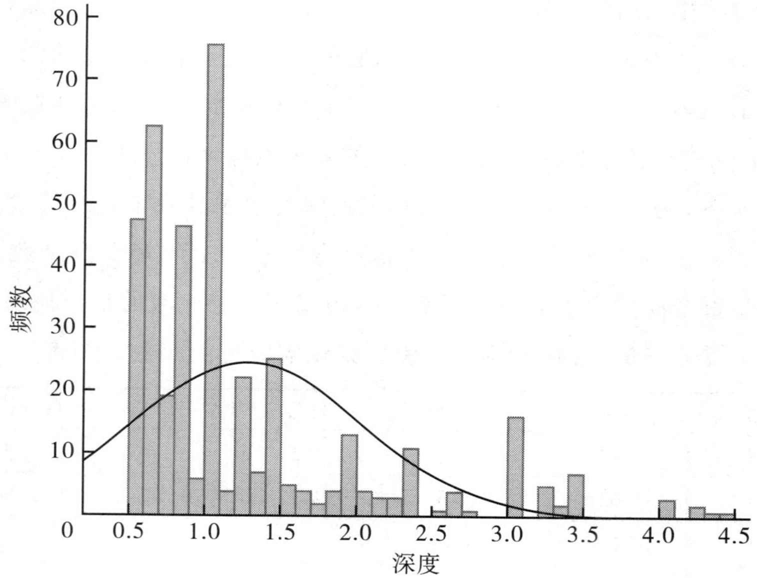

图4-10　美国初中物理教材知识点深度分布直方图

根据以上统计分析的结果，按照“了解”“理解”“应用”三级分类，其中“了解”的水平区间为［0.5,2.5),“理解”的水平区间为［2.5,4.0),“应用”的水平区间为［4.0,5.5］,可以得到知识点的深度分布及总深度，如表 4-67 所示。

表4-67　美国初中物理教材知识点深度分布及总深度（三级）

	了解	理解	应用	总计
力与运动	53.3	25.0	0	78.3
电	51.0	18.8	4.4	74.2
波	109.6	12.4	4.0	126.0
动力学和平衡	46.2	15.2	8.0	69.4
能	74.0	33.5	12.7	120.2
物性	33.1	5.7	0	38.8
总计	367.2	110.6	29.1	506.9

406 个知识点的总深度为 506.9，平均深度为 1.25，标准差为 0.84。

因为在赋值过程中，知识点深度已经包含了实验和例题的深度，所以知识点的总深度也就是教材的难度，达到了 506.9。然而，知识点平均深度只有 1.25，在知识点深度区间［0.5，5.5］中位于偏易的水平，说明这套教材知识点广而浅，总体处于“了解”水平。

进一步将知识点划分为三级深度，结果如表 4-68 所示。

表4-68　美国初中物理教材知识点三级深度分布

	知识点个数	深度	深度百分比	深度百分比分布
了解	363	367.2	72.4%	
理解	36	110.6	21.8%	
应用	7	29.1	5.7%	

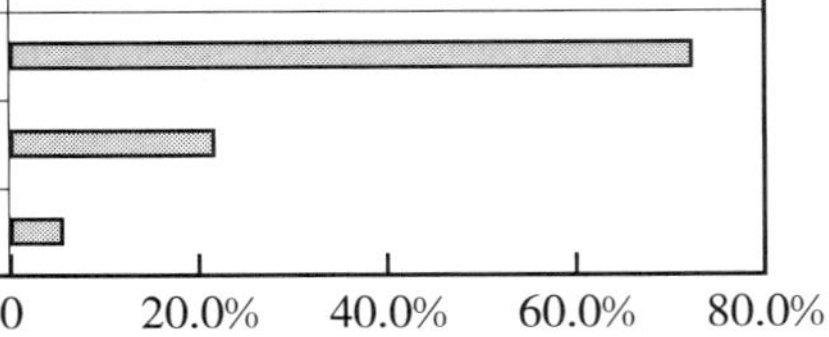

其中，“了解”、“理解”和“应用”的深度百分比分别为 72.4%、21.8%、5.7%，对应的知识点个数分别为 363、36、7。这说明教材的重

点是最基本的概念和原理，基本公式的运用，以及简单的科学应用的介绍，体现了物理这一学科的基础性。

如“力与运动”部分，包含的知识点有53个。其中，有45个知识点属于“了解”水平，表征方式有描述性举例、图例、定义、公式、符号、单位、原理简单说明、物理规律简单分析、想一想、拓展材料等；属于“理解”水平的知识点只有8个，这些知识点除了以上的表征方式，还有迷你实验、科学应用和探究实验等。“力与运动”部分没有属于“应用”水平的知识点。

美国初中物理教材中属于“应用”水平的知识点有阿基米德定律、大气压强、能量守恒定律、能量的来源、波的特性、滑轮组、电动机的原理等7个。这些知识点分布在各个一级主题下，而且都属于重难点，要求学生掌握的程度比较高，原理比较难。对这些知识点，教材的表征方式有设计性实验；通过探究实验总结出概念和规律，用概念、规律解释生产、生活中的现象；运用知识解决综合性的问题，科学统计；等等。

知识点在六个一级主题中的总深度、深度百分比分布如表4-69所示，总深度从高到低依次为波、能量、力与运动、电、动力学和平衡、物性。

表4-69 美国初中物理教材知识点在一级主题中的深度分布

	知识点个数	深度	深度百分比	深度百分比分布
力与运动	53	78.3	15.4%	
电	56	74.2	14.6%	
波	122	126.0	24.9%	
动力学和平衡	42	69.4	13.7%	
能量	94	120.2	23.7%	
物性	39	38.8	7.7%	

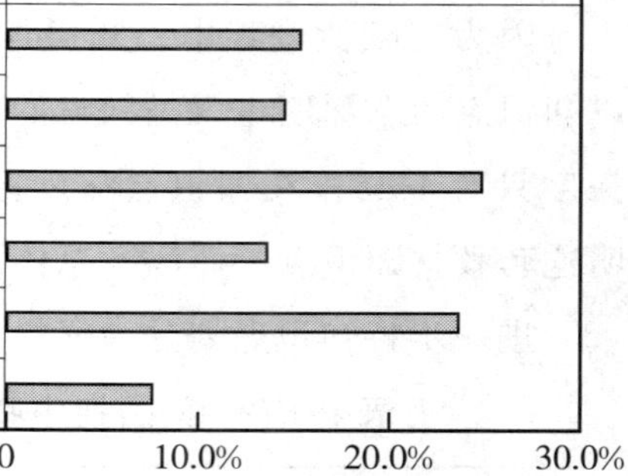

可以看出，知识点的广度和深度在六个一级主题中的分布基本保持一致。

通过表4-69还可以计算出知识点的平均深度，如表4-70所示。从表中可以看出各个部分的平均深度均处于1.00~2.50，对应三级指标体系中的“了解”水平，这与对整本书深度评估的结论相同。

表4-70　美国初中物理教材知识点在一级主题中的平均深度分布

	知识点个数	深度	平均深度
力与运动	53	78.3	1.48
电	56	74.2	1.33
波	122	126.0	1.03
动力学和平衡	42	69.4	1.65
能量	94	120.2	1.28
物性	39	38.8	0.99

“波”部分的深度和广度一样，是最高的，深度为126.0，占教材总深度的24.9%，低于广度百分比30.0%，说明这部分虽然涵盖的内容广，但是要求并不高。原因是这部分涵盖的知识点比较多，虽然涉及的内容是学生日常生活中常见的,但这是学生第一次接触“波”的系统物理知识，所以多数是简单直观的介绍。

“能量”部分的深度为120.2，占教材总深度的23.7%，和广度百分比23.2%基本一致。这部分内容和生产、生活的联系较多，能源问题也是当今世界的热点问题，所以应用型的知识点最多。别的一级主题都只有一个应用型的知识点，只有“能量”这一主题有两个，说明了这部分知识的重要性。同时，这部分知识也是初中生容易掌握和理解的，因此讲得比较详细。

“力与运动”部分的深度为78.3，占教材总深度的15.4%，略高于广度百分比13.1%，说明“力与运动”部分内容对学生的掌握程度要求比较高。力学是物理学的核心，也是其他很多物理问题的基础，所以要求学生要学会科学应用和基本的计算。学生在学完这部分内容后，可以对生活中的力学现象和应用做出科学解释。

“电”部分的深度为74.2，占教材总深度的14.6%，略高于广度百分比13.8%，说明“电”部分内容对学生的掌握程度要求也是比较高的。电学内容是物理学的核心内容，这部分涵盖的定理和规律比较多，内容也比较抽象，与现实生活联系紧密，实验比较多，对学生的动手能力要求高，所以要求学生要学会科学计算和应用。学生在学完这部分内容后，可以对生活中的电学现象和应用做出科学解释。

“动力学和平衡”的深度为69.4，占教材总深度的13.7%，高于广度百分比10.3%，说明教材对这部分的知识点要求是比较高的，特别是固体压强的计算、液体压强和大气压强的计算和应用等，都是初中物理阶段的重难点。

“物性”的深度为38.8，占教材总深度的7.7%，低于广度百分比9.6%。这部分内容是从物质组成的角度分析物质的基本结构和基本性质的，很多内容如分子、原子的组成等都属于化学的知识点，而这部分内容在物理教材中就显得比较简单了。

进一步比较可以看出，“波”和“物性”两部分知识点的平均深度最低，这两部分内容主要包括声学、波、电磁波、光学、物质的基本组成和结构，同时这两部分内容又是最抽象的。这体现了该教材的设计思想：越抽象难懂的知识介绍得越简单，符合初中生的认知特点。

第二节　初中物理教材难度比较

基于对所选各国初中物理教材的研究，得出所选各国教材的广度、难度及平均深度值，如表 4–71 所示。

表4–71　对所选各国初中物理教材分析的结果

教材	广度	难度	平均深度
中国	243	447.3	1.84
日本	147	228.5	1.55
韩国	168	390.6	2.33
新加坡	197	327.2	1.66
俄罗斯	397	619.8	1.56
英国	271	383.5	1.42
德国	452	583.5	1.29
法国	99	208.8	2.11
澳大利亚	148	273.6	1.85
美国	406	506.9	1.25

由于广度、难度、平均深度的赋值方法不同，导致它们的量纲不同，那么在进行比较的时候，同样的数据代表的含义可能完全不同。因此，为了指标的统一，本书将各国教材的广度、难度及平均深度值分别做数据转换，计算公式为：

$$X_I=\frac{x_i}{x_{\max}}$$

式中，X_I 代表数值（I=1，2，…，10），x_i 代表原始数据，$x_{\max}$ 代表最大的原始数据。该方法是将最大的数值转换为 1，然后求出其他各个值相对最大值的位置，即相应的数值表示该国教材的广度值或难度值，便于进行比较。经过转换，得到对应的数据如表 4–72 所示。

表4–72　所选各国初中物理教材分析结果的相对值

教材	相对广度	相对难度	相对平均深度
中国	0.54	0.72	0.79
日本	0.33	0.37	0.67

续表

教材	相对广度	相对难度	相对平均深度
韩国	0.37	0.63	1.00
新加坡	0.44	0.53	0.71
俄罗斯	0.88	1.00	0.67
英国	0.60	0.62	0.61
德国	1.00	0.94	0.55
法国	0.22	0.34	0.91
澳大利亚	0.33	0.44	0.79
美国	0.90	0.82	0.54

从表 4-72 可以看出，广度最大的是德国教材，最小的是法国教材。从整体上看，德国、美国、俄罗斯的教材广度较大，韩国、日本、澳大利亚和法国的教材广度较小，中国、英国和新加坡的教材广度居中。

俄罗斯、德国、美国的教材难度较大，澳大利亚、日本、法国的教材难度较小，中国、韩国、英国和新加坡的教材难度居中。

根据表 4-72 对所选十个国家教材的难度进行排序，结果如表 4-73 所示。

表4-73 各国初中物理教材难度排序

序号	教材	难度	相对难度
1	俄罗斯	619.8	1.00
2	德国	583.5	0.94
3	美国	506.9	0.82
4	中国	447.3	0.72
5	韩国	390.6	0.63
6	英国	383.5	0.62
7	新加坡	327.2	0.53
8	澳大利亚	273.6	0.44
9	日本	228.5	0.37
10	法国	208.8	0.34

对应的柱状图如图 4-11 所示。

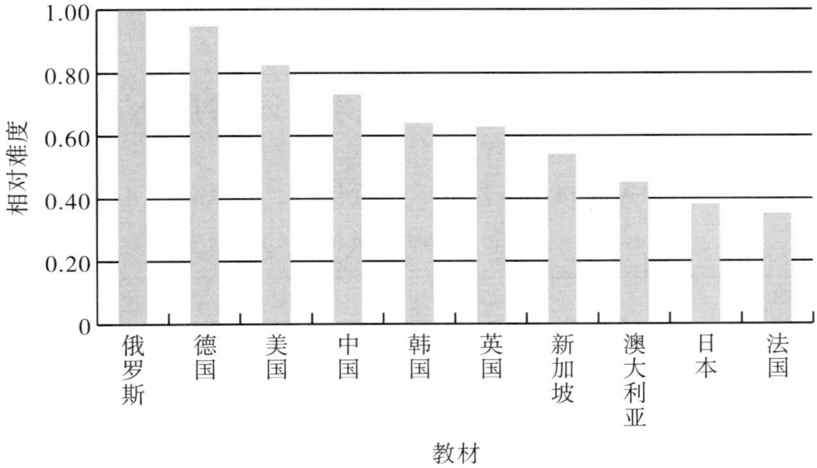

图 4-11　各国初中物理教材相对难度排序

可以看出，所选十个国家教材难度从难到易的排序为俄罗斯、德国、美国、中国、韩国、英国、新加坡、澳大利亚、日本、法国。俄罗斯、德国、美国教材比较难；中国教材的难度排名第四，难度中等，与韩国、英国比较接近；日本和法国的难度较低。

所选各国教材的相对广度、相对难度的比较如图 4-12 所示，其中横坐标代表教材，纵坐标代表相对广度和相对难度的数值。可以看出，所选各国教材的相对广度和相对难度的排序基本一致，说明难度和广度正相关。

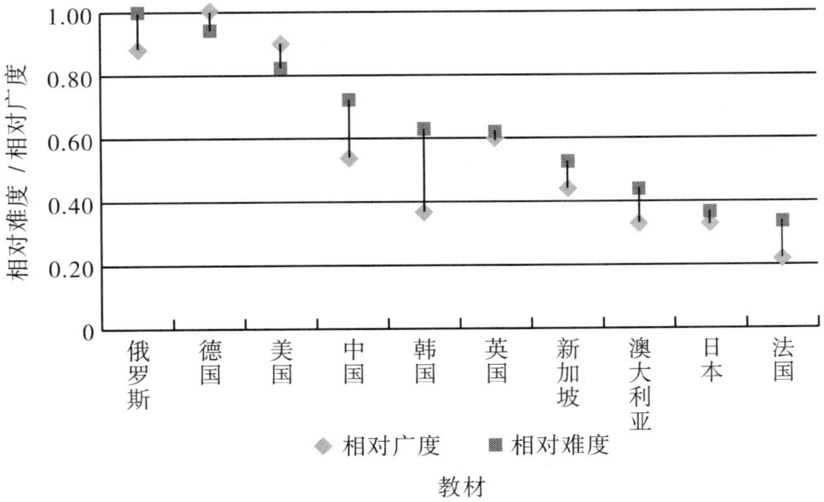

图 4-12　各国初中物理教材相对广度、相对难度比较

第三节 初中物理教材平均深度比较

对所选十个国家教材的平均深度进行排序，结果如表 4-74 所示。

表4-74 各国初中物理教材平均深度排序

序号	教材	平均深度	相对平均深度
1	韩国	2.33	1.00
2	法国	2.11	0.91
3	澳大利亚	1.85	0.79
4	中国	1.84	0.79
5	新加坡	1.66	0.71
6	俄罗斯	1.56	0.67
7	日本	1.55	0.67
8	英国	1.42	0.61
9	德国	1.29	0.55
10	美国	1.25	0.54

对应的柱状图如图 4-13 所示。

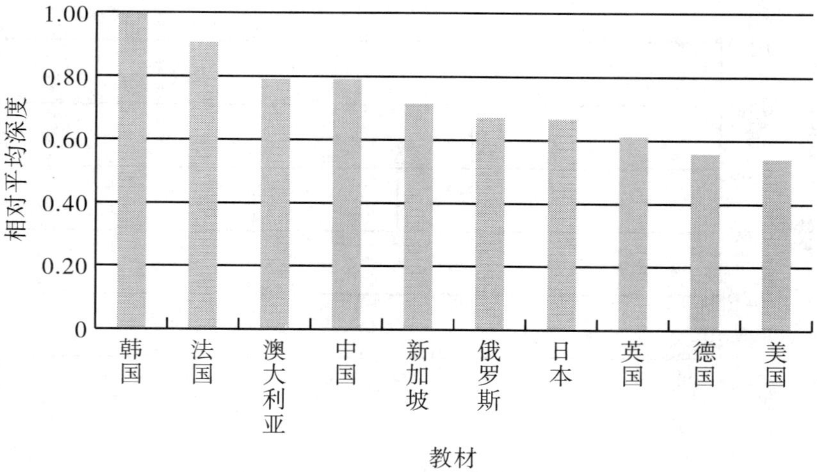

图 4-13 各国初中物理教材相对平均深度排序

可以看出，所选各国教材的平均深度值在［1.25，2.33］区间内，差别不大，知识点总体处于“了解”水平，这是因为所选各国初中物理教材的重点都是构建知识结构的基础，使学生掌握最基本的科学方法、事实、假说、理论和定律。平均深度从高到低的排序为韩国、法国、澳大利亚、中国、新加坡、俄罗斯、日本、英国、德国、美国，其中韩国的平均深度值最高，接近“理解”水平，说明所选韩国教材虽然总难度不高，但对单个知识点的要求较高。中国排第四，中国教材的平均深度与澳大利亚和新加坡接近；英国、德国和美国的教材平均深度接近。

第五章 初中物理教材不同维度的难度比较

为了更深入地了解各国初中物理教材的特点，在第四章探讨了各国初中物理教材难度及其分布的基础上，本章首先比较了各国初中物理教材中的实验、习题两个维度的广度、总深度、平均深度的排序情况以及拓展材料广度的排序情况；其次将知识点深度分为“了解”“理解”“应用”三个水平，比较了各国初中物理教材内容在“了解”“理解”“应用”各认知水平上的广度、难度的分布情况，间接反映出各国教材编写的目标、适用的范围等。

第一节　初中物理教材中实验的难度比较

根据实验的研究方法和思路，得出所选各国教材的实验广度、总深度及平均深度。由于广度、总深度及平均深度的赋值方法不同，导致它们的量纲不同，在进行比较的时候，为了指标的统一，将各国教材的实验广度、总深度及平均深度值分别做数据转换：将最大的数值转换为 1，然后求出其他各个值相对最大值的位置，即相应的数值表示该国教材的相对实验广度、总深度及平均深度。

一、实验广度比较

按教材的章节结构整理出知识点的广度，找到每个实验隶属的知识点，计算出实验个数，即每个国家教材的实验广度。所选各国教材的实验广度如表 5-1 所示。

表5-1　各国教材实验广度排序

序号	教材	实验广度	相对实验广度
1	中国	143	1.00
2	韩国	111	0.78
3	俄罗斯	108	0.76
4	德国	75	0.52
5	澳大利亚	74	0.52
6	法国	73	0.51
7	美国	72	0.50
8	日本	62	0.43
9	英国	59	0.41
10	新加坡	52	0.36

对应的柱状图如图 5-1 所示。

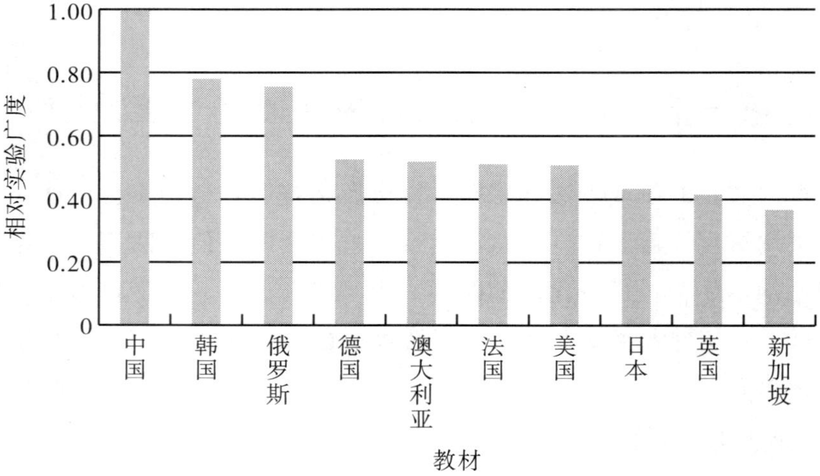

图 5-1 各国教材相对实验广度排序

实验广度从大到小的排序为中国、韩国、俄罗斯、德国、澳大利亚、法国、美国、日本、英国、新加坡。中国的实验广度是最大的，并且明显高于其他国家，其次是韩国和俄罗斯，德国等其他 7 个国家教材的实验广度差别不大。

各国的教材都很注重科学探究的教育作用，编排了大量的实验，实验类型也多种多样，如包括演示实验、探究实验、学生实验等类型。隶属于每个知识点的平均实验个数可以反映出实验的相对数量。

$$平均实验个数=\frac{实验广度}{知识点广度}$$

所选各国教材的平均实验个数如表 5-2 所示。

表5-2 各国教材平均实验个数

序号	教材	知识点广度	实验广度	平均实验个数
1	法国	99	73	0.74
2	韩国	168	111	0.66
3	中国	243	143	0.59
4	澳大利亚	148	74	0.50
5	日本	147	62	0.42
6	俄罗斯	397	108	0.27

续表

序号	教材	知识点广度	实验广度	平均实验个数
7	新加坡	197	52	0.26
8	英国	271	59	0.22
9	美国	406	72	0.18
10	德国	452	75	0.17

平均实验个数从多到少的排序为法国、韩国、中国、澳大利亚、日本、俄罗斯、新加坡、英国、美国、德国。中国排第三，为 0.59，这也反映出了中国教材的特点，即把科学探究和科学内容放在了同等重要的地位。平均实验个数的差距较大，反映出各国初中物理教材编排时指导思想的不同以及对实验的不同态度。

二、实验总深度比较

按照表 1-9 对实验进行赋值，求和就得到整本教材的实验总深度。各国教材实验总深度及相对实验总深度如表 5-3 所示。

表5-3　各国教材实验总深度排序

序号	教材	实验总深度	相对实验总深度
1	中国	873	1.00
2	韩国	730	0.84
3	俄罗斯	721	0.83
4	澳大利亚	538	0.62
5	法国	490	0.56
6	美国	479	0.55
7	德国	438	0.50
8	日本	398	0.46
9	英国	355	0.41
10	新加坡	354	0.41

对应的柱状图如图 5-2 所示。

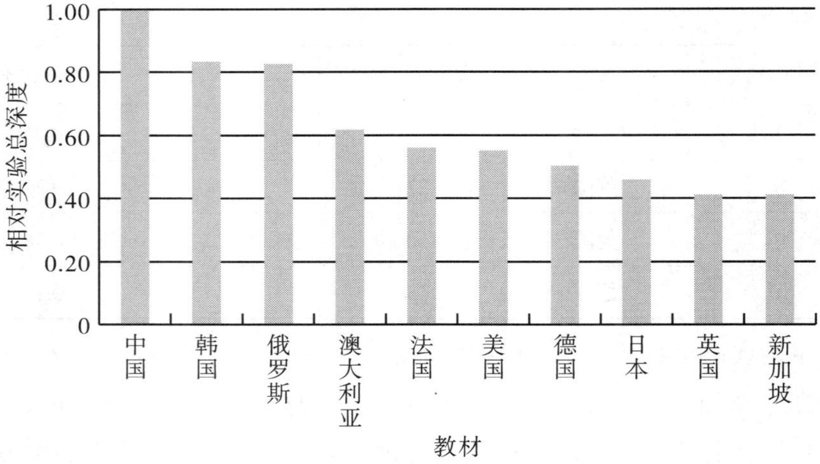

图 5-2 各国教材相对实验总深度排序

实验总深度从高到低的排序为中国、韩国、俄罗斯、澳大利亚、法国、美国、德国、日本、英国、新加坡。中国教材的实验总深度和实验广度一样，排在第一。此外，韩国和俄罗斯教材的实验总深度较高，较低的是英国和新加坡。

从图 5-3 可以看出，所选各国教材的相对实验广度和相对实验总深度的排序一致。

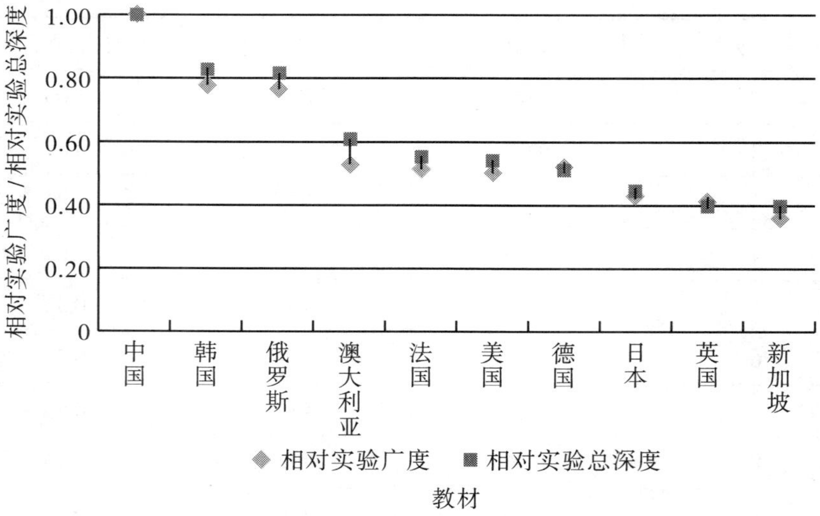

图 5-3 各国教材相对实验广度、相对实验总深度比较

三、实验平均深度比较

根据各国教材的实验总深度（难度）和广度，得到实验平均深度，各国教材的实验平均深度及相对实验平均深度如表 5-4 所示。

表5-4　各国教材实验平均深度排序

序号	教材	实验平均深度	相对实验平均深度
1	澳大利亚	7.27	1.00
2	新加坡	6.81	0.94
3	法国	6.71	0.92
4	俄罗斯	6.68	0.92
5	美国	6.65	0.91
6	韩国	6.58	0.91
7	日本	6.42	0.88
8	英国	6.34	0.83
9	中国	6.10	0.84
10	德国	5.84	0.80

注：实验平均深度的区间为［4，12］，参见“实验深度研究工具”部分。

所选各国教材实验平均深度从高到低的排序为澳大利亚、新加坡、法国、俄罗斯、美国、韩国、日本、英国、中国、德国。总体来看，各国教材的实验平均深度都不高，在实验平均深度［4，12］的区间中偏低，说明各国教材对实验的要求不高。这主要是因为初中生刚开始学习实验，对实验的学习要循序渐进，所以实验的难度不宜太高。

澳大利亚教材的实验平均深度最高。澳大利亚教材的实验分为五大类，分别为实验、学生实验、技能实验室、设计实验和素质实验室，其中实验的平均深度为 7.72，设计实验的平均深度为 11.00，素质实验室的平均深度为 8.00。可以看出澳大利亚教材不仅对实验的要求高，而且对学生的实验能力要求比较全面。

中国教材的实验平均深度排在第九，而实验广度和实验总深度都排第一，这说明中国教材中实验数量虽很多，但在深度的挖掘上不够，有“广而浅”的特点。

第二节 初中物理教材中习题的难度比较

根据习题的研究方法和思路，得出所选各国初中物理教材的习题广度、总深度及平均深度。由于广度、总深度及平均深度的赋值方法不同，导致它们的量纲不同，在进行比较的时候，为了指标的统一，将各国教材的习题广度、总深度及平均深度值分别做数据转换：将最大的数值转换为1，然后求出其他各个值相对最大值的位置，即相应的数值表示该国教材的相对习题广度、总深度及平均深度。

一、习题广度比较

按教材的章节结构整理出知识点的广度，找到每个习题隶属的知识点，计算出习题个数，即每个国家教材的习题广度。各国教材习题广度及相对习题广度如表5-5所示。

表5-5 各国教材中习题广度排序

序号	教材	习题广度	相对习题广度
1	俄罗斯	1486	1.00
2	德国	409	0.28
3	中国	337	0.23
4	澳大利亚	336	0.23
5	韩国	317	0.21
6	法国	292	0.20
7	美国	285	0.19
8	英国	170	0.11
9	新加坡	79	0.05
10	日本	37	0.03

对应的柱状图如图5-4所示。

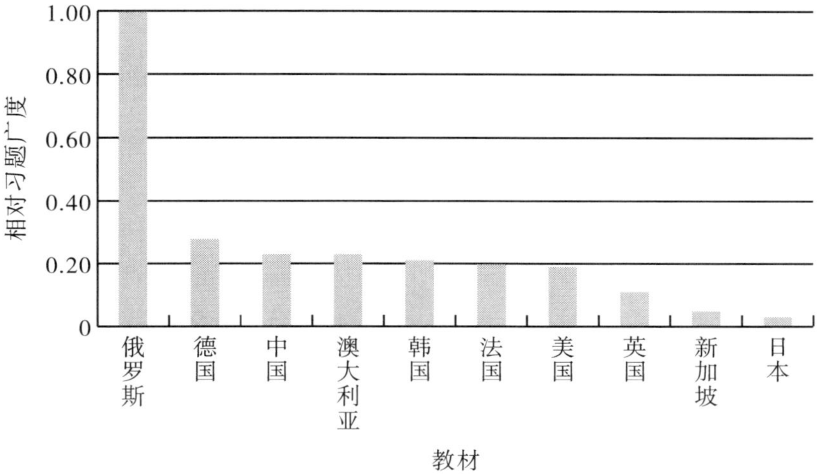

图 5-4　各国教材中相对习题广度排序

习题广度从大到小的排序为俄罗斯、德国、中国、澳大利亚、韩国、法国、美国、英国、新加坡、日本，中国排第三。

习题可以帮助学生巩固所学的知识，加深对知识的理解，更好地应用知识，因此，各国教材都在节后或节中、章后编排了习题，题型也多种多样。由于各国教材对习题的设置不同（有的国家只在节后设置习题，有的国家在节后和章后都设置了习题，有的国家还在节中设置了习题），因此各国教材的习题广度差别较大。其中，俄罗斯的习题数量远高于其他国家，且习题包括课后的问题、练习、作业，以及所有章节后的习题。在整套俄罗斯教材的习题中，“问题”的个数最多，达到了 987 个，“问题”设计在每节正文内容结束之处。“问题”多是一些简单的问答题，在课文中都能找到相应的答案，主要是起巩固所学物理规律与概念的作用。如“机械运动”这节“问题”中的第一道题是“什么叫作机械运动”，这说明俄罗斯教材很注重学生对知识点的掌握情况，通过提供“问题”平台，用大量的基础性的问答题来督促、指导学生识记。“练习”共有 413 个，占比 27.8%。“练习”被安排在教材中“问题”之后，但并非所有节后都有“练习”。

本研究以隶属于每个知识点的平均习题个数反映习题的相对数量。

$$平均习题个数=\frac{习题广度}{知识点广度}$$

各国教材的平均习题个数如表 5-6 所示。

表5-6　各国教材中平均习题个数

序号	教材	平均习题个数
1	俄罗斯	3.74
2	法国	2.95
3	澳大利亚	2.27
4	韩国	1.89
5	中国	1.39
6	德国	0.90
7	美国	0.70
8	英国	0.63
9	新加坡	0.40
10	日本	0.25

平均习题个数按从多到少的排序为俄罗斯、法国、澳大利亚、韩国、中国、德国、美国、英国、新加坡、日本，中国排第五。平均习题个数最多的俄罗斯教材达到了3.74，最少的日本教材只有0.25，差距较大。

二、习题总深度比较

按照习题深度水平界定和习题深度水平划分对习题进行赋值，求和就得到各国教材的习题总深度，如表5-7所示。

表5-7　各国教材中习题总深度排序

序号	教材	习题总深度	相对习题总深度
1	俄罗斯	2693.1	1.00
2	德国	733.3	0.27
3	澳大利亚	638.5	0.24
4	中国	631.2	0.23
5	英国	624.6	0.23
6	韩国	557.2	0.21
7	法国	436.7	0.16
8	美国	434.6	0.16
9	新加坡	92.7	0.03
10	日本	37.7	0.01

对应的柱状图如图 5-5 所示。

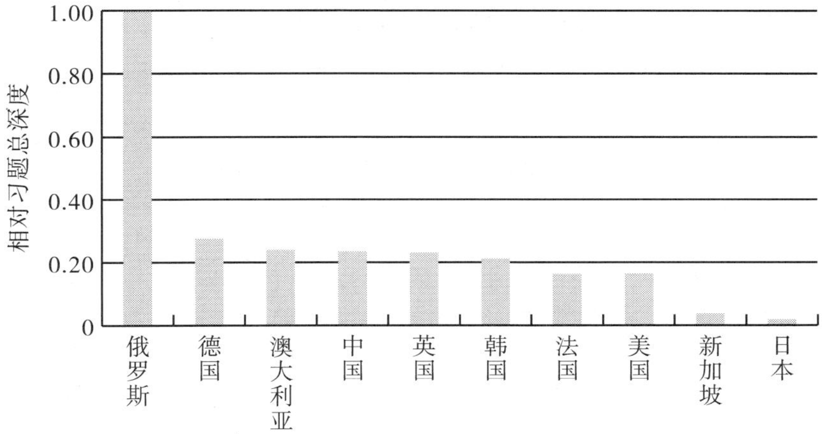

图 5-5　各国教材中相对习题总深度排序

习题总深度从高到低的排序为俄罗斯、德国、澳大利亚、中国、英国、韩国、法国、美国、新加坡、日本，中国排第四。

从图 5-6 可以看出，各国教材的相对习题广度、总深度排序总体一致，只有英国教材的相对问题广度与相对习题总深度差距较大。

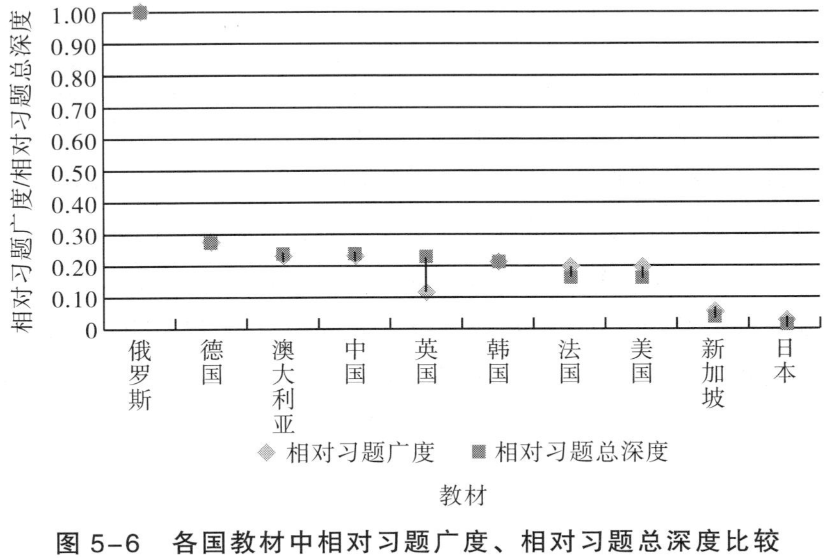

图 5-6　各国教材中相对习题广度、相对习题总深度比较

三、习题平均深度比较

根据各国教材的习题总深度和习题广度，得到习题平均深度，如表5-8所示。

表5-8 各国教材中习题平均深度比较

序号	教材	习题平均深度	相对习题平均深度
1	英国	3.67	1.00
2	澳大利亚	1.90	0.52
3	中国	1.87	0.51
4	俄罗斯	1.81	0.50
5	德国	1.79	0.49
6	韩国	1.76	0.48
7	美国	1.52	0.41
8	法国	1.50	0.41
9	新加坡	1.17	0.32
10	日本	1.02	0.28

习题平均深度从高到低的排序为英国、澳大利亚、中国、俄罗斯、德国、韩国、美国、法国、新加坡、日本。习题平均深度从1.02到3.67，差距较大。其中英国教材的习题平均深度明显高于其他国家，这是因为选取的英国教材习题放在章后，综合性较高。此外，英国教材编撰的目的是满足学生参加GCSE考试的需求，所以在章后测试环节中专门根据考试的内容和形式设置了相应的试题，目的是让学生熟悉题目内容，更好地达到考试要求。

第三节 初中物理教材中拓展材料的广度比较

根据拓展材料的研究方法和思路，得出所选各国教材的拓展材料广度。因为各国初中物理教材中拓展内容的主要目的在于增加学生的知识储备和开阔眼界，所以拓展内容主要侧重在广度，而在难度上要求较低。同时由于各国社会背景不同，文化差异较大，导致拓展的内容和形式风格迥异，难以制订统一的标准，因此本研究在拓展维度上仅比较拓展材料的广度。将十个国家中最大的拓展材料广度值转换为1，然后求出其他各个值相对最大值的位置，即相应的数值表示该国教材的相对拓展材料广度。

所选各国教材都编排了拓展材料，以拓宽学生的视野，加深学生对科学与技术、科学与社会的理解。各国教材的拓展材料广度及相对拓展材料广度如表5-9所示。

表5-9 各国教材中拓展材料广度排序

序号	教材	拓展材料广度	相对拓展材料广度
1	法国	99	1.00
2	英国	91	0.92
3	美国	75	0.76
4	中国	41	0.41
5	澳大利亚	31	0.31
6	日本	30	0.30
7	韩国	26	0.26
8	新加坡	25	0.25
9	俄罗斯	18	0.18
10	德国	0	0

对应的柱状图如图5-7所示。

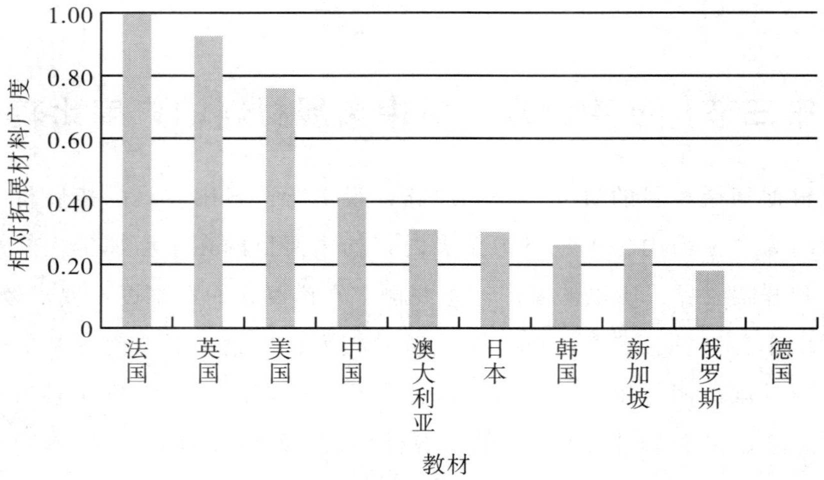

图 5-7 各国教材中相对拓展材料广度排序

可以看出，拓展材料广度从大到小的排序为法国、英国、美国、中国、澳大利亚、日本、韩国、新加坡、俄罗斯、德国。其中，德国教材没有拓展材料，法国、英国、美国等国的教材中拓展材料较多，中国教材与排序 5 至排序 9 的五个国家教材的拓展材料广度差别不大。

第四节　初中物理教材不同认知水平的难度比较

基于共识，本研究在结果呈现的时候将知识点部分的深度分为“了解”“理解”“应用”三个水平。所选各国教材的内容在“了解”“理解”“应用”等认知水平的分布能反映出各国教材编写的目标和适用范围，因此，本研究对所选十国教材的内容分布进行了研究，以便更完整地认识教材。本研究把五个层次的深度水平划分为三个认知水平，是依据中国物理课程标准对“了解”“理解”“应用”的界定，把“了解”的赋值范围定为[0.5, 2.5)，“理解”的赋值范围定为[2.5, 4.0)，“应用”的赋值范围定为[4.0, 5.5]。

一、初中物理教材中不同认知水平的广度比较

所选各国教材的内容在“了解”“理解”“应用”三个认知水平的广度分布如表5-10所示。

表5-10　各国教材三个认知水平的广度比较

序号	教材		了解	理解	应用	总计
1	德国	广度	406	43	3	452
		百分比	89.8%	9.5%	0.7%	100%
2	美国	广度	363	36	7	406
		百分比	89.4%	8.9%	1.7%	100%
3	俄罗斯	广度	324	65	8	397
		百分比	81.6%	16.4%	2.0%	100%
4	英国	广度	240	27	4	271
		百分比	88.6%	10.0%	1.5%	100%
5	中国	广度	176	56	11	243
		百分比	72.4%	23.0%	4.5%	100%

续表

序号	教材		了解	理解	应用	总计
6	新加坡	广度	147	37	13	197
		百分比	74.6%	18.8%	6.6%	100%
7	韩国	广度	109	52	7	168
		百分比	64.9%	31.0%	4.2%	100%
8	澳大利亚	广度	101	36	11	148
		百分比	68.2%	24.3%	7.4%	100%
9	日本	广度	122	21	4	147
		百分比	83.0%	14.3%	2.7%	100%
10	法国	广度	61	32	6	99
		百分比	61.6%	32.3%	6.1%	100%

注：因为百分比按照四舍五入原则保留一位小数，可能导致三个认知水平广度百分比相加不等于100%。

所选各国教材在“了解”“理解”“应用”三个认知水平的广度百分比及其分布如图5-8、图5-9、图5-10、图5-11所示。

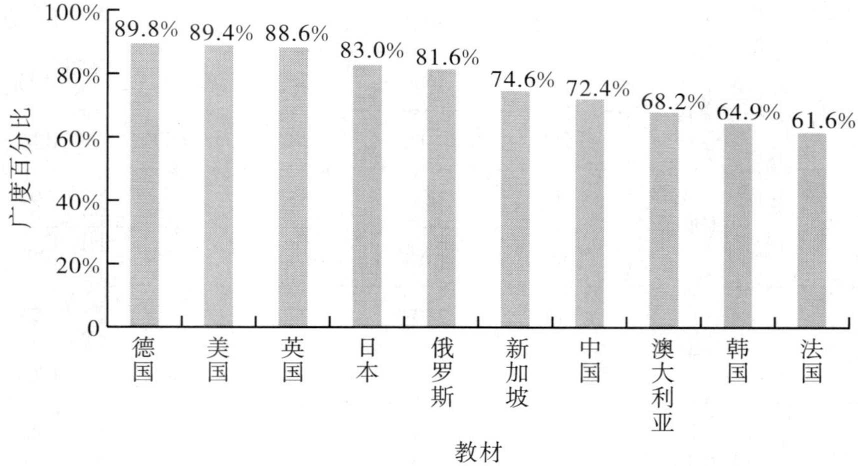

图5-8 各国教材中“了解”水平的广度百分比

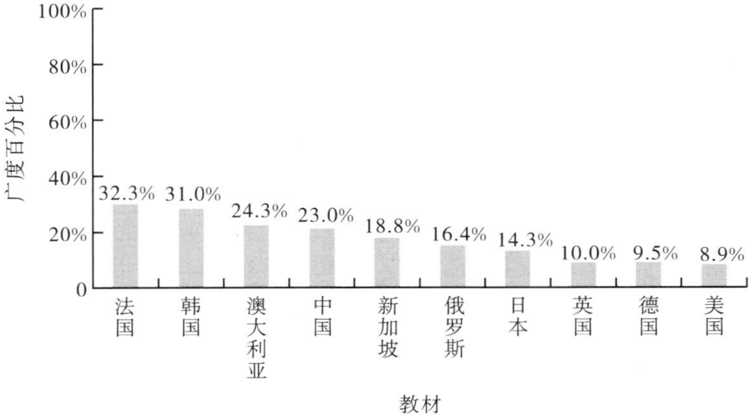

图 5-9　各国教材中“理解”水平的广度百分比

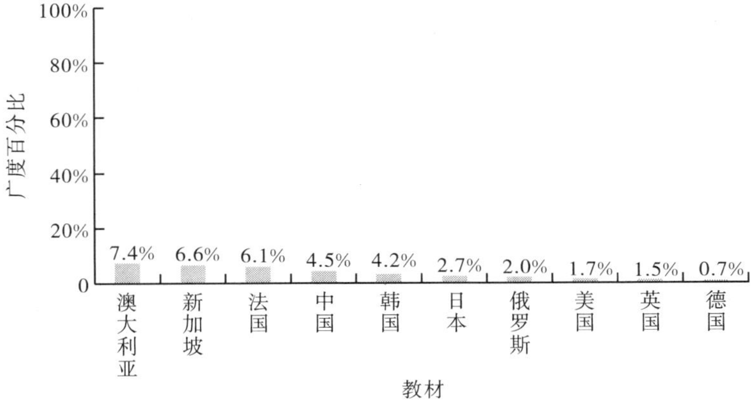

图 5-10　各国教材中“应用”水平的广度百分比

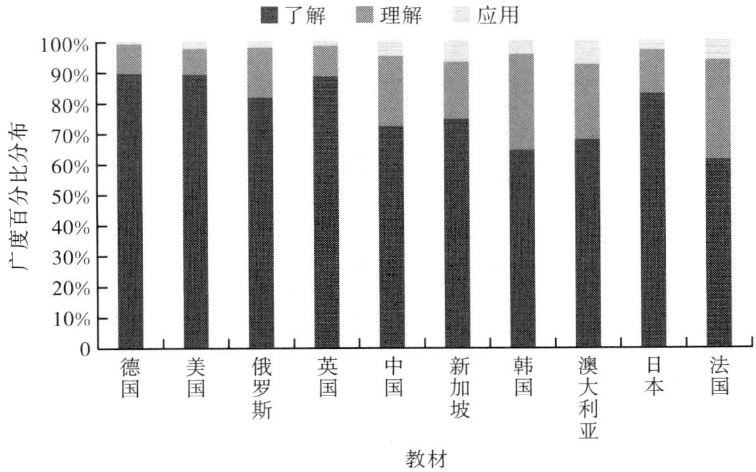

图 5-11　各国教材中三个认知水平的广度百分比分布

可以看出，各国教材内容的广度分布中，“了解”水平都在60%以上，占比很大，最高的德国，占了89.8%；“理解”和“应用”水平只占少部分，说明各国初中物理教材的重点都是以构建知识结构为基础，突出科学领域中最基本的概念和原理，扩大学生的知识面，使学生掌握最基本的科学方法、事实、假说、理论和定律，在此基础上，使学生学会思考和探索，为他们下一步的学习打下基础。“理解”水平广度美国最低，占8.9%，法国最高，占32.3%；“应用”水平德国最低，占0.7%，澳大利亚最高，占7.4%。中国教材的知识点广度适中，“了解”“理解”“应用”水平分别占72.4%、23.0%、4.5%，广度分布比较合理。

二、初中物理教材中不同认知水平的难度比较

所选各国教材的内容在“了解”“理解”“应用”三个认知水平的难度分布如表5-11所示。

表5-11 各国教材中三个认知水平的难度比较

序号	教材		了解	理解	应用	总计
1	俄罗斯	难度	393.0	193.9	32.9	619.8
		百分比	63.4%	31.3%	5.3%	100%
2	德国	难度	440.7	130.4	12.4	583.5
		百分比	75.5%	22.3%	2.1%	100%
3	美国	难度	367.2	110.6	29.1	506.9
		百分比	72.4%	21.8%	5.7%	100%
4	中国	难度	232.7	166.4	48.2	447.3
		百分比	52.0%	37.2%	10.8%	100%
5	韩国	难度	199.5	161.5	29.6	390.6
		百分比	51.1%	41.3%	7.6%	100%
6	英国	难度	286.1	80.7	16.7	383.5
		百分比	74.6%	21.0%	4.4%	100%
7	新加坡	难度	161.7	108.0	57.5	327.2
		百分比	49.4%	33.0%	17.6%	100%
8	澳大利亚	难度	117.7	106.9	49.0	273.6
		百分比	43.0%	39.1%	17.9%	100%

续表

序号	教材		了解	理解	应用	总计
9	日本	难度	147.2	65.0	16.3	228.5
		百分比	64.4%	28.4%	7.1%	100%
10	法国	难度	88.6	92.9	27.3	208.8
		百分比	42.4%	44.5%	13.1%	100%

注：因为百分比按照四舍五入原则保留一位小数，可能导致三个认知水平难度百分比相加不等于100%。

对应的难度百分比及其分布的柱状图如图5-12、图5-13、图5-14、图5-15所示。

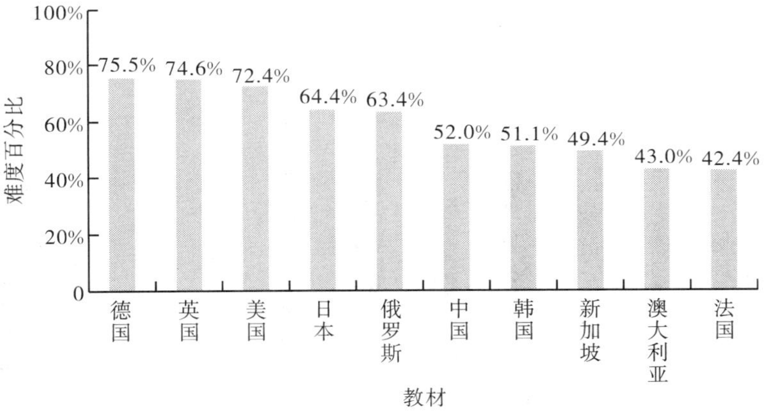

图5-12　各国教材中“了解”水平的难度百分比

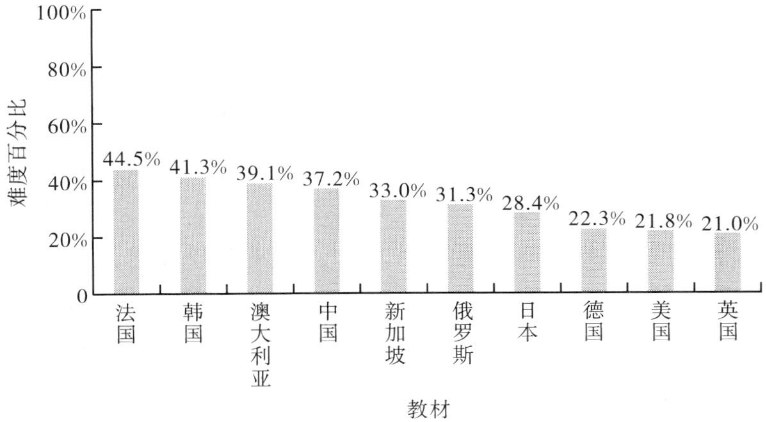

图5-13　各国教材中“理解”水平的难度百分比

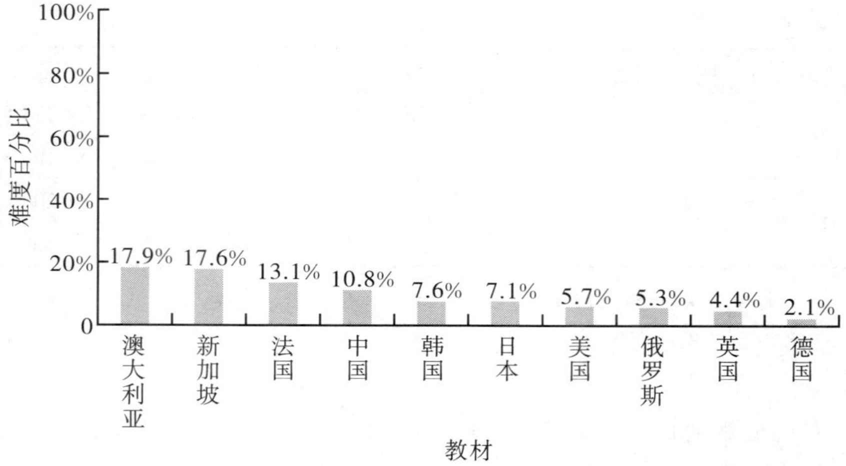

图 5-14　各国教材中“应用”水平的难度百分比

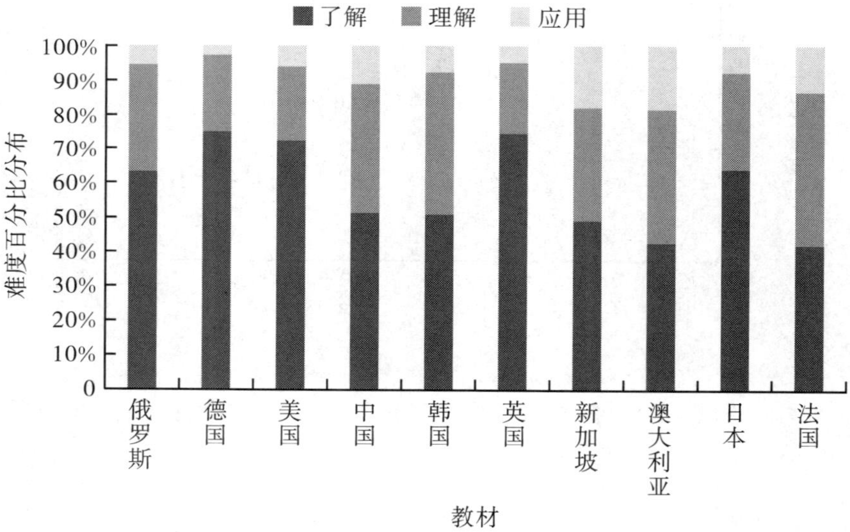

图 5-15　各国教材中三个认知水平的难度百分比分布

可以看出，各国教材内容的难度分布中，“了解”水平都在 40% 以上，德国最高，占 75.5%；“理解”水平英国最低，占 21.0%，法国最高，占 44.5%；“应用”水平德国最低，占 2.1%，澳大利亚最高，占 17.9%。中国教材的“了解”“理解”“应用”水平分别占 52.0%、37.2%、10.8%，难度分布比较合理。韩国、法国、澳大利亚教材的“理解”和“应用”水平的难度百分比都较高，因此它们的平均深度也都比较高。

结合前面的广度分布可以看出，各国初中物理教材在难度分布上，

“了解”水平所占的百分比有所降低，这进一步说明了各国教材对大部分知识点的要求不高，重点都是构建知识结构的基础，扩大学生的知识面，在此基础上，提高对“理解”“应用”水平的知识点的要求，使学生的能力得到提高。

注：由于初中物理教材涉及的相关内容“广而浅”，各国的情况不同，对于实验维度不同认知水平内容的比较、习题维度不同认知水平内容的比较、拓展材料维度不同认知水平内容的比较，没有做进一步的分析。

第六章 初中物理教材一级主题比较

为了更好地了解各国初中物理教材在具体内容选择上的差别和特点，本章根据本研究所采纳的SEC工具箱，分别比较了各国初中物理教材中“力与运动”“电”“波”“动力学和平衡”“能量”“物性”六个一级主题的广度、难度和平均深度，探讨和分析了各国初中物理教材在具体内容选择上的差别和特点。

第一节　初中物理教材中六个一级主题的广度比较

根据 SEC 工具箱，将教材所涉及的知识结构及知识点分为“力与运动”“电”“波”“动力学和平衡”“能量”“物性”六个一级主题，通过比较各国教材中六个一级主题的广度和难度，可以发现各国教材在具体内容选择上的差别。

一、“力与运动”主题的广度比较

所选各国教材中“力与运动”主题广度的排序如表 6-1 所示。

表6-1　各国教材中“力与运动”主题广度

序号	教材	广度	教材中的比例
1	俄罗斯	79	19.9%
2	德国	66	14.6%
3	英国	57	21.0%
4	美国	53	13.1%
5	新加坡	33	16.8%
6	韩国	30	17.9%
7	中国	27	11.1%
8	日本	24	16.3%
9	澳大利亚	23	15.5%
10	法国	6	6.2%

从表 6-1 中可以看出各国教材中“力与运动”主题广度在本国教材中所占的比例，作出雷达图如图 6-1 所示。

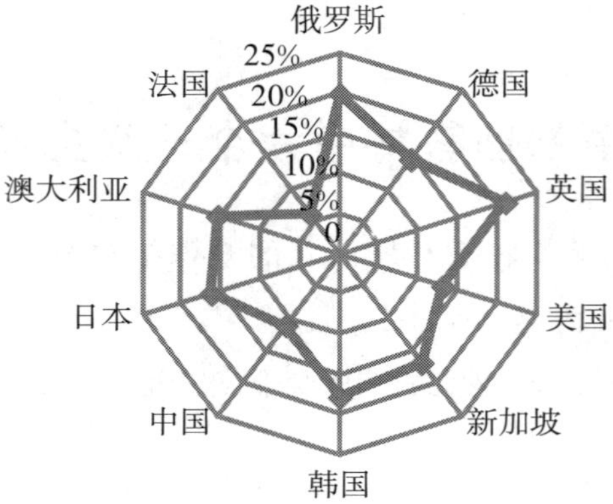

图 6-1 各国教材中“力与运动”主题广度雷达图

“力与运动”主题内容一直是传统物理教学中非常重要的一个部分，从表 6-1 可以看出，各国教材中“力与运动”主题广度比例为 6.2%~21.0%。俄罗斯教材中“力与运动”的知识点广度是 79，是最高的。法国教材中“力与运动”知识点广度最低，只有 6。英国教材中，“力与运动”的知识点广度为总广度的 21.0%，是所有国家中最高的，可见英国对“力与运动”部分知识的重视。法国教材中，“力与运动”知识点广度所占百分比只有 6.2%。

二、“电”主题的广度比较

所选各国教材中“电”主题广度的排序如表 6-2 所示。

表6-2 各国教材中“电”主题广度

序号	教材	广度	教材中的比例
1	俄罗斯	91	22.9%
2	德国	90	19.9%
3	新加坡	80	40.6%
4	英国	70	25.8%
5	中国	64	26.3%
6	美国	56	13.8%
7	法国	49	50.5%

续表

序号	教材	广度	教材中的比例
8	日本	38	25.9%
9	韩国	24	14.3%
10	澳大利亚	12	8.1%

从表 6-2 中可以看出各国教材中“电”主题的广度在本国教材中所占比例，作出雷达图如图 6-2 所示。

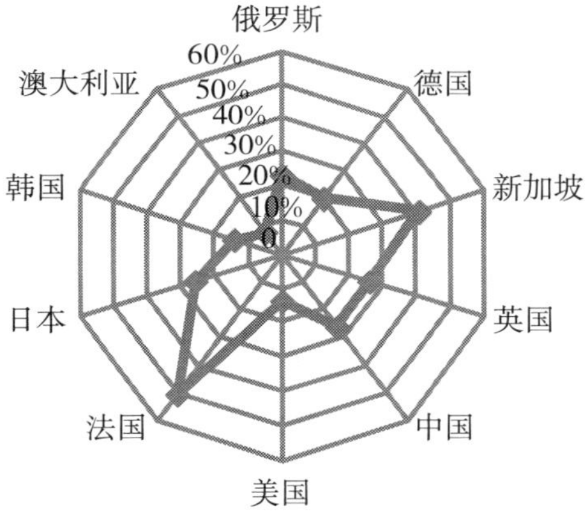

图 6-2　各国教材中“电”主题广度雷达图

“电”主题在各国教材中都是最为突出的一部分教学内容。这部分不仅包含的概念、定律比较多，而且对人类生活有重要的影响，和学生的实际生活联系也比较紧密，既有理论知识，也有实际应用；既有宏观世界的知识，也有微观世界的知识，因此涵盖的知识点比较多。

“电”主题广度占各国教材总广度的比例为 8.1%~50.5%。其中，法国教材中“电”所占比例最多，为 50.5%；澳大利亚教材中“电”所占的比例最少，为 8.1%；俄罗斯教材中“电”主题广度在所选十个国家的教材中是最大的，为 91，所占比例为 22.9%。

三、“波”主题的广度比较

所选各国教材中“波”主题广度的排序如表 6-3 所示。

表6-3 各国教材中“波”主题广度

序号	教材	广度	教材中的比例
1	美国	122	30.0%
2	德国	96	21.2%
3	中国	62	25.5%
4	俄罗斯	59	14.9%
5	英国	59	21.8%
6	新加坡	37	18.8%
7	韩国	29	17.3%
8	日本	28	19.0%
9	法国	28	28.9%
10	澳大利亚	11	7.4%

从表 6-3 可以看出“波”主题的广度在各国教材中所占的比例，作出雷达图如图 6-3 所示。

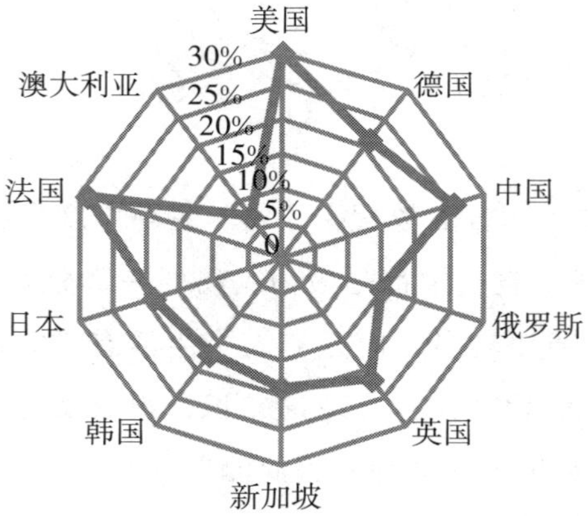

图 6-3 各国教材中“波”主题广度雷达图

“波”主题广度占各国教材总广度的比例为 7.4%~30.0%。美国教材给予了“波”主题相当的重视，涉及的知识点达到 122 个，占知识点总数的 30.0%，其中既包括我国初中教材中常见的声、光知识，也包括横波、纵波、干涉、衍射、多普勒效应、光电效应等知识。澳大利亚教材“波”部分的知识点最少，仅为 11 个，涉及简单的光波和声波知识，占知识点总数的 7.4%。

四、“动力学和平衡”主题的广度比较

所选各国教材中“动力学和平衡”主题广度的排序如表 6-4 所示。

表6-4　各国教材中“动力学和平衡”主题广度

序号	教材	广度	教材中的比例
1	德国	43	9.5%
2	美国	42	10.3%
3	俄罗斯	40	10.1%
4	中国	25	10.3%
5	韩国	17	10.1%
6	日本	11	7.5%
7	新加坡	9	4.6%
8	澳大利亚	4	2.7%
9	法国	1	1.0%
10	英国	0	0

从表 6-4 可以看出“动力学和平衡”主题的广度在各国教材中所占的比例，作出雷达图如图 6-4 所示。

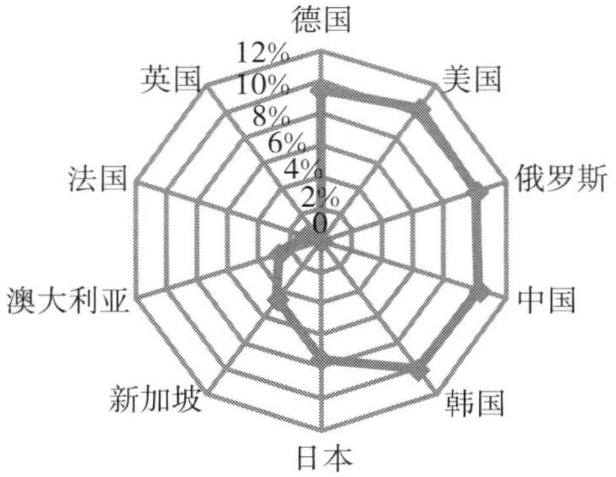

图 6-4　各国教材中“动力学和平衡”主题广度雷达图

“动力学和平衡”内容的特点是微观变化引起宏观变化，难度较高，同时“守恒”也是较为抽象的物理规律，因此，所选十国教材中这部分知识点普遍偏少，更多是留待学生在高中学习。从表 6-4 可以看出，“动

力学和平衡”的知识点广度占各国教材知识点总广度的比例都低于或等于 10.3%。德国教材中“动力学和平衡”的知识点广度是 43，是最大的。英国教材没有涉及这部分的知识。德国、美国、俄罗斯、中国和韩国教材中，“动力学和平衡”的知识点广度所占比例均为 10% 左右。澳大利亚、法国教材中“动力学和平衡”的知识点广度所占比例均小于 5%。

五、“能量”主题的广度比较

所选各国教材中“能量”主题的广度排序如表 6-5 所示。

表6-5 各国教材中“能量”主题广度

序号	教材	广度	教材中的比例
1	美国	94	23.2%
2	澳大利亚	57	38.5%
3	英国	56	20.7%
4	德国	53	11.7%
5	韩国	52	31.0%
6	俄罗斯	51	12.8%
7	中国	41	16.9%
8	日本	33	22.4%
9	新加坡	24	12.2%
10	法国	4	4.1%

从表 6-5 可以看出“能量”主题广度在各国教材中所占的比例，作出雷达图如图 6-5 所示。

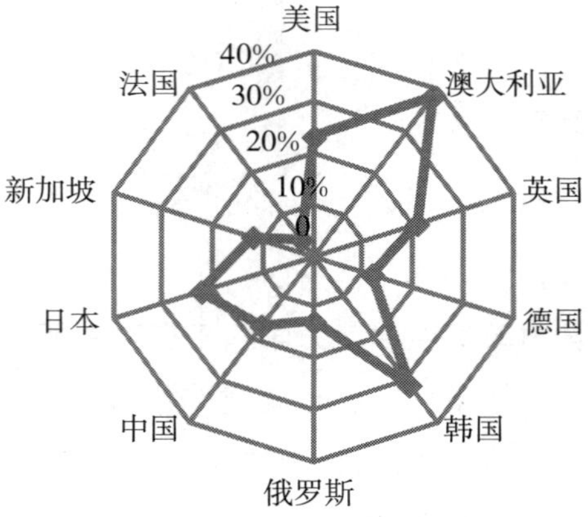

图 6-5 各国教材中“能量”主题广度雷达图

"能量"是现代物理学中的重要概念，在教材中的地位也在逐渐提升。开发新能源，是一个世界性的问题，它不仅能使学生加深对科学与社会关系的理解，而且体现了物理和化学、生物等学科的相互渗透。然而受制于学生的知识水平，关于这部分内容各国教材还是以让学生了解动能、势能、内能、能量守恒定律等基本概念为主。可以看出，"能量"的知识点广度在各国教材中所占的比例差别较大，占比为4.1%~38.5%。美国教材比较贴近生活，"能量"的知识点广度是94，是最大的。法国教材中，"能量"的知识点广度最小，只有4。澳大利亚、韩国教材中，"能量"的知识点广度所占比例均比较高，超过了30%。美国、英国、日本教材中，"能量"的知识点广度所占比例也超过了20%。可见"能量"在教材中的地位比较重要。法国教材中"能量"所占的比例最小，只有4.1%。

六、"物性"主题的广度比较

所选各国教材中"物性"主题广度的排序如表6-6所示。

表6-6 各国教材中"物性"主题广度

序号	教材	广度	教材中的比例
1	德国	104	23.0%
2	俄罗斯	77	19.4%
3	澳大利亚	41	27.7%
4	美国	39	9.6%
5	英国	29	10.7%
6	中国	24	9.9%
7	韩国	16	9.5%
8	新加坡	14	7.1%
9	日本	13	8.8%
10	法国	11	11.3%

从表6-6可以看出"物性"主题广度在各国教材中所占的比例，作出雷达图如图6-6所示。

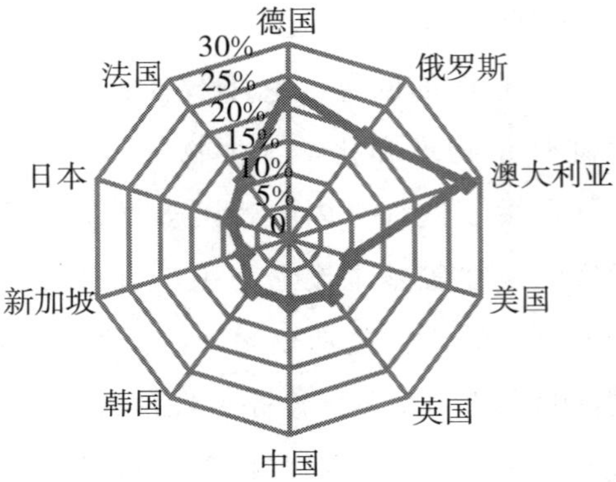

图 6-6 各国教材中“物性”主题广度雷达图

“物性”主题广度占各国教材广度的比例为 7.1%~27.7%。广度最小的是法国，为 11；最大的是德国，为 104。可见各国教材中“物性”的广度区别非常大。

第二节 初中物理教材中六个一级主题的难度比较

一、“力与运动”主题的难度比较

所选各国教材中“力与运动”主题难度的排序如表 6-7 所示。

表6-7 各国教材中“力与运动”主题难度

序号	教材	难度	教材中的比例
1	俄罗斯	112.0	18.1%
2	德国	105.2	18.0%
3	美国	78.3	15.4%
4	中国	45.6	10.2%
5	韩国	67.3	17.2%
6	英国	86.8	22.6%
7	新加坡	87.5	26.7%
8	澳大利亚	66.2	24.2%
9	日本	34.7	15.2%
10	法国	13.6	6.5%

从表 6-7 可以看出各国教材中“力与运动”主题难度在本国教材中所占的比例，作出雷达图如图 6-7 所示。

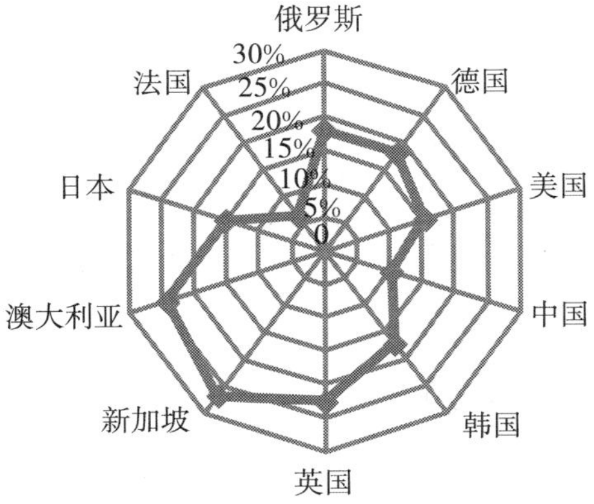

图 6-7 各国教材中“力与运动”主题难度雷达图

“力与运动”的内容比较抽象、逻辑性强，对计算的要求也比较高，总体偏难，因此为了降低难度，各国教材中这部分内容较少。各国教材中，这部分知识点的难度相差也较大。俄罗斯教材“力与运动”部分知识点的难度是最高的，为 112.0，其知识点的广度也是最大的，可见俄罗斯对这部分知识的重视。由于俄罗斯教材中知识点广度较大、难度较高，所以“力与运动”部分知识点难度占教材总难度的比例并不高。法国教材这部分知识的难度是最低的，只有 13.6。新加坡“力与运动”部分的难度占其教材总难度的 26.7%，是十个国家中最高的，但是广度却不是最高，说明新加坡教材对“力与运动”部分知识的掌握要求是较高的。法国教材中“力与运动”部分的难度所占的比例是 6.5%，同时广度也很小，说明法国教材对这部分知识的要求并不高。

二、“电”主题的难度比较

所选各国教材中“电”主题难度的排序如表 6-8 所示。

表6-8 各国教材中“电”主题难度

序号	教材	难度	教材中的比例
1	俄罗斯	167.2	27.0%
2	中国	133.8	29.9%
3	新加坡	123.1	37.6%
4	德国	115.2	19.7%
5	法国	104.8	50.2%
6	英国	102.1	26.6%
7	美国	74.2	14.6%
8	日本	65.4	28.6%
9	韩国	56.9	14.6%
10	澳大利亚	21.2	7.7%

从表 6-8 可以看出“电”主题难度在各国教材中所占的比例，作出雷达图如图 6-8 所示。

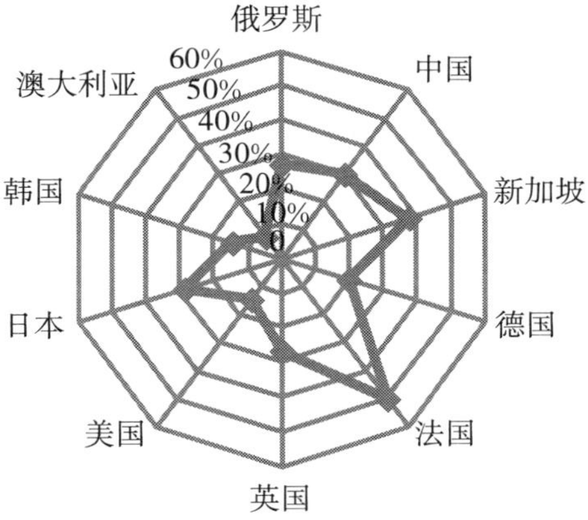

图 6-8　各国教材中“电”主题难度雷达图

“电”主题的难度在各国教材中所占的比例在 7.7%~50.2%，法国的难度所占比例最高，为 50.2%，澳大利亚的最低，仅为 7.7%。

三、“波”主题的难度比较

所选各国教材中“波”主题难度的排序如表 6-9 所示。

表6-9　各国教材中“波”主题难度

序号	教材	难度	教材中的比例
1	美国	126.0	24.9%
2	德国	104.2	17.9%
3	中国	95.0	21.2%
4	俄罗斯	85.8	13.8%
5	英国	81.0	21.1%
6	韩国	66.1	16.9%
7	法国	55.3	26.5%
8	新加坡	46.2	14.1%
9	日本	37.6	16.5%
10	澳大利亚	16.0	5.8%

从表 6-9 可以看出“波”主题难度在各国教材中所占的比例，作出雷达图如图 6-9 所示。

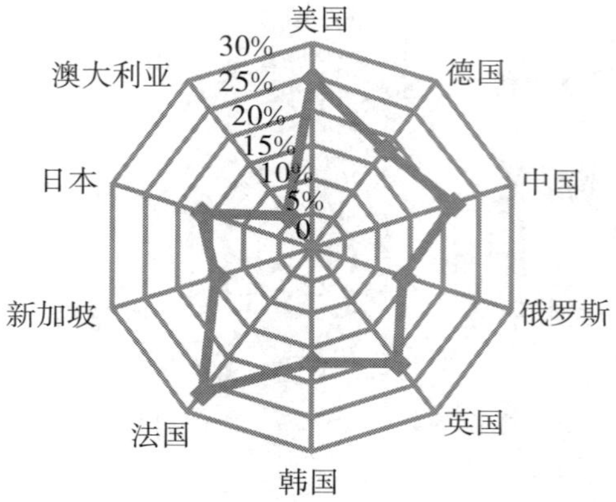

图 6-9 各国教材中“波”主题难度雷达图

“波”主题难度在各国教材中所占的比例为 5.8%~26.5%，美国的难度最高，达到 126.0，占教材的 24.9%。“波”主题难度所占比例最高的是法国教材，为 26.5%。澳大利亚教材中，“波”的广度最小，难度也是最低的，仅占教材总难度的 5.8%。

四、“动力学和平衡”主题的难度比较

所选各国教材中“动力学和平衡”主题难度的排序如表 6-10 所示。

表6-10 各国教材中“动力学和平衡”主题难度

序号	教材	难度	教材中的比例
1	德国	72.9	12.5%
2	美国	69.4	13.7%
3	俄罗斯	63.4	10.2%
4	中国	46.1	10.3%
5	韩国	42.9	11.0%
6	日本	19.4	8.5%
7	新加坡	9.5	2.9%
8	澳大利亚	4.5	1.6 %
9	法国	1.6	0.8%
10	英国	0	0

从表 6-10 可以看出“动力学和平衡”主题难度在各国教材中所占的

比例，作出雷达图如图 6-10 所示。

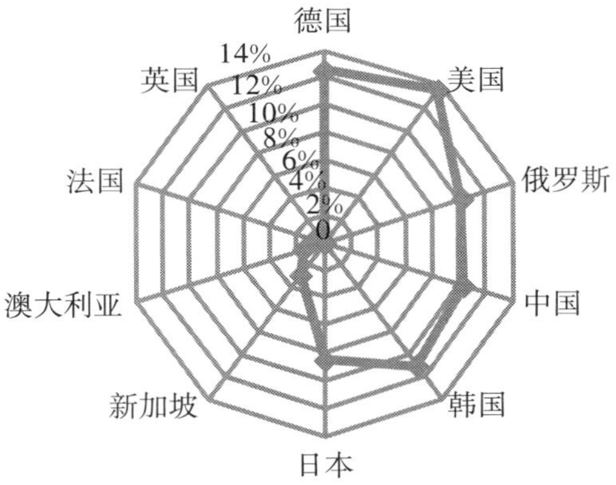

图 6-10　各国教材中“动力学和平衡”主题难度雷达图

可以看出，德国教材中“动力学和平衡”的难度是最高的，为 72.9，其广度也是最大的，可见德国对这部分知识的重视。美国、俄罗斯教材“动力学和平衡”主题的难度也比较高，分别是 69.4 和 63.4。英国教材没有涉及“动力学和平衡”主题的知识。

五、“能量”主题的难度比较

所选各国教材中“能量”主题难度的排序如表 6-11 所示。

表6-11　各国教材中“能量”主题难度

序号	教材	难度	教材中的比例
1	美国	120.2	23.7%
2	韩国	120.0	30.7%
3	澳大利亚	99.9	36.5%
4	英国	84.1	21.9%
5	中国	78.7	17.6%
6	俄罗斯	75.1	12.1%
7	德国	75.0	12.9%
8	日本	45.7	20.0%
9	新加坡	38.7	11.8%
10	法国	7.5	3.6%

从表 6-11 可以看出各国教材中“能量”主题难度在本国教材中所占的比例，作出雷达图如图 6-11 所示。

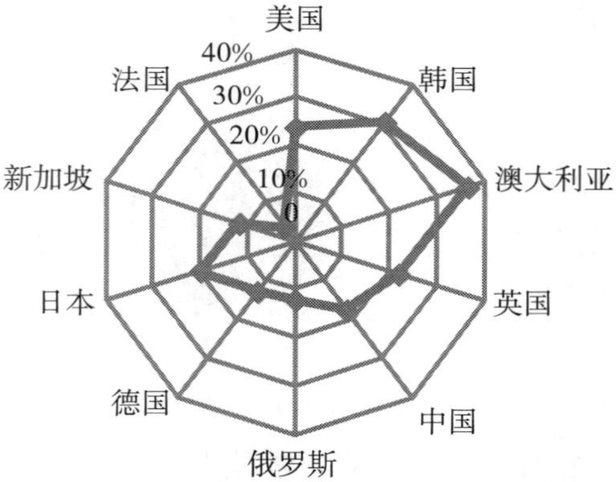

图 6-11 各国教材中“能量”主题难度雷达图

“能量”主题包含的知识点比较抽象，综合性强，对计算的要求也比较高。在各国教材中，这部分知识点的难度相差很大。美国、韩国教材中，“能量”知识点的难度都比较高，分别为 120.2 和 120.0，其中，美国教材这部分知识点的广度也是最大的。法国教材中“能量”主题的难度最低，只有 7.5。此外，日本和新加坡教材中“能量”主题的知识点难度也比较低，均低于 50.0。

六、“物性”主题的难度比较

所选各国教材中“物性”主题难度的排序如表 6-12 所示。

表6-12 各国教材中“物性”主题难度

序号	教材	难度	教材中的比例
1	俄罗斯	116.3	18.8%
2	德国	111	19.0%
3	澳大利亚	65.8	24.0%
4	中国	48.1	10.8%
5	美国	38.8	7.7%
6	韩国	37.4	9.6%
7	英国	29.5	7.7%

续表

序号	教材	难度	教材中的比例
8	法国	26	12.5%
9	日本	25.7	11.2%
10	新加坡	22.2	6.8%

从表6-12可以看出“物性”主题的难度在各国教材中所占的比例，作出雷达图如图6-12所示。

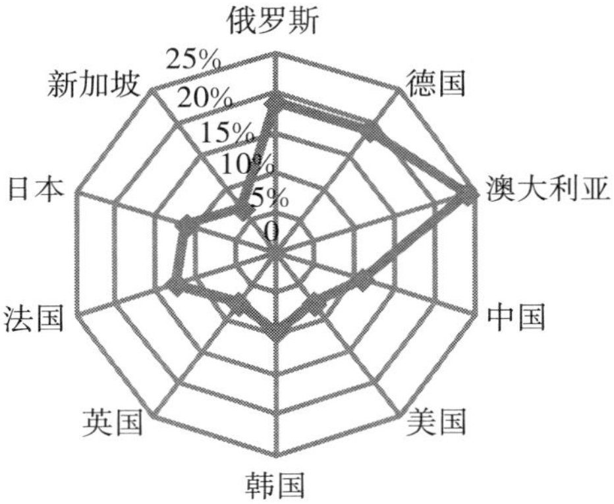

图6-12 各国教材中“物性”主题难度雷达图

各国教材中“物性”主题的难度在22.2~116.3，其中俄罗斯的难度最高，达到116.3，占教材总难度的比例为18.8%。俄罗斯、德国和澳大利亚教材中“物性”主题的广度和难度排名均位列前三。中国教材中“物性”主题的广度在十个国家中位列第六，但是难度名次有所提升，位列第四。新加坡、日本和法国教材中的“物性”主题在难度方面依然排名靠后。

第三节 初中物理教材中六个一级主题的平均深度比较

一、“力与运动”主题的平均深度比较

根据“力与运动”主题的难度和广度，得出各国教材中“力与运动”主题的平均深度，如表6-13所示。

表6-13 各国教材中“力与运动”主题平均深度

序号	教材	广度	难度	平均深度
1	澳大利亚	23	66.2	2.88
2	新加坡	33	87.5	2.65
3	法国	6	13.6	2.27
4	韩国	30	67.3	2.24
5	中国	27	45.6	1.69
6	德国	66	105.2	1.59
7	英国	57	86.8	1.52
8	美国	53	78.3	1.48
9	日本	24	34.7	1.45
10	俄罗斯	79	112.0	1.42

从表6-13可以看出，大部分教材中“力与运动”主题的平均深度落在［0.5，2.5），也就是说，其中大部分知识点处于“了解”水平，大部分教材对这部分知识的要求并不高。只有新加坡和澳大利亚教材中“力与运动”主题的知识点的平均深度处于“理解”水平，其中澳大利亚教材中“力与运动”主题知识点的平均深度是最高的，说明教材对学生掌握“力与运动”的要求是深而精的。俄罗斯教材的平均深度是最低的，只有1.42，说明俄罗斯教材对这部分知识的要求并不高，但是要求学生掌握的知识点比较多。

注：为了更好地比较各主题广度和深度在教材中所占比例，本研究统一在后文中进行综合比较，这里不再赘述，下同。

二、“电”主题的平均深度比较

根据“电”主题的广度和难度，得出各国教材中“电”主题的平均深度，如表 6-14 所示。

表6-14　各国教材中“电”主题平均深度

序号	教材	广度	难度	平均深度
1	德国	90	115.2	1.28
2	美国	56	74.2	1.33
3	俄罗斯	91	167.2	1.84
4	英国	70	102.1	1.46
5	中国	64	133.8	2.09
6	新加坡	80	123.1	1.54
7	韩国	24	56.9	2.37
8	澳大利亚	12	21.2	1.77
9	日本	38	65.4	1.72
10	法国	49	104.8	2.14

从表 6-14 中可以看出，法国教材“电”主题的平均深度是最高的，为 2.14，德国教材的平均深度最低，为 1.28。德国教材中，“电”主题的广度仅次于俄罗斯，但是平均深度却是最低的，说明德国教材对学生掌握这部分内容的要求是广而浅。

三、“波”主题的平均深度比较

根据“波”主题的广度和难度，得出各国教材中“波”主题的平均深度，如表 6-15 所示。

表6-15　各国教材中“波”主题平均深度

序号	教材	广度	难度	平均深度
1	韩国	29	66.1	2.28
2	法国	28	55.3	1.98
3	中国	62	95.0	1.53

续表

序号	教材	广度	难度	平均深度
4	澳大利亚	11	16.0	1.45
4	俄罗斯	59	85.8	1.45
6	英国	59	81.0	1.37
7	日本	28	37.6	1.34
8	新加坡	37	46.2	1.25
9	德国	96	104.2	1.09
10	美国	122	126.0	1.03

从表6-15中可以看出，韩国教材“波”主题的平均深度是最高的，为2.28，美国教材“波”主题的平均深度最低，为1.03。韩国教材“波”主题的广度和难度均属于中等偏下的水平，但平均深度反而最高。澳大利亚教材中“波”主题的广度最小，难度也最低，但平均深度属于中等偏上的水平。

四、“动力学和平衡”主题的平均深度比较

根据“动力学和平衡”主题的广度和难度，得出各国教材中“动力学和平衡”主题的平均深度，如表6-16所示。

表6-16 各国教材中“动力学和平衡”主题平均深度

序号	教材	广度	难度	平均深度
1	韩国	17	42.9	2.52
2	中国	25	46.1	1.84
3	日本	11	19.4	1.76
4	德国	43	72.9	1.70
5	美国	42	69.4	1.65
6	法国	1	1.6	1.60
7	俄罗斯	40	63.4	1.59
8	澳大利亚	4	4.5	1.13

续表

序号	教材	广度	难度	平均深度
9	新加坡	9	9.5	1.06
10	英国	0	0	0

从表 6-16 可以看出，大部分国家的教材中“动力学和平衡”主题的平均深度落在[0.5，2.5)，也就是说，其中大部分知识点处于“了解”水平，说明大部分国家的教材对这部分内容的要求并不高。只有韩国教材中“动力学和平衡”主题的平均深度处于“理解”水平，是十个国家中最高的，为 2.52。英国教材中没有涉及“动力学和平衡”部分的内容。新加坡教材中“动力学和平衡”部分知识点的平均深度很低，只有 1.06。

五、“能量”主题的平均深度比较

根据“能量”主题的广度和难度，得出各国教材中“能量”主题的平均深度，如表 6-17 所示。

表6-17 各国教材中“能量”主题平均深度

序号	教材	广度	难度	平均深度
1	韩国	52	120.0	2.31
2	中国	41	78.7	1.92
3	法国	4	7.5	1.88
4	澳大利亚	57	99.9	1.75
5	新加坡	24	38.7	1.61
6	英国	56	84.1	1.50
7	俄罗斯	51	75.1	1.47
8	德国	53	75.0	1.42
9	日本	33	45.7	1.38
10	美国	94	120.2	1.28

从表 6-17 可以看出，各国教材中“能量”主题的平均深度均落在[0.5，2.5)，也就是说，各国教材中“能量”部分知识点平均处于“了解”水平，

各国教材对这部分的要求并不高。韩国教材中“能量”部分知识点的平均深度是最高的，美国教材是最低的，只有 1.28。

六、“物性”主题的平均深度比较

根据“物性”主题的广度和难度，得出各国教材中“物性”主题的平均深度，如表 6-18 所示。

表6-18 各国教材中“物性”主题平均深度

序号	教材	广度	难度	平均深度
1	法国	11	26.0	2.36
2	韩国	16	37.4	2.34
3	中国	24	48.1	2.00
4	日本	13	25.7	1.98
5	澳大利亚	41	65.8	1.60
6	新加坡	14	22.2	1.59
7	俄罗斯	77	116.3	1.51
8	德国	104	111.0	1.07
9	英国	29	29.5	1.02
10	美国	39	38.3	0.98

从表 6-18 可以看出，法国教材“物性”主题的平均深度是最高的，为 2.36；美国教材最低，为 0.98。法国教材中“物性”主题的广度是最小的，难度位列第八，但是平均深度最高。德国教材“物性”主题的广度和难度分别位列第一、第二，但平均深度是第八位，说明德国教材“物性”主题难主要是因为广度大，每个知识点的深度并不高。

第四节　初中物理教材中六个一级主题的综合比较

所选各国教材六个一级主题中的内容分布能反映出各国教材编写的结构和重点，因此，本研究对所选十国教材六个一级主题中的内容分布进行了研究，以便更系统地认识教材。

一、六个一级主题的广度比较

所选各国教材六个一级主题的广度分布如表 6-19 所示。

表6-19　所选各国教材六个一级主题的广度比较

序号	教材		力与运动	电	波	动力学和平衡	能量	物性	总计
1	德国	广度	66	90	96	43	53	104	452
		百分比	14.6%	19.9%	21.2%	9.5%	11.7%	23.0%	100%
2	美国	广度	53	56	122	42	94	39	406
		百分比	13.1%	13.8%	30.0%	10.3%	23.2%	9.6%	100%
3	俄罗斯	广度	79	91	59	40	51	77	397
		百分比	19.9%	22.9%	14.9%	10.1%	12.8%	19.4%	100%
4	英国	广度	57	70	59	0	56	29	271
		百分比	21.0%	25.8%	21.8%	0	20.7%	10.7%	100%
5	中国	广度	27	64	62	25	41	24	243
		百分比	11.1%	26.3%	25.5%	10.3%	16.9%	9.9%	100%
6	新加坡	广度	33	80	37	9	24	14	197
		百分比	16.8%	40.6%	18.8%	4.6%	12.2%	7.1%	100%
7	韩国	广度	30	24	29	17	52	16	168
		百分比	17.9%	14.3%	17.3%	10.1%	31.0%	9.5%	100%
8	澳大利亚	广度	23	12	11	4	57	41	148
		百分比	15.5%	8.1%	7.4%	2.7%	38.5%	27.7%	100%

续表

序号	教材		力与运动	电	波	动力学和平衡	能量	物性	总计
9	日本	广度	24	38	28	11	33	13	147
		百分比	16.3%	25.9%	19.0%	7.5%	22.4%	8.8%	100%
10	法国	广度	6	49	28	1	4	11	99
		百分比	6.2%	50.5%	28.9%	1.0%	4.1%	11.3%	100%

注：因为百分比按照四舍五入原则保留一位小数，可能导致百分比相加总计不等于 100%。

对应的柱状图如图 6-13 所示。

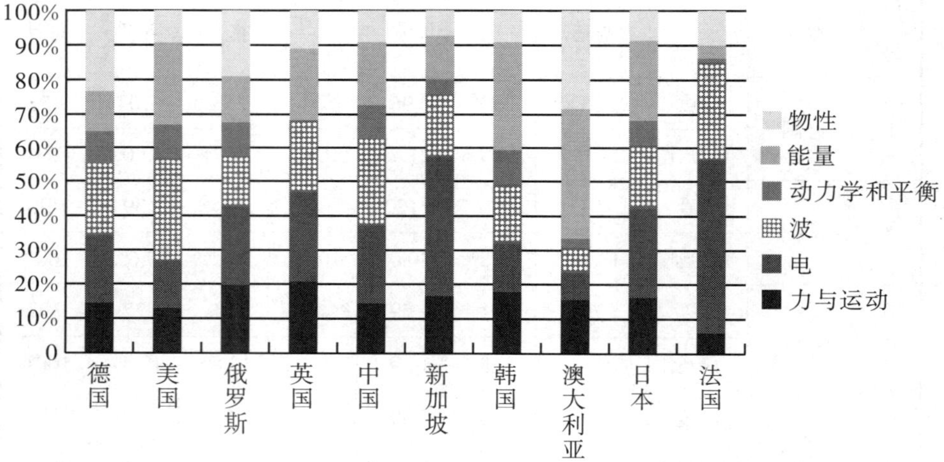

图 6-13 各国教材六个一级主题的广度百分比分布

可以看出，除了英国教材中没有“动力学和平衡”主题的内容，其他所选各国教材的内容都涵盖了六个一级主题，说明各国教材都比较注重物理知识的系统性和完整性。但是所选各国教材知识点在六个一级主题中的分布不同，以“电”为例，最低为澳大利亚的 8.1%，最高为法国的 50.5%，差距很大，这是因为各国教材的编排逻辑不同，侧重点也不同。比如澳大利亚教材的编写就是基于大概念的基本框架，大概念是指组成科学这门课程的四个学科（物理、化学、生物、地球和空间科学）中重要的九个核心概念，分别是：生物学科的多样性和进化、相互依赖、结构和功能，化学学科的性质和结构、相互影响和改变，地球和空间科学的空间系统、动态的地球，物理学科的力与运动、能量及其转化。德国教材以能量为主线，用“动量”和“能量”的传递，将各种实物型物理量整合成一个有机整体。

中国教材内容较多的是“电”和“波”，这两部分包括了电学、磁学、声学、光学的内容；“力与运动”的部分只占 11.1%，并且这部分内容被放在了九年级，这符合学生的认知规律；内容最少的是“物性”，占 9.9%。

二、六个一级主题的难度比较

所选各国教材六个一级主题的难度分布如表 6-20 所示。

表6-20　所选各国教材六个一级主题的难度比较

序号	教材		力与运动	电	波	动力学和平衡	能量	物性	总计
1	俄罗斯	难度	112.0	167.2	85.8	63.4	75.1	116.3	619.8
		百分比	18.1%	27.0%	13.8%	10.2%	12.1%	18.8%	100%
2	德国	难度	105.2	115.2	104.2	72.9	75.0	111.0	583.5
		百分比	18.0%	19.7%	17.9%	12.5%	12.9%	19.0%	100%
3	美国	难度	78.3	74.2	126.0	69.4	120.2	38.8	506.9
		百分比	15.4%	14.6%	24.9%	13.7%	23.7%	7.7%	100%
4	中国	难度	45.6	133.8	95.0	46.1	78.7	48.1	447.3
		百分比	10.2%	29.9%	21.2%	10.3%	17.6%	10.8%	100%
5	韩国	难度	67.3	56.9	66.1	42.9	120.0	37.4	390.6
		百分比	17.2%	14.6%	16.9%	11.0%	30.7%	9.6%	100%
6	英国	难度	86.8	102.1	81.0	0	84.1	29.5	383.5
		百分比	22.6%	26.6%	21.1%	0	21.9%	7.7%	100%
7	新加坡	难度	87.5	123.1	46.2	9.5	38.7	22.2	327.2
		百分比	26.7%	37.6%	14.1%	2.9%	11.8%	6.8%	100%
8	澳大利亚	难度	66.2	21.2	16.0	4.5	99.9	65.8	273.6
		百分比	24.2%	7.7%	5.8%	1.6%	36.5%	24.0%	100%

续表

序号	教材		力与运动	电	波	动力学和平衡	能量	物性	总计
9	日本	难度	34.7	65.4	37.6	19.4	45.7	25.7	228.5
		百分比	15.2%	28.6%	16.5%	8.5%	20.0%	11.2%	100%
10	法国	难度	13.6	104.8	55.3	1.6	7.5	26.0	208.8
		百分比	6.5%	50.2%	26.5%	0.8%	3.6%	12.5%	100%

注：因为百分比按照四舍五入原则保留一位小数，可能导致百分比相加总计不等于100%。

对应的百分比分布柱状图如图6-14所示。

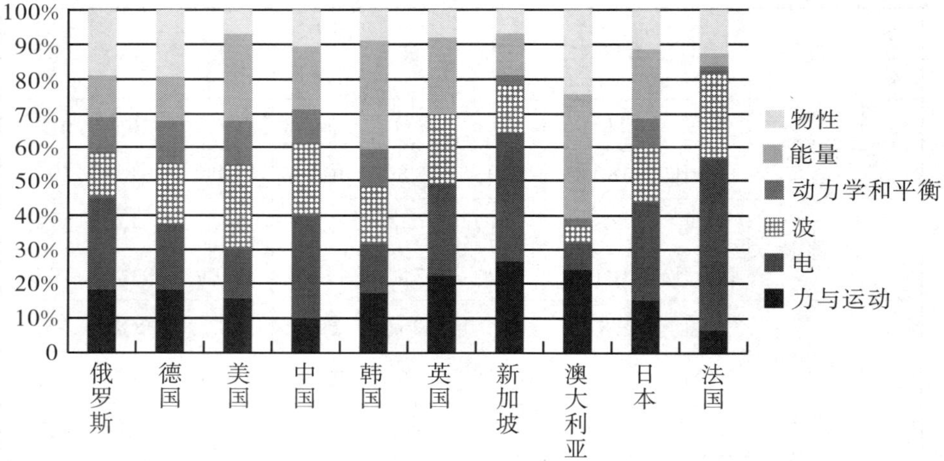

图6-14 各国教材六个一级主题的难度百分比分布

可以看出，和广度一样，所选各国教材六个一级主题的难度分布各有侧重，而且有的差距很大。“力与运动”占比较高的是英国、新加坡和澳大利亚，“电”占比较高的是法国和新加坡，“波”占比较高的是法国和美国，“动力学和平衡”占比较高的是德国和美国，“能量”占比较高的是澳大利亚和韩国，“物性”占比较高的是澳大利亚、俄罗斯、德国。中国教材“电”的难度最高，占29.9%；其次为“波”，占21.2%；“力与运动”最低，占10.2%。

第七章 各国初中物理教材内容特点及综合评价

在前面深入比较和分析了各国初中物理教材难度及其分布、广度及其分布，以及不同维度和不同主题的难度、广度及其分布的基础上，本章分别对各国初中物理教材的内容特点进行了分析，并对各国初中物理教材进行了综合评价，以更好地了解各国初中物理教材的特点，为我国的教材建设提供借鉴。

第一节 中国初中物理教材内容特点及综合评价

人教版初中物理教材是依据中华人民共和国教育部 2001 年颁布的《全日制义务教育物理课程标准（实验稿）》编写的，教材知识内容的选择与编写体现了物理课程标准提出的课程性质、基本理念、课程目标、内容标准等。为落实课程标准提出的知识与技能、过程与方法、情感态度与价值观的三维课程目标，教材增加了科学探究的内容，增加了学生的活动，注重学生的经验积累，扩大学生的知识面。

一、教材内容特点

中国这套初中物理教材涉及的知识点较多，覆盖了“力与运动”“电”“波”“动力学和平衡”“能量”“物性”这六个一级主题。这套教材视野开阔，注重联系实际，贴近生活，扩大知识面，但是难度并不算高，知识点总体处于“了解”水平。该套教材重点在构建知识结构的基础，突出科学领域中最基本的概念和原理，扩大学生的知识面，使学生掌握最基本的科学方法、事实、假说、理论和定律，在此基础上，使学生学会思考和探索，为学生下一步的学习打下基础。

实验作为知识点的重要构成部分，是重要的教学内容。人教版初中物理教材中平均每节 1.6 个实验，这是该教材的一大特色。这说明该教材注重科学探究，给学生提供了较多的探究实践的机会，培养学生科学探究的能力。该教材注重科学探究，但是，不过分强调规律的严密性，不求“深”，重在让学生经历科学探究的过程，体会科学家研究问题的思想方法。同时，由于初中生的思维处在从形象思维向理性思维转变的过程，为了保证探究的教育作用，教材中的探究都是按照从简单到复杂、从定性到定量、从不完整到完整的顺序编排的。

教材中习题的数量适中，平均每个知识点对应 1.4 个习题，每个知识点基本上都有习题与之对应。习题的类型丰富多样，有问题讨论、练习、实验、社会实践以及小论文写作等。习题的整体难度不高，主要目的是使学生巩固刚学过的知识，而不是提高能力。

教材中的拓展材料有“科学世界”“STS”，涵盖的内容丰富多样，包括科学史，现代高科技相关内容，与高等物理或其他学科联系的内容，科学技术与学生生活经验的联系，科学如何应用于技术以及技术又怎样影响社会。这不仅可以拓宽学生的知识面，而且可以加深学生对科学与技术、科学技术与社会之间关系的认识。

二、综合评价

这套教材覆盖了物理学中力学、电学、能量等几个主要知识领域，涉及的内容较多，视野开阔，注重从与学生日常生活联系最密切的物理现象（包括自然现象与人工现象）入手，使学生感到物理知识就在身边，物理知识与生活密切联系。在概念和规律的实际应用中，强调引导学生运用物理知识解释物理现象，分析和解决各种实际问题。理论联系实际不仅可以加深学生对物理规律的理解，更有利于引起学生学习物理的兴趣，扩大学生的知识面。

同时，教材重视构建知识结构，突出最基本的概念和原理，使学生掌握最基本的科学方法。特别是在电学和力学的相应部分，教材通过例题、探究和习题等的全面协调，帮助学生学习这些核心的物理概念。在此基础上，为拓宽学生的知识面，教材安排了较多的拓展材料，分别从科学史，与现代高科技相关，与高等物理或其他学科联系，科学如何应用于技术以及技术又怎样影响社会等角度进一步开拓学生的学习视野，激发学生的学习热情。

探究作为知识点的重要构成部分，是重要的教学内容。中国初中物理教材中安排了大量的探究活动，整套教材几乎每一章节、每一隐含规律的知识点都以探究的形式体现。而且，探究不仅仅局限于教材设计的探究知识点，还体现在各个栏目中，甚至有些内容还需要学生运用课外的诸多手段自己想办法完成，这些内容与研究性学习联系紧密。然而，虽然探究数量非常多，但是对学生的要求并不高，重在让学生经历科学探究的过程，体会科学研究的思想方法，对于一些具体的探究环节则在不同的探究中给予突出。由于初中生的思维处在从形象思维向理性思维转变的阶段，为了保证探究的教育作用，教材中的探究都是按照从简单到复杂、从定性到定量、从不完整到完整的顺序编排的。教材首先让学生了解探究是科学研究的基本过程；继而设置几个不完全的探究活动，并以旁批的方式表现探究活动的主要环节；随着学生对知识与方法的不断理解，探究的内容也日趋复杂，探究的思维程序也日趋完整。

教材中的所有知识点基本上都有习题与之对应，但习题难度偏易，这是因为教材设计习题的目的主要是使学生巩固刚学过的知识。习题中单纯的计算题较少，在定量计算方面的要求比较低，大部分为简答题，力求更全面地检验学生的学习水平。为了避免长期的接受性学习对学生创造性思维发展和实践能力培养的负面影响，教材在许多章节中安排了开放性的习题，这些开放性的习题分为两种，一种需要学生通过寻找所需的资料、数据得出正确答案，另一种则没有唯一正确答案或在初中阶段不要求学生学会该习题的答案，这些习题都有助于促进学生的自主思考和培养学生的实践能力。

总体来说，这套教材知识点覆盖全面，整体难度适中，教材设计由浅入深，符合初中生的认知发展。教材注重对学生科学探究能力的培养，安排了大量探究实验帮助学生认识科学探究。习题、例题和拓展等栏目，都围绕巩固知识与培养学生的科学素养进行设计。

第二节　日本初中物理教材内容特点及综合评价

日本初中物理教材“新科学”依据日本文部科学省于2008年3月颁布的《新订初中理科课程标准》编写，课程总目标为主动接触自然的事物与现象，进行有目的、有意识的观察与实验等，在培养科学的探究能力的基础和态度的同时，加深对自然的事物与现象的理解，形成科学的看法与想法。教材知识内容的选择与编写体现了物理课程标准提出的课程性质、基本理念、课程目标、内容标准等。教材通过设置多种多样的栏目、探究实验及实践活动，培养学生的思考能力、判断能力、表达能力、交际能力，以及自主学习的态度与愿望，重视培养学生尊重生命的态度等。

一、教材内容特点

这套日本教材知识点个数适中，覆盖面较广，涉及的知识点较多，达到了147个，覆盖了“力与运动”“电”“波”“动力学和平衡”“能量”“物性”这六个一级主题。教材以“运动和力”“电与磁”“能量”等核心概念为主线，从“身边的物质”出发，客观、多方面地介绍和说明自然界的事物及其现象，最终以“科学技术与人类”将各部分知识联系起来，形成一个有机的整体。教材注重联系实际，贴近生活，覆盖的知识面较广，在重视科学基本概念的同时，引导学生学习科学的观点和思维方法。

教材难度达到了228.5。其中，“了解”、“理解”和“应用”的难度百分比分别为64.4%、28.4%、7.1%。属于“应用”水平的知识点既是核心的物理概念，又需要进行复杂的探究。这说明教材的重点在于构建知识结构的基础，突出科学领域中最基本的概念和原理，使学生掌握最基本的科学方法。适当数量的“理解”水平的知识点，有助于学生建立完善的物理学知识体系和思想方法，学会思考和探索。在此基础上，再通过广泛的“了解”层面的学习，拓宽学生的知识面，为他们下一步的学习打下基础。整套教材的平均深度只有1.55，属于“了解”水平，也反映了教材整体要求不高的特点。

该教材中实验类型丰富，形式多样，注重培养学生科学探究的能力。教材中安排了大量的探究活动（共62个），这意味着大约3个知识点对应1个探究活动，这是该教材的一大特色。教材提供的大量探究素材，为学生的动手实验提供了理论基础，有利于培养学生的科学探究意识。同时，在“想一想”和“活用”栏目中也有部分思想实验，通过思维探究可以发展学生的逻辑思维能力。教材中的学生活动注重实验的完整性，将实验仪器、实验材料、实验步骤、实验结果、实验报告等全部呈现，能使学生系统地完成实验内容，学会基本实验技能，培养学生科学探究的能力。然而，虽然实验的总深度达到398，但是其中75%的实验深度低于“中等”水平，并且实验平均深度也是偏容易的水平，这说明教材不过分强调规律得出的严密性，而是重在让学生经历科学探究的过程，体会科学的研究方法。再结合“基础操作”栏目把仪器的使用方法、实验数据的处理方法、物理思维方法分门别类地罗列出来，作为对“实验”栏目内容的补充，使整个探究过程更加系统、科学，让学生在正确的操作方法下进行探究，懂得如何进行安全操作，如何处理和分析实验数据，运用适当的物理思维方法分析结果。

该教材中共有两类习题，两类习题各有侧重，针对性强。一类习题在章末学习后设置的“检查”栏目中，数量共计37个，平均每章有2.8个习题，这使得教材中的大部分知识点都有习题与之对应。习题总深度为37.7，平均深度为1.02，属于偏易的水平。习题多以填空和简答为主，整体难度不高，说明习题配置的主要目的是使学生巩固刚学过的知识，强化知识的记忆和理解，而不是提高学生对于知识的理解水平。值得注意的是，教材中还有另一类习题，这部分习题设置在单元末的“确认与应用”栏目中。由于这部分习题无法按照研究广度分类，因此本研究没将其纳入前文中习题广度和深度的研究范畴。此类习题的编写相对多样、复杂，有简答、计算、实验、社会实践等，并不要求学生简单地运用之前所学的知识点回答问题，而要求学生运用本单元所学，综合运用各知识点，利用数学方法或实验分析等方式解答题目。一个习题所涉及的知识点较多，有些甚至需要在新的物理情境中，通过阅读题目，找出问题突破点，建立联系，结合已学知识，解决新问题。这部分习题对学生的阅读能力、计算能力、思维能力、逻辑能力要求较高。

教材中拓展材料内容丰富，涉及面广，强调环境与能源教育。教材编写注重STS精神的体现，让学生在物理学习过程中了解科学、技术、社会三者之间的相互作用，这不仅有助于学生掌握基础知识，而且有利于培养学生的科学态度和科学自然观。拓展类栏目共计32个，分别从科学探索者、科学和环境、科学和生活、科学与职业、科学的历史、发展材料出发，全方位、多角度地将物理和社会生产、生活相联系，把知识与人文相结合。值得注意的是，教材单独设置了“科学技术与人类”理科单元，突出环境与能源教育。

二、综合评价

该教材的内容是根据日本文部科学省于2008年3月颁布的《新订初中理科课程标准》来选择和编写，由东京书籍株式会社长期从事教材编写的编辑、各地高校教师、博物馆馆长和初高中校长等共同编写完成。教材于2012年正式出版发行，日本大多数地区使用的都是这套教材。这套教材共有三册，分别为《新科学1》《新科学2》《新科学3》。

该套教材为科学教材，教材编写注重学科间的交叉融合，学科内部的知识点结构严谨，系统性强，覆盖了物理学中力学、电学、能量等几个主要知识领域，视野开阔。栏目设置类型丰富，功能各异，例如，从“知识回顾”出发，回顾旧知；由“内容介绍”列出将要学习的新知识；利用“提问”引出问题，激发学生的兴趣，引发学生的思考；“确认与应用”是对本单元学习的检验，通过课题研究的形式，培养学生灵活运用知识的能力，让学生体验科学研究过程。正是这些多样化的栏目间的相互配合，使得学生可以更加系统地完成知识体系的学习。

根据初中生的认知规律和物理学特点，日本初中物理教材灵活运用多种形式的图片，传递各种信息，启发和引导学生的思维活动。教材中图片内容丰富，趣味性强。全套教材中图片总数为655张，值得注意的是，这些图片不仅包含自然现象、生活场景、实验仪器等，还包括了漫画，利用卡通人物呈现学生在各种活动中的感受以及存在的疑问，这不仅增加了教材的生动性，而且使教材走进学生的生活。

除此之外，教材注重学生主体地位的体现，并设置了丰富多彩的课内外活动。学生在“试一试”“做做看”“实验”中通过基础操作的学习，学会基本仪器的使用方法和数据处理的方法，在“实验结果举例”及“实验结果分析”中对数据进行处理，归纳总结规律，最后完成“我的实验报告”，构成完整的实验过程。日本教材实验深度不高，旨在让学生在探究的过程中掌握实验的基本技能，培养创新思维和科学探究能力。同时，在课外实践方面，教材设置了“调查”栏目，让学生在日常生活中，自行设定课题进行研究，开展自由探究活动，充分发挥个人的主观能动性，使不同层次的学生都有机会展示自己。

该套教材语言生动，语气委婉，体现人文关怀。例如，“使用电灯泡做光源时，灯泡会发热，注意避免烫伤”，这种叮嘱的话语，体现了教材对学生的关心和爱护。另外，教材中的语句多采用疑问形式，目标性强，富有启发性。

总体来说，这套教材知识点覆盖全面，整体难度适中，教材设计由浅入深，符合初中生的认知发展规律，注重对学生科学探究能力的培养，问题、习题和拓展等栏目都围绕知识巩固与培养学生的科学素养而设计，是其课程标准的整体体现。

第三节　韩国初中物理教材内容特点及综合评价

所选韩国初中物理教材是依据韩国教育科学技术部 1997 年颁布的《科学与教育过程》编写的，该教材按探究模式编写，让学生通过经历提出问题、探究问题、解决问题的过程来学习物理。

一、教材内容特点

该教材中涉及的知识覆盖了“力与运动”“电”“波”“动力学和平衡”“能量”“物性”六个一级主题，共 168 个知识点。这说明这套教材视野开阔，把握住了物理学体系和实际生活的核心话题。每一个主题涉及的知识点并不是很多，重点关注的是一些非常核心的知识点。这套教材难度达到了 390.6，其中，“了解”层面的知识点最多，“应用”层面的知识点最少，难度梯度较合理。教材非常重视物理知识结构的基础和突出物理学领域中最基本的概念、原理，从而使学生掌握最基本的科学方法。教材“理解”层面的知识点有助于学生建立完善的物理学知识体系和思想方法，提高学生理解问题、分析问题的能力。在此基础上，广泛的“了解”层面的知识可以拓宽学生的知识面，为学生的进一步思考创造必要的空间，也为学生的下一步学习和发展打下坚实的基础。这套教材还特别重视一些特别重要的知识点，比如“能量”这个大概念。

该教材设置了很多探究性实验，在 111 个实验当中，过程完整且详细的有 71 个，这说明该教材注重实验的完整性和引导性。由于过程完整详细，步骤之间的逻辑联系紧密，因此实验的引导性较强。对于很多定量的探究实验，教材非常重视对实验数据的处理和分析，经常用图象来呈现实验数据结果，这非常有利于学生学习科学研究的方法。实验的总深度达到 730，但是其中 75% 的实验深度低于“中等”水平，并且平均深度也是偏容易的水平。这说明教材不过分强调得出规律的严密性，而是重在让学生经历科学探究的过程，体会科学研究的基本思想和方法。在探究性实验中，实验仪器生活化程度比较高，实验所用仪器尽可能来自日常生活中可以找到的物品。例如，在“摩擦力的大小”这个实验中用到了纸筐、书本和小弹簧等来探究影响摩擦力大小的因素。另外，每个实验中都有插图，其中除了电学实验较少体现学生，其他部分实验的插图都印有在进行实验的学生，充分体现了以人为本的思想。值得一提的是，教材非常重视对学生安全意识的培养，例如在热学等有危险的实验中，要求学生戴护目镜等。

该教材中的习题主要分为节内习题和章后习题。节内习题与该节内容紧密相关，有助于学生及时巩固所学内容。章后习题与整章的内容相对应，其中一些习题涉及章内的几个知识点，有助于加强学生对所学内容的整体理解。深度较高的知识点对应的习题较多一些，一些限于简单了解的知识点没有习题与之对应，或几个简单知识点与一个习题相对应。习题的类型丰富多彩，有概念图、科学拼图、填空、判断、计算、简答、设计实验、调查、科学写作等。这些丰富多彩的习题不仅可以增加习题的趣味性，还可以完善学生头脑中的知识结构，提高学生的思维品质。单纯的计算类习题大约只占全部题量的 9%，可见教材在定量计算方面的要求不高。习题中最多的是简答题，共 203 个，占习题总数的 64%，可见教材很重视学生对基础知识的理解，同时注重物理知识与实际生活的联系，强调应用物理知识来解释日常生活现象。习题总深度 730，但 75% 的习题低于中等深度，且平均深度也属于偏易的水平，习题的整体深度不高，说明习题的设置旨在使学生及时巩固刚学过的内容，而不是使学生对于所学内容有更深层次的理解。除了传统的填空、计算和简答题等，教材还在每章增加了综合性较强的概念图和科学拼图两类习题，使学生对所学一章的体系有整体的把握，增强了学生学习知识的连贯性。同时，还增加了实践操作较强的调查和设计实验题，调查题 5 个，设计实验题 12 个，这两种题型对于让学生把所学知识应用到生活中起了很大作用。另外，教材中还有科学写作题 7 个，科学写作这类题型也很有特色，例如习题中给出了住宅里发出噪声的几个例子，让学生选择一项写出解决方案，字数为 200 字。这些类型的习题不仅有助于加深学生对学习内容的理解，提高学生的思维品质，还有助于培养学生用所学知识来分析和解决实际问题的能力。

拓展材料形式多样，不仅注重科学与技术、社会等的联系，还利用了互联网，有利于增强学生学习的自主性。现今的韩国科学课程重视培养国民科学素养的综合性，因此教材中的拓展材料也特别重视学生科学素养的提升。教材中的拓展材料分为六类，包括“科学与生活”“科学与历史”“科学·技术·社会”“科学与职业”“资料室”“互联网的使用”。拓展材料主题多元，形式多样，从不同的角度考虑到了学生发展的需要，其中涉及用科学解释生活中的问题，科学史中的有关科学家的小故事及对科学家的介绍，科学与某些特殊职业（如热管理产业技师）的联系，科学技术（如人造卫星运动）对社会的影响等。同时，该教材提出在初中阶段设置“基本”“深化”“补充”三个水平的课程，使学生掌握需要共同学习的“基本”内容，然后再根据自己的能力自主地进行“深化”和“补充”课程的学习。“互联网的使用”通过提供网址的形式给出拓展材料，让学生通过网络资源自主学习，这样不仅拓宽了学生的眼界，丰富了学生的知识，同时培养了学生学习的自主性，为学生下一步的学习提供了指导和更丰富的资源。

二、综合评价

该教材是根据韩国教育科学技术部颁布的《科学与教育过程》编写，由韩国教育科学技术部审定，韩国金星出版社出版的，编写队伍由韩国首尔大学师范学部的教授等组成。这套教材共有三册，即《初中科学 1》、《初中科学 2》和《初中科学 3》，分别对应韩国学制中的七年级、八年级、九年级。《初中科学 1》于 2010 年 3 月正式出版发行，2012 年 3 月再版；《初中科学 2》于 2011 年 3 月正式出版，2012 年 3 月再版；《初中科学 3》于 2012 年 3 月正式出版。

这套教材是科学教材，涵盖了物理、化学、生物、地球和空间科学四科，其中物理部分覆盖了物理学中的力学、热学、电学、能量等几个主要知识领域，总的知识点不多，但注重物理学中基本概念和规律的学习，对于物理学中的核心概念及重难点都进行了较大篇幅的介绍和较多的探究。

该教材对知识点进行介绍时都从生活和生产中常见的问题展开，从日常生活中的物理现象和物理问题入手，使学生基于生活提出疑问，并将物理知识应用于生活。在概念和规律的获得中，注重引导学生的思维，重视学生的亲身体验和学生分析处理问题的能力；在实际应用中，提出与生产和生活密切相关的问题，让学生进行探究。这样不仅使学生认识到学习物理的重要性，同时也使物理与生活联系得更加紧密，做到物理来源于生活又应用于生活。

该教材按照探究的模式编写，内容描述细腻，探究活动形式多样，适合学生自学。教材不仅提示了学习内容和教学过程，还展现了科学的探究方法，将富含生活气息的实验和实际操作内容贯穿于基本理论教学的始终，为枯燥的理论学习增添了趣味性。

该教材中的探究形式多样，注重培养学生的动手操作能力和思维能力，以及对科学方法的运用能力。实验侧重于定性的探究，过程详细，适当降低了深度，却提高了学生参与的积极性。同时，实验仪器多取自生活中的常用物品，增加了学生对实验仪器的熟悉程度，提高了学生对物理实验的兴趣。对于定量的探究，注重对数据的记录和分析，采用图象法使得分析的数据更加直观。

该教材中的例题较少，只有 1 个。习题数量适中，共 317 个，平均每个知识点对应 2 个习题，且习题分为节内的习题和章后的习题，既使学生及时巩固了基础知识，又对一章的内容有所总结。章后习题类型丰富，既包括传统习题，还包括概念图、科学拼图、设计实验、科学写作、调查等新型习题。这些习题不仅有利于学生形成系统的知识结构体系，还有利于培养学生全面性和发散性思维，更增加了习题的趣味性。另外，习题的整体深度较低，计算题只占习题总数的 9%，简答题占习题总数的 64%，说明教材比较注重问题的解决，尤其是对生活和生产中问题的解决，而不是定量的计算。

该教材中拓展材料丰富多彩，涉及与科学有关的各个领域，同时教材注重网络资源的开发，注重培养学生的自主学习能力和利用网络搜集信息的能力。教材图文结合，印刷精良，增加了学生学习的兴趣。习题和课外拓展等栏目都是围绕巩固知识与提升学生科学素养来设计的。

该教材在章首和节前提出了学习目标和完成学习后要会解决的问题，增强了学生学习的目的性，使学生更明确自己的学习目标和任务。

该教材图文结合，图片无论是在数量上还是在类型上都很丰富，真实性图片较多，增强了学生学习的兴趣，同时图片多以组图的形式呈现，体现了情境和过程的完整性，有助于学生思维的发展。另外，教材还通过图片呈现的方式体现了韩国本土文化，有助于提高学生对本土文化的重视，增强学生的民族自豪感。

这套教材知识点覆盖较全面，整体难度适中。教材从学生的认知规律出发，探究性逐渐加深，难度逐渐加大。教材非常重视科学探究的教育价值，重视学生科学探究能力的培养。教材设置了大量的探究性实验，这非常有助于培养学生的创新意识和创造能力。总之，这套教材注重激发学生的学习兴趣，注重科学和生活经验的联系，注重科学知识的形成过程和科学探究方法的指导，注重科学精神与人文精神的融合。教材重视对学生基本素养和创新能力的培养，很多开放性的实验为学生提供了大量的观察、操作和独立思考的机会，为学生的学和教师的教开辟了足够的空间。

第四节　新加坡初中物理教材内容特点及综合评价

培生教育南亚有限公司出版的 *Science in Focus：Physics*（*for GCE ‘O’ Level*）是参照新加坡教育部编写的《理想的教育成果》，并依据新加坡中学物理课程标准编写的。教材知识内容的选择与编写体现了物理课程标准提出的课程性质、基本理念、课程目标、内容标准等。为落实课程标准规定的以科学探究为核心，在科学探究过程中注重在理解和应用、技能和过程、道德情感和态度三个维度上培养学生。教材增加了科学探究的内容以及学生的活动，注重学生的知识与生活、技术的联系。

一、教材内容特点

这本新加坡初中物理教材对不同知识点的重视程度不同，而且充分考虑学生的认知水平和物理知识体系本身的特点。从分析结果可以看出，该教材涉及的知识面较窄，但是仍然覆盖了“力与运动”“电”“波”“动力学和平衡”“能量”“物性”这六个一级主题，对物理体系中最基本的知识、学生在日常生活中最常见的物理现象、学生初中阶段认知水平所能接受的物理知识都有所介绍。这本教材涉及的知识点内容不太多，而且深度并不算高，平均深度处于“了解”水平。新加坡教材对不同主题知识点要求掌握的水平有较大差异。例如，对于“力与运动”部分，要求学生对知识的掌握深而不广，重点知识要重点掌握；对于“电”部分，要求学生对知识的掌握深而广，在拓展知识面的同时，重点知识要重点掌握，因为不管是从知识点的难度方面，还是从知识点的广度方面，“电”部分都是该教材的重点与难点知识之一；对于“波”部分，要求学生对知识的掌握广而不深，积极拓展知识面，认识到物理与生活的紧密联系，以及物理对生活和周围环境的影响。

实验作为知识点的重要构成部分，是重要的教学内容。该初中物理教材中平均每节 0.95 个实验。该教材的实验数量虽然不多，但是在培养科学探究能力方面，给学生提供了较多的探究实践的机会，利于培养学生科学探究的能力，注重学生创新能力的培养。实验的编排不仅考虑到物理概念与规律的探究，还注重概念与规律的应用及其与生活的紧密联系。教材注重科学探究和学生自主创造，但是，由于教材对不同部分要求不同，因此不同部分的深度不同。有些实验不过分强调规律的严密性，不求深，重在让学生认识物理现象，了解物理过程，了解科学思维，同时意识到物理来源于生活；有些实验要求学生能力全面，探究过程严谨，深刻认识理论知识探究的整个过程，同时熟练掌握仪器的构造和使用；有些实验要求学生具有创新思维和能力，进行自主创造，将所学知识灵活运用到生活中。

习题的数量较少，平均每节对应 1.4 个习题，教材中的重要知识点基本上都有习题与之对应。习题的类型并不多，大部分是简答题，还有一些计算、作图、比较题。习题的整体难度不高，主要目的是使学生巩固刚学过的知识，而不是加深对知识的理解。教材中的习题包括填空题、选择题和计算题，其中单纯计算类习题大约只占全部题量的 10%，大部分为简答，并增加了画图、比较、列举题。可见教材不仅在定量计算方面的要求比较高，而且也充分考虑到拓宽学生知识面这一编排理念，这和教材知识点的编写原则是基本一致的。教材中的简答题包括对概念的认识和应用、实验的推论、图片分析等，力求使学生更全面地认识到自己学习的不足，自主检验学习水平。

该教材中平均每章有 1.6 个拓展。拓展类型有“物理布告栏”“电脑链接”“活动空间”等，形式丰富多样，内容涵盖了生活、社会、技术的各个方面，包括与生活联系的、与现代高科技相关的、与高等物理或其他学科联系的内容。通过软件、互联网和计算机将信息技术和物理教学更深入、更全面地整合起来，这不仅可以拓宽学生的知识面，而且可以培养学生运用信息技术学习、查找数据、筛选数据等多方面的能力。此外，教材还提供给学生一些有趣的问题、案例，或者让学生通过写报告、做实验来拓展自身的能力。

二、综合评价

该教材的内容是在新加坡教育部1998年颁布的《理想的教育成果》的基础上，根据分流教学的要求，依据《科学课程标准（初中低年级特别/快捷/普通学术版）》来选择和编写的，编写队伍由新加坡培生教育南亚有限公司组织的Loo Wan Yong、Loo Kwok Wai、See Toh Weng Fong等人组成。该教材于2000年第一次出版发行，2004年第五次重印，供初中三至四年级学生使用。

该教材覆盖了物理学中普通物理、热物理、波、电与磁等几个主要知识领域，综合考虑物理、技术、社会的关系，加入了许多与物理学科有关的技术开发和应用等方面的内容，体现了从生活走向物理、从物理走向社会的编排思想。教材注重从生活中的物理现象入手，使学生感到物理知识就在身边，物理知识与生活密切联系。教材强调技术开发与应用，帮助学生了解物理应用的实际情况，同时鼓励学生自己创造，培养学生的创造能力。

教材内容的编排系统性强。教材的主线按物理知识的逻辑（即按力、热、光、电的顺序）展开，或适当变化。这种大框架的编排比较传统，但是有利于学生对物理知识体系有系统的了解，帮助学生建立起系统的、简明的、有层次的物理知识体系。同时，教材在传统编排框架的基础之上，做了一定的修改和改进：改变了传统的仅以物理学科的知识体系来安排教材结构的情况，综合考虑物理、技术、社会的关系，加进了许多与物理学科有关的技术开发和应用等方面的内容，体现了从生活走向物理，从物理走向社会的编排思想。教材中具体知识内容的编排也具有独特性，比如先整体介绍学习中所需的实验仪器，使学生系统地掌握仪器的使用方法，再介绍实验仪器的具体使用情况。该教材对不同知识内容的设计在难度上大有差异，对力学和电学知识要求较高。

该教材重视提高全民科学素养，把科学教育作为帮助学生获得重要科学知识、技能并利用它们推动经济发展的坚实基础。教材中的实验难易结合，既利用方便取材的实验培养学生的基本实验技能，又利用深度高的创造性实验培养学生的创造能力。通过一些取材容易、便于操作，只让学生观察、描述实验现象或回答简单问题的实验，让学生经历实验过程，提高基本实验能力。同时，通过部分定量实验或创造性、动手制作实验，培养学生的动手能力、创造能力，提高学生实验操作的规范性，培养学生科学严谨的治学态度和缜密的思维习惯。这些实验与生活息息相关，给予学生更多接触社会的机会，增强了学生间的交流合作和学习物理的兴趣，使学生更深刻地理解从生活走向物理、从物理走向生活。

该教材中有很多较难的计算题，特别是“力与运动”部分，“电”“波”部分也有所涉及。这些难度较大的计算题增加了学生学习的难度，甚至有些知识已经达到了中国高中物理知识的水平。这些知识虽然学习起来有些吃力，但是大都与生活密切相关，通过练习计算题，学生可以掌握抽象的物理概念，学习一些处理数据的方法，同时培养严谨、求真的学习态度。

该教材重视信息技术与物理教学的深层整合，通过软件、互联网和计算机将信息技术和物理教学更深入、更全面地整合起来。新加坡把信息技术与学科教学的整合贯穿于学科的整个教学过程，是一种潜移默化式的整合，而且随着学习的深入，对运用网络的要求也逐步提高。教材的安排以学生为本，尊重学生的认知发展规律。利用多媒体技术进行教材的设计和开发，有利于促进学生对世界的理解，激发学生的学习兴趣，增加学生获取信息的渠道，活跃课堂教学，提高学习效率。

总体来说，该教材设计系统性强，涉及的知识覆盖面窄，整体难度不大，但对核心知识要求较高。教材中实验难易结合，既利用方便取材的实验培养学生的基本实验技能，拓宽学生的知识面，又利用难度大的创造性实验，培养学生的创造能力。教材对于“力与运动”部分的知识要求很高，学生不仅要掌握基本理论，还要会用知识解决一定的问题，进行有一定深度的计算，制作简单的器件，进行简单的实验等。教材注重培养学生解决问题的能力，通过一些有代表性、有深度的计算题来培养学生这一能力。教材加入高深度的计算题，帮助学生提高计算能力，让学生在解决问题的同时，培养逻辑思维，提高分析问题的能力，掌握一些数据处理的方法与技巧，养成严谨、缜密的科学态度。教材在编排时，在采用传统教材框架的基础上，综合考虑物理、技术、社会的关系，加进了许多与物理学科有关的技术开发和应用等方面的内容，体现了从生活走向物理、从物理走向社会的编排思想。同时，教材通过软件、互联网和计算机将信息技术和物理教学更深入、更全面地整合起来。

第五节　俄罗斯初中物理教材内容特点及综合评价

本研究所选择的俄罗斯教材为俄罗斯德罗法出版社出版的“物理”七、八、九年级系列教材，全套教材分为三册，共13章205节。七年级物理教材的内容包括力、能，八年级包括热现象、电现象、磁现象和几何光学，九年级包括力与运动、机械振动和机械波、电磁场和近代物理学。

一、教材内容特点

这套俄罗斯初中物理教材内容结构完整，知识点涉及物理学的各个分支领域，基本覆盖了物理学的主要内容，注重基础知识的传授。该教材将量子力学、天体物理学初步内容包括进来，将现代物理学的全貌展现给学生，呈现出一个奇妙的微观世界，为学生今后学习量子力学打下了一定的基础，同时该内容相对简单易懂，不会对学生学习物理造成压力。整套教材共包括知识点397个，“了解”、“理解”和“应用”的深度百分比分别为63.4%、31.3%、5.3%，对应的知识点个数分别为324、65、8。这说明教材重视学科知识结构的基础，突出科学领域中最基本的概念与原理，扩大学生的知识面，使学生掌握最基本的科学方法、事实、假说、理论和定律，并在此基础上，引导学生思考和探索，为他们下一步的学习打下坚实的基础。此外，教材注重知识之间内在的衔接，展现严密系统的学科体系。教材知识点数量较多，平均深度不高，总体难度比较大。

该教材中实验总体深度不高，偏重“电”和“能量”，演示实验居多。实验数量为108个，广度并不大，总深度为721，平均深度为6.68。有75%的实验深度低于8，说明影响实验难易程度的原理、仪器、操作量、探究这四个因素的平均水平为中等偏简单。从各部分实验的数量来看，该教材“电”和“能量”两部分的实验所占比例最大，均为22.2%。教材中实验类型较少，有演示实验、动手实验、探究性实验，其中又以演示实验数量居多，共70个，占64.8%。

该教材习题总量较大，中低层次深度习题居多，着眼于促进学生对所学知识的巩固，对物理基础内容的理解。就该套教材自身来看，习题占据了总广度的50%以上，比例如此之大，可以说明该套教材非常重视习题在教学、学习过程中所起到的作用。整套教材中，习题的类型有“问题”“练习”“作业”“习题”，形式多是问答、计算和对实际问题的解决。“练习”涉及的内容对学生的要求并不是很高，多是针对所学的内容提出的问题，引导学生进一步思考和分析，加深对所学知识的理解，有的涉及对生产生活中的一些现象或问题进行解释和说明。这类习题要求学生在记忆的基础上，会对概念、原理进行简单的应用，注重学科知识与实际的联系，是对知识点的进一步巩固；要求学生或是运用数学工具来计算，或是深入思考解决问题，总体是为了培养学生的动手动脑能力。“作业”多被设计成一些完整型的计算题，或是要求学生深入思考的问题，或是一些需要学生完成的活动。“书后习题”以计算和问答题为主，对应九年级教材中介绍过的物理知识。从深度来看，俄罗斯初中物理教材七、八、九年级系列习题的总深度为2693.1，平均深度为1.81，由此可见，俄罗斯初中物理教材总深度虽然高，但平均深度却不高，多是些物理情境简单、有简单数学方法的使用、推理简单、物理过程单一的习题。

该教材中的拓展共有18个，平均每章有1.4个拓展。拓展类型比较单一，都是阅读性材料。阅读材料多与科学史、现代科技、生产生活相关。拓展材料分布在“动力学和平衡”这部分的数量较多。在“动力学和平衡”部分中，教材还介绍了“液体压强、帕斯卡实验”“海洋底部的压力、深海勘察”“气动发动机装置”“大气压的发现史”“阿基米德传说”，这几个拓展材料有的涉及物理学史，有的与技术生产相关，体现了技术怎样影响社会，显示了物理学科的重要地位，在拓展学生知识面的同时，让学生体会学习物理的意义所在。

二、综合评价

从总体上来看，该教材注重系统学科知识的传授，注重知识性、学科本位和内在逻辑的严密性，进而培养学生严谨的科学精神以及掌握多种科学方法。但该教材与其他国家教材相比，离学生日常生活较远。教材内容呈现的情境一般是现实情境的抽象，更加简单、直接、具体。

该教材知识全面、系统，知识点几乎覆盖了现代物理学的所有领域（力、热、光、电、原和量子力学初步），甚至天体物理入门等相关知识，能够使学生初步认识物理以及物理学，物理学在整个自然科学中的地位，物理学对于人类社会发展的重要价值等。

该教材习题量较大，总深度比较高，但平均深度一般。习题以中低水平深度居多，着眼于促进学生对所学知识的巩固，对物理基础内容的理解。教材中各类型习题设置考虑深度梯度。“问题”在原文中都能找到相应的答案，主要是起巩固所学物理规律与概念的作用。教材通过提供“问题”平台，用大量的基础性的问答题来督促、指导学生识记。“练习”是对知识点的进一步巩固，要求学生或是运用数学工具加强计算，或是深入思考解决问题。这种习题的目的在于引导学生进一步思考和分析，加深对所学知识的理解，注重学科知识与实际生活的联系，培养动手动脑能力。“作业”对学生的各方面要求略高，多被设计成一些完整型的计算题，或是要求学生深入思考的问题，或是一些需要学生完成的活动。“书后习题”是指九年级教材的最后部分，共有 45 个习题，以计算和问答题为主。

教材为了帮助学生掌握正确规范的计算过程，更好更深入地理解与应用相关内容，设计了相应的例题。但教材例题数量少，并且深度一般。初中三册物理教材仅有 24 个例题，并且深度处于中等水平，总体深度不大。例题多出现在对数学工具依赖较强的章节，如速度、物质的密度、用密度求物体的质量和体积、重量和质量的关系、压强、浮力、机械功、功率、机械效率、计算热量、比热、汽化和冷凝、欧姆定律、电流做功等。

该教材在注重物理知识体系传授的同时，注重对学生分析、解决具体问题能力的培养，关注学生抽象思维的形成与发展，使学生具备基本的物理素养、物理感觉，以及应用物理知识、物理方法、物理思想来应对、解决生活中实际问题的能力，充分考虑各类学生的发展方向，为学生的发展奠定基础。

第六节 英国初中物理教材内容特点及综合评价

本研究选用的英国教材是英国牛津大学出版社出版的*AQA Science*系列书籍中的物理分册*GCSE Physics Student Book*。此系列书籍是为了满足学生参加GCSE考试的需求而编撰的。

这套教材覆盖物理学中力和运动、电、能量、物性、波等几个主要知识领域的内容，涉及的知识面较广，注重培养学生将所学到的知识与实际生活进行联系的能力，从多个角度达到将物理学习带进学生生活的目的。

一、教材内容特点

英国这套教材是为了满足学生参加GCSE考试的需要，因此在课程的安排上将GCSE考试的内容作为主线。教材中涉及的知识点较多，达到271个知识点，覆盖“力与运动”“电”“波”“能量”“物性”这五个一级主题，注重基础内容的介绍，每章节的内容清晰明了，还涉及原子物理的多个方面的知识，这是该教材非常突出的一个特点。教材难度达到383.5，其中，“了解”、“理解”和“应用”的深度百分比分别为74.6%、21.0%、4.4%。整套教材的平均深度只有1.42，属于“了解”水平，也反映出教材整体要求不高的特点。“电”部分内容的难度最大，其次是“力与运动”、“波”和“能量”这几部分的内容，这几部分内容无论是在知识点、实验方面，还是在例题方面，难度均大致相同，相比“电”部分难度有所下降。

该教材通过不同的实验类型对科学探究的难度和要求做出明显的区分。实验类型大致有“探究实验”“测量性实验”“观察、体验性实验”“自主实验”“演示实验”。“探究实验”是该教材比较重视的实验，每个实验的难度均达到9。“测量性实验”是针对初中教材中有不少物理量是可以由学生自己测量得到而设计的，难度水平仅次于“探究实验”，平均难度位列第二。“观察、体验性实验”是该教材中数量最多的实验，共有27

个，平均难度位列第三，这类实验多为定性非定量的实验，对学生的要求并不高。“自主实验”对于培养学生的科学素养具有非常重要的作用，但数量非常少，仅有 2 个。教材实验的总深度达到 355，平均深度为 6.34，在实验深度区间［4，12］中位于偏易的水平。该教材非常注重学生探究能力的培养，但是实验的平均深度又较低，主要原因是此版教材是针对学生的考试用书，教材在进行实验方面的处理时，采用比较简单的策略，大体上都是通过提出问题和罗列简要步骤等方式进行实验过程的陈述。

该教材习题的数量适中，共计 170 个，类型丰富多样，包括总结型习题、与 GCSE 考试对应的习题和探究型习题等。该教材是为了满足学生参加 GCSE 考试的需求而编写的，所以在习题的设置方面也有自己独特的特点。在每节内容结束时，针对主要内容设置总结性问题对学生进行检测；在每章结尾处设计章后习题，分为总结型问题、考试类型的问题和探究型的问题。习题深度的平均值为 3.67，在深度区间［3.5，4.5）中位于较低的水平。有 25% 的习题深度低于 3.2，有 50% 的习题深度低于 3.6，有 75% 的习题深度低于 4.3。大部分习题的形式为简答和填空，章后测试中较少涉及计算题目，每章最后一道的探究型习题增加了整章习题难度，提高了习题难度的平均值。

该教材中还安排了大量的拓展材料，共 91 个，每章有 6~7 个。拓展内容安排在每章最后一节中。拓展知识均以布告栏的形式提供本章中与生活实际或科学前沿有关的热点话题供学生进行讨论，给学生充分的自由和机会了解与所学知识相关的科技内容，能够让学生更快更准确地与现代科技接轨。此部分内容中涉及日常生活中的科学知识，可以让学生了解生活中熟悉的物理内容，能够学以致用，真正地达到将物理应用于生活的目的。

二、综合评价

在知识点方面，教材一方面紧扣 GCSE 的考试内容，让学生的学习具有针对性和目的性，通过对教材的学习达到在今后的 GCSE 考试中取得好成绩的目的；另一方面非常重视知识建构的过程，特别是在讲解电、力等较抽象复杂的原理和概念时，会适当地建立科学探究的内容，让学生通过自主发现来认识物理知识。在教材的呈现方式上，大多采用例题、拓展材料和习题相结合的方式给学生创造足够多的机会去巩固所学知识。

由于教材的编写需符合GCSE考试的需要，因此在知识的整体编排和呈现方式上并不是非常有条理，逻辑性不是很强。另外，此版教材适用于初中学生，而一些较基础的物理内容，学生在小学阶段已有所涉猎，所以该教材的内容都建立在学生一定的认知基础之上，起点很高。知识点的整体难度并不是很大，主要原因是教材编写者更注重学生学习知识的广度，而对于知识的深度要求较低。

该教材不仅设计了多样的课外拓展活动来丰富学生的生活，更是把很多物理前沿等现代物理的知识纳入学生必学的范围之内[1]，加大了学生的理论知识广度，不仅可以开拓眼界，而且还提升了学生的物理思维。同时教材中设置了多种栏目来加强学生运用所学知识解释现象的意识，把学生的物理学习与生活实际相关联。这样不仅可以加深学生对物理规律的理解，引起学生的学习兴趣，更能给学生创设真实的物理情境应用所学的理论知识。

探究作为知识点的重要构成部分，是物理教学的重要内容。该教材中涉及大量的探究活动。教材的序言部分，花了大量篇幅来向学生介绍科学探究的基本过程，让学生了解探究过程中的方法、步骤和应注意的事项，从理论上帮助学生熟悉科学探究的整体过程，让学生对科学探究有一定的感性和理性认识。探究不仅体现在概念、规律的教学中，更体现在教材为学生安排的各项活动和课外拓展当中。教材在不同环节都给学生布置了活动园地，让学生在学完相应的知识之后能够将其运用到实际的物理情境中，最后在亲身的体验中更好地感知物理学的精妙之处。

虽然教材中涉及的探究数量非常多，但是整体上对学生的要求并不高，教材意在让学生经历科学探究的过程，体会科学家研究的思想方法。每章的最后给学生设置了探究型的课后习题，让学生通过对题目的解答进一步了解科学探究的内容。对探究的高度重视是该教材的特点之一，这样的设计不仅可以帮助学生更好地完成物理知识和规律的学习，了解

[1] 王莹，陈凤铃.中英两国科学教材的比较与思考：以“力与运动”一章为例 [J].物理通报，2006（4）：14–16.

科学的研究方法和研究过程，弄清楚探究的本质内容，更能激发学生的学习兴趣和热情，便于以后有更多的学生投入科研工作中来。

该教材中对于例题的涉猎非常少，例题在教材中的作用更多的是对知识点教学的补充。涉及的例题陈述清晰易懂，均属于简单计算，物理情境也较单一。

该教材的另一个特点就是教材中多处设有学生习题，不仅在每节内容中有总结性习题，在每章中有章后测试，而且在两个单元之间还有单元测试，可谓处处都有习题来检测学生的学习成果。由于教材是为了满足 GCSE 考试需求而编写的，所以习题不仅数量多，内容与形式也与 GCSE 考试接近。

英国教材中不同位置的习题所起到的作用也有所区别。节内的习题主要是为了帮助学生熟悉所学知识，对所学知识进一步加深印象；章后测试则是进一步巩固学生的学习成果，让学生熟悉 GCSE 考试的模式，题目难度增大；单元测试则主要针对整个单元进行复习，帮助学生进一步熟悉 GCSE 考试的题型。基于上述特点，习题是该教材中不可或缺的一部分内容。

从该教材的整体结构上看，由于教材要符合 GCSE 考试的要求，所以编排结构并不十分清晰。教材每一节的内容篇幅短小，对于知识点的陈述基本是点到即止。教材中应用大量的图片和图表来吸引学生注意，增加学生的学习乐趣，降低学习难度。教材中还设置不同的栏目来辅助学生学习，以创造机会让学生将所学物理知识与实际生活相联系，真正达到让物理学习进入生活的目的。

总体来说，这套教材知识点覆盖全面，难度适中偏易。教材注重对学生科学探究能力的培养，安排大量探究性内容来帮助学生学习；实验、例题、习题和课外拓展等栏目多管齐下帮助学生加深对知识的理解；同时教材也兼顾学生参加 GCSE 考试的实际情况，内容设置紧扣考试内容，教学安排符合考试要求。

第七节 德国初中物理教材内容特点及综合评价

德国卡尔斯鲁厄物理课程（简称 KPK 教材）是以德国赫尔曼教授为首的团队开发设计的一套德国物理教材，以独特的设计思想、全新的课程结构受到广泛关注。KPK 教材在德国已有二十余年的历史，学习该教材的德国学生已有一万余人。这套教材共有《中学物理 1》《中学物理 2》《中学物理 3》三册。

一、教材内容特点

这套德国教材中涉及的知识点较多，达到了 452 个，覆盖了“力与运动”“电”“波”“动力学和平衡”“能量”“物性”这六个一级主题，知识点的总深度达到了 583.5。然而，知识点平均深度只有 1.29，在知识点深度区间［0.5，5.5］中位于较低的水平，说明这套教材视野开阔，涉及的内容较多，但是深度并不算高，总体处于“了解”水平。KPK 教材涵盖了大量在高中学段，甚至大学物理课程中出现的概念与定理，这样的编写不仅能拓宽学生的知识面，还更加有利于实现物理课程内容的现代化。KPK 教材具有全新的课程结构。教材以广延量为基础，搭建新的概念结构。KPK 教材的另一独特之处是广泛采用类比。教材以动量展开对力学现象的分析，动量在力学中扮演着和电学中的电荷量相同重要的角色。KPK 教材强调物理概念要建立在日常生活经验的基础之上，使学生感到他们所学的知识实实在在、通俗易懂，从而激发其学习兴趣。

KPK 教材中安排了大量的探究活动，加大了实验的广度，实验的个数为 75 个，平均每章 2.9 个实验；降低了实验的深度，实验的总深度为 438，实验深度的平均值为 5.84，75% 的实验深度低于 7，即影响实验难易程度的原理、仪器、操作量、探究这四个因素的平均水平为中等偏容易。这说明教材不过分强调得出规律的严密性，而重在让学生经历科学探究的过程，体会科学研究的思想方法。

教材习题的数量共计 409 个，平均每节有 1.9 个习题，这使得教材中的所有知识点基本上都有习题与之对应，平均每个知识点对应 0.9 个习题，对于难度较高的知识点对应的习题较多，而个别仅限于简单了解的知识点则没有习题与之对应，或几个知识点对应一个题。习题总深度为 733.3，但 75% 的习题低于中等深度，且习题平均深度也属于偏易的水平，习题的整体深度不高，说明习题配置的主要目的是巩固学生刚学过的知识，而不是提高学生对于知识的理解水平。习题的类型丰富多样，除了传统的简答题、画图题和计算题，还增加了验证性实验型习题。在学生活动方面，教材注重让学生构思实验过程和验证实验规律。

此教材整体以文字叙述为主，没有涉及课外拓展的内容。

二、综合评价

就结构而言，教材逻辑性较强，按照流体模型的需要，先介绍实物型概念，如能量、流，然后介绍传统的力学、热学、电学、光学内容，最后才介绍近代物理的新成果，如原子物理的内容。由此可知，本套教材的内容基本是按照人类认识物质世界的时间顺序所编写的。

就编写方式而言，该套教材侧重类比迁移。首先利用形式特征类比把课程中的实物型量类比为实物，这些实物型量包括质量、能量、角动量等，它们都可以被想象为一种物质；再通过结构特征上的类比，利用相同的流体结构，介绍了大量不同的物理规律。由于是相同的内容结构，运用类比迁移的方法，可以降低教材理解的难度，学生很容易接受，这样就节约了大量的学习时间。

就内容特点而言，教材涵盖知识面广，甚至涉及高中、大学阶段的部分物理知识，剔除了旧的力学概念，用新的流体模型构建了整个课程结构。知识内容都是按照从具体到抽象、从特殊到一般的逻辑顺序来安排的，更注重知识的广泛性和严谨性。

就插图风格而言，KPK 教材共有 797 张图，34 个表格。教材中的大部分图片内容都是随手勾勒出来的图象，类似于简笔画。另外，KPK 教材的插图类型很多，有图表，如树状图表等，还有函数图象，如坐标函数图象等。这些形式多样的有创意的卡通图象，更加符合初中学生的认知规律和心理发展特点，既能传递教材的知识内容，又能让学生对其感兴趣，利于启发和引导学生的思维活动。

总体而言，该套教材编写方式新颖，具有创新性；知识结构体系完整，覆盖面广；学生活动注重探究精神的培养；习题类型丰富，设置上具有一定的梯度，由基础到能力逐步上升；将 STS 精神融入教材的各个角落，有利于学生科学素养的养成。

第八节 法国初中物理教材内容特点及综合评价

法国 Nathan 出版社出版的 *Physique-Chimie* 教材共三册，分别为 *Physique-Chimie 5e*、*Physique-Chimie 4e*、*Physique-Chimie 3e*。教材把知识点划分为电、光、力、水等四个部分，内容安排遵循人类认识客观世界的基本过程，从现象到本质、从理论到实践，难度逐渐上升，符合初中生的身心发展规律，注重基础知识和基本技能的学习。整套教材不论知识点、实验还是习题，难度适中，整体要求不高。下表为法国物理－化学课程开设情况。

表7–1 法国物理–化学课程开设情况

国家	初中年限	课程名称	课程开设年级	与我国对应的年级
法国	4	物理–化学	5~3年级	8~9年级

一、教材内容特点

这套教材中知识点个数为 99 个，总深度为 208.8，知识点平均深度为 2.11，在五级指标体系中处于"操作"水平。教材的编写侧重基础知识的学习，让学生在活动或者材料分析的过程中掌握基本技能。这一深度水平也符合初中生的心理特征，即能掌握一些基本的抽象的概念，能较好地根据事物的本质特征和内在联系进行恰当的判断，并做出必要的说明和论证。

该教材中共有 73 个实验，值得注意的是，在这 73 个实验中，有很多实验需要利用传感器、数据采集器、计算机、视频、动画、网络等现代信息技术。此外，教材中还专门设有"实验能力"栏。该栏目主要的作用就是让学生知道完成某个内容的学习后应该掌握的基本技能。实验的总深度达到 490，实验平均深度为 6.71，在实验深度区间［4，12］中位于较低的水平。实验深度从高到低依次为"电""波""物性""力与运动""能量""动力学和平衡"。值得一提的是，除了"力与运动"部分实验平均深度达到了 9.00，其余各个主题实验的平均深度相差不大。该套教材注重科学探究，给学生提供了较多的探究实践机会，让学生经历科学探究的过程，学会科学探究的思想方法。

该教材的习题设置在每章的末尾，并划分为几个部分，包括“小测试”“知识小测验”“知识运用”“中学目标”“学科综合”“我能够”“导学”“调查研究”“物理在别处”“我应用所学知识”“我运用所学知识”等栏目。“更高目标”这一栏目，在 *Physique-Chimie 5e* 中称为“导练”，在 *Physique-Chimie 4e* 中称为“我运用所学知识”，在 *Physique-Chimie 3e* 中称为“中学目标”或“高中目标”，习题内容不局限于公式、概念的简单应用，也不局限于简单的、理想化的物理情境和物理模型，而是将学生的视野拓展到更广阔的生活和科技世界中。“学科综合”习题在 *Physique-Chimie 5e* 中由“调查研究”和“物理在别处”两部分组成，而在 *Physique-Chimie 4e*、*Physique-Chimie 3e* 中呈现为“学科综合”或“学科融汇”，主要是介绍一些物理学在科技前沿和社会热点问题中的应用，也有的章节专门设计了对应的小栏目。

该教材中拓展材料共有 99 个，设置在“要点精讲”之后，类型主要有“用物理来解释”“小研究家的笔记本”“探索科学的历史”“未来职业”“网络学习”“物理和地球生命科学”等。“用物理来解释”主要是利用文字和图片的形式，介绍前沿科技、生活中常见的物理现象、常用的仪器、生产中的设备等。“小研究家的笔记本”则是让学生通过实验探究的方式，实际动手操作，验证自己的猜想、假设。“未来职业”是中学阶段职业教育的体现，这也是法国初中教育的特色之一。教材通过介绍某种职业在社会中的前景、工作性质、工作时间等，为学生的未来就业提供参考。“探索科学的历史”主要为学生提供基础材料，让学生了解不同物理学家在不同时期做出的杰出贡献，通过对物理学史发展过程的探索，认识到科学的整体性，同时把科学史作为沟通科学文化和人文文化的桥梁。“网络学习”则是利用现代信息技术，让学生在更广阔的学习空间中遨游，会使用互联网搜集相关的学习资料，培养其自主学习的意识。

二、综合评价

该教材编写注重学科间的交叉融合，学科内部的知识结构严谨，系统性强，覆盖了物理学中力学、电学、波等几个主要知识领域，视野开阔。教材中栏目类型丰富，并且对栏目的功能也有详细的介绍，栏目功能各异，有利于教师把握教材编写者的意图，方便学生理解栏目设置的目的，充分发挥栏目的作用，同时，利用栏目间的相互配合，使得学生可以更加系统地完成知识体系的学习。

辩论是当前法国中小学课堂学习的新形式，不仅为学生提供了自由发言的空间，而且有利于学生对知识生产的社会性的认识。在辩论的过程中，学生建立在个人体验之上的知识可以为他人所共享，扩大了学生的知识面。在此过程中，学生不能过分专注于自己的观点，要听取他人的建议，实施论证，证实判断，从而参与到重要的元认知学习中。辩论还要求学生改变传统的个人学习模式，学习与他人合作，共同构建知识。

该教材注重现代信息技术与课程的整合，利用动画、视频、传感器、网络等高科技手段，提高教学效率，激发学生的学习兴趣。此外，2002 年法国开始在中小学设置中小学“信息与互联网证书”（Brevet Informatique et Internet，即 B2i），规定了小学和初中毕业生必须掌握的信息技术知识和能力。教材也设置了 B2i 的学习内容，例如 *Physique-Chimie 5e* 教材中明确提出有 30 个实验活动和 104 个习题是与 B2i 学习相关的。

总体来说，这套教材知识点覆盖全面，整体难度适中，教材设计由浅入深，符合初中学生的认知发展规律，强调对学生科学探究能力的培养，问题、习题和课外拓展等栏目都围绕巩固知识与培养学生的科学素养而设计，注重现代科学技术与课程的整合。

第九节 澳大利亚初中物理教材内容特点及综合评价

Oxford Big Ideas Science 这套教材是依据澳大利亚课程“科学”编写的。教材知识内容的选择与编写体现了澳大利亚课程“科学”中贯穿始终的九个核心科学概念或者大概念、六个首要概念、十个一般能力和交叉课程重点以及科学探究技能。教材中有很多学生实践、课堂实验、课前学生探究任务、课后研究课题，注重科学探究方法的使用，希望学生在经历各种科学探究的过程中不断培养科学探究能力，加深对科学的正确认识。

一、教材内容特点

这套澳大利亚教材涉及的知识覆盖面较窄，知识点数量较少，整体要求不高，但是应用的比例较高，“能量”主题知识点数量最大，深度最高。这套教材中涉及的知识点数量较少，总共有知识点 148 个，覆盖了“力与运动”“电”“波”“动力学和平衡”“能量”“物性”这六个一级主题。教材注重联系实际，贴近生活。但是作为澳大利亚科学课程的一部分内容，穿插了多学科知识，因此教材中物理知识内容的编排不是很系统，欠缺连贯性，而且整体知识内容较少，缺乏系统、严谨的物理知识结构体系。教材的深度为 273.6，平均深度为 1.85，在知识点深度区间［0.5，5.5］中属于较低的水平，说明这套教材涉及的知识点不多，且深度不是很高，要求学生对于大部分知识点达到“了解”和“理解”程度。对于比较核心的概念，对知识的理解要求比较高，探究起来比较难。教材的表征方式有复杂、定量的探究；通过探究实验总结出概念和规律，用概念规律解释生活中的现象；运用知识解决综合性的问题、设计实验等。

该教材中的实验数量较多，深度较高，几乎全部集中在“力与运动”“能量”“物性”三大主题上。教材中实验的个数为 74 个，共有 6 节课，平均每节 12.3 个实验，每节课实验数量非常多。实验的总深度为 538，但是实验深度的平均值为7.27，在实验深度区间［4，12］中位于中等的水平。58.1%的实验深度低于8，13.5%的实验深度高于9，说明高于中等深度的实验数量较多。教材通过很多的实验，包括课堂教师演示实验和学生的课外实践、学生小实验，让学生体验科学的探究过程，深化学生对物理实验的认识，培养学生科学探究能力。

习题与知识点衔接紧密，贴近生活，灵活多变。习题类型丰富多彩，但对计算能力要求较低。习题的数量适中，共计336个，平均每个知识点对应2.27个习题，深度较高的知识点对应的习题较多，而个别仅限于简单了解的知识点则没有习题与之对应，或几个知识点与一道题对应。习题平均深度也属于偏低的水平，整体深度不高，说明习题配置的主要目的是巩固学生刚学过的知识，而不是提高学生对于知识的理解水平。对深难知识的考查要求较低，在定量计算方面的要求比较低，但在知识广度上要求明显较高,考查的知识点非常全面。习题的类型丰富多样，有“简答”“记忆和理解”“应用”“分析和评价”“分析和计算”“批判和创新性思考”“相关知识”等7种类型。

该教材课外拓展内容丰富多彩，类型多种多样。教材中安排了较多的拓展材料，共有31个，平均每章有5.2个拓展材料。拓展类型有“科学聚焦”“文化实验室”“课内提高”“包罗万象的想法”“知识链接”等，涵盖的内容丰富。有的拓展材料展示了科学技术与学生生活经验的联系，着重反映科学的发展促进技术水平的提高，技术水平的提高又影响人们的社会生活。这不仅可以拓宽学生的知识面，而且可以加深学生对于科学与技术、社会之间关系的认识，引发学生对可持续发展的深入思考。还有的拓展材料介绍了世界著名的物理学家的生平和事迹，这可以激励学生向科学家学习，培养他们为勇攀科学高峰而不懈奋斗的宝贵科学精神，勇于探索、追求真理、百折不挠的意志品质，以及稳扎稳打、踏踏实实的科学态度和科学作风，从而提升学生的情感、态度和价值观。

二、综合评价

因为澳大利亚初中课程中没有单独设立物理学科，而是将物理、生物、化学、地球和空间科学融合为一门课程——科学，所以本研究选取的是牛津大学出版社编写的*Oxford Big Ideas Science*教材。

这套教材的编写和推广目的是加深初中学生对科学的认知，培养他们的技能。澳大利亚课程“科学”中始终贯穿九个核心科学概念或者大概念。该教材从七年级到十年级学生用书的每一章，都旨在帮助学生积极主动地对这些大概念进行深入的理解。

这套教材共有 4 册，七年级的学生用书是第 7 册，八年级的学生用书是第 8 册，九年级的学生用书是第 9 册，十年级的学生用书是第 10 册。

本研究选择了这套教材中关于物理学科知识的章节，具体是第 7 册的第七章“平衡力：力和运动”，第 8 册的第三章“让事物发生：能量”、第四章“物质的本质：性质和结构”，第 9 册的第二章“原子内部：性质和结构”、第七章“动态的能量：能量的转移”，第 10 册的第一章“运动的物体：力和运动”。一共 6 章内容，共 16 节课。

该教材覆盖了物理学中力、能量、物性等几个主要知识领域，虽然涉及的知识点数量较少，但仍覆盖了“力与运动”“电”“波”“动力学和平衡”“能量”“物性”这六个一级主题。教材注重联系实际，贴近生活，但是作为澳大利亚“科学”课程的一部分内容，穿插了多学科知识，因此教材中初中物理知识内容的编排不是很系统，欠缺连贯性，而且整体知识内容较少，缺乏系统严谨的物理知识结构体系。

该教材中实验的个数为 74 个，共有 6 节课，平均每节 12.3 个实验，每节课实验数量非常多。其中，“实验”栏目有 36 个，“学生实验”栏目有 34 个，“技能实验室”栏目有 1 个，“设计实验”栏目有 2 个，“素质实验室”栏目有 1 个。教材上标注为“实验”的是指课堂上的教师演示实验，平均深度 7.83，整体实验深度较高。“学生实验”是教材上没有具体标注，但是独立成为一个栏目的一部分实验内容，包含了课堂上的学生小实验和课外的学生实践活动两大部分，平均深度 6.53，较为简单。这类实验主要由学生完成，课堂上的学生小实验由教师提供指导和帮助，学生设计、实施、采集数据、分析实验结果、交流和评价；课外的学生实践活动可以是有老师参与的，也可以是向其他人寻求帮助的学生实验或者实验活动。该教材安排了大量的探究活动，整套教材几乎每一章节、每一隐含规律的知识点都以探究的形式体现出来。而且，探究不仅仅局限于课本设计出的探究知识点，还体现在各个栏目中，甚至有些内容还需要学生运用课外的诸多手段自己想办法去完成，这些内容已经与研究性学习有机地联系起来。虽然探究数量非常多，但是对学生的要求并不高，重在让学生经历科学探究的过程，体会科学研究的思想方法。

该教材物理学科知识共有16节，平均每节有21个习题，教材中的所有知识点基本上都有习题与之对应。习题的整体深度不高，主要目的是使学生巩固刚学过的知识，而不是提高能力。教材对深难知识的考查要求较低，在定量计算方面的要求也比较低，但在知识广度上要求明显提高，考查的知识点非常全面。

总体来说，该教材知识点覆盖全面，整体深度适中，教材设计由浅入深，符合初中学生的认知发展规律。教材注重对学生科学探究能力的培养，安排了大量探究实验帮助学生认识科学探究。习题、例题和课外拓展等栏目，都围绕巩固知识与培养学生的科学素养进行设计。

内容上，该教材把初中物理最基础的关于力和简单机械的内容放到七年级学习，随后在八年级的课程中介绍了能量和物质的本质等宏观的、重要的物理知识，把微观的、不易理解的原子内部和能量的转移放在九年级，把比较难学的力和运动内容放到十年级学习。这样做，有利于学生初中物理学习兴趣的延续，落实初中物理中科学探究能力的培养，把培养科学精神与掌握科学方法和初中物理基础知识相融合，为学生形成终生学习能力打基础。

该教材的内容不仅体现了该国教学中注重物理学基本概念的学习和基本方法的培养，还特别倡导科学探究技能的学习。将科学探究技能在教材中明确，旨在将学习重心从过分强调知识的传承和积累向知识的探究过程转移，从学生被动接受知识向主动获取知识转移，从而培养学生的科学探究能力、实事求是的科学态度和敢于创新的探索精神。

此外，该教材还强调了科学与生活、社会的联系，通过“发现想法”“科学是人类的奋斗”“科学聚焦”中各种图例、习题等素材，培养学生的科学素养。教材特别注意将物理知识与技术、社会结合起来，突出科学和技术的社会价值，突出实验、实践及其应用，不仅使学生掌握物理知识，更重要的是使学生懂得这些知识的实用价值和社会价值，把科学教育与当今的社会生活、社会生产和社会发展紧密地结合起来。

第十节　美国初中物理教材内容特点及综合评价

所选美国教材共分为四册，分别是《物质的基础》《电与磁》《光、声、波》《力与热》。每册书开篇是整册书的内容导读，然后分为若干章节具体展开，每册书的内容都对应着物理学中的一个或几个相关的知识系统。例如《光、声、波》对应光、声、波的相应内容，一共四章，涵盖了机械波、声音和音乐、电磁波、几何光学等各个基本领域。每一章又分为几节，从基本概念的引入到知识的理解和应用，逐步深入展开。“节”作为基本教学单位，每节涉及一个相关主题的一个学习课题。

一、教材内容特点

这套美国教材的知识点共有406个，分布在六个一级主题，即“力与运动”“电”“波”“动力学和平衡”“能量”“物性”中，涉及的知识点较多，覆盖面广。广度排序从大到小依次为“波”“能量”“电”“力与运动”“动力学和平衡”“物性”。波的知识点较多，涉及面广，“电”与“力学和平衡”知识点的比例差不多。知识点深度的平均值为1.25，在知识点深度区间［0.5，5.5］中位于偏低的水平，说明这套教材知识点广而浅，总体处于“了解”水平。将知识点划分为“了解”、“理解”和“应用”三级深度，深度百分比分别为72.4%、21.8%、5.7%，这说明教材的重点是最基本的概念和原理，基本公式的运用以及简单科学应用的介绍。

该教材的实验个数为72个，平均每节1.7个实验。该教材注重从做中学物理，并通过“实验室”栏目，引导学生像物理学家一样思考和探究。实验的总深度达到479，平均深度为6.65，在实验深度区间［4，12］中位于偏低的水平。实验数量从多到少依次为“波”“能量”“电”“力与运动”“物性”“动力学和平衡”，与知识点广度的分布顺序相差不大，各部分的实验深度水平也相差不大，分布比较合理。总之，该教材的设计很好地突出了物理这门学科中实验的地位。

该教材的习题数量适中，共计285个，平均每个知识点对应0.7个习题。习题的类型丰富多样，主要包括解释、描述、讨论、比较、定义、计算和批判性思考等。习题深度的平均值为1.52，在深度区间［0.5，5.5］中位于偏低的水平，习题的整体难度不高，主要目的是帮助学生巩固所学知识，而不是提高学生对知识的掌握程度。该教材中课后习题的深度分布与知识点的深度分布基本上是一致的，难度比较大的知识点，与其配套的习题难度也相应较大。

该教材中的拓展材料共有75个，平均每章都有5个拓展材料。拓展类型有“科学在线”“科学统计”“结合其他学科”等，涵盖的内容丰富多样。拓展材料中波、能量、电的相关材料较多，因为学生在学习前对这些内容掌握得不多，多给出一些拓展资料可以激发学生的求知欲望。

二、综合评价

该教材是美国 McGraw Hill 图书出版公司在2008年出版的，是在美国“2061计划”指导下编写的。“2061计划”提出了新一代美国人在科学技术领域必须掌握的科学内容、科学概念和科学技能，以及应当培育的科学态度、科学精神和科学方法。

这套教材是美国初中学生（6~8年级）使用的主流教材。该套教材内容充分反映了当今迅猛发展的科学技术的新思想与新成果，传递了不断变革的科学教育新理念与新方法。其中与物理学科有关的教材一共有四本，分别是《物质的基础》《力与热》《电与磁》《光、声、波》，包括力、热、光、电、磁等基本知识。全书浅显有趣，是一套以培养学生学习兴趣和探索动手能力为目的的优秀教材。

这套教材体现了美国教材的普遍特点。在主题与栏目设置方面，特点如下：按知识体系分类，体现了物理知识的模块性；各主题与栏目设置丰富且合理，符合学生的认知规律；实验分类明确，课后实验综合性强、开放性强；课后习题丰富多样，辅助学生掌握课内知识点。在知识体系的呈现方面，特点如下：涉及的知识内容较多，但是具体知识点的难度不大，特别注重与波相关的物理内容；知识点范围广，所有知识点都通过小实验或者图片展示出来，定理、定义都是通过实例归纳得出的；课上知识的介绍和课后大多数习题难度较低，但是也有具有一定难度的开放性题目；注重模块知识结构体系的完整性，个别知识点会重复出现在不同册的教材中，而且都是作为新知识出现；较抽象的知识点也会出现，但是仅限于介绍。

总体来说，这套教材知识点覆盖全面，整体难度较大，教材内容重理解轻记忆，符合初中生的认知发展规律。该教材的编写背景是美国的"2061计划"，旨在培养优秀的科技后备人才，所以内容处处与科学技术紧密联系。虽然说高新技术需要的知识是综合性的，但其中很多基础知识是中学的物理知识，所以这套教材注重在课外拓展部分展示出高新技术与中学物理知识之间的联系，让学生在物理学习的启蒙阶段就了解到它的意义。

结　语

一、结论

根据以上的研究，得出以下结论：

1. 所选十个国家教材难度从难到易的排序为俄罗斯、德国、美国、中国、韩国、英国、新加坡、澳大利亚、日本、法国。所选中国初中物理教材的难度排名第四，难度中等。

2. 所选各国教材广度从大到小的排序为德国、美国、俄罗斯、英国、中国、新加坡、韩国、澳大利亚、日本、法国。由于各国的学制有差别，初中阶段学习物理的时间段、知识面会有所不同，因此广度的差别较大。德国、美国、俄罗斯教材的广度明显高于其他国家，法国教材最低，中国教材排第五。

3. 所选各国教材的广度和难度的相对排序基本一致，说明难度和广度正相关。

4. 所选各国教材的平均深度在[1.25,2.33]区间内，差别不大，对应的是知识点的"了解"水平。平均深度从高到低的排序为韩国、法国、澳大利亚、中国、新加坡、俄罗斯、日本、英国、德国、美国。

5. 所选各国教材的实验广度从大到小的排序为中国、韩国、俄罗斯、德国、澳大利亚、法国、美国、日本、英国、新加坡。中国教材的实验广度是最大的，并且明显大于其他国家。

平均实验个数从多到少的排序为法国、韩国、中国、澳大利亚、日本、俄罗斯、新加坡、英国、美国、德国。中国排第三。

实验总深度从高到低的排序为中国、韩国、俄罗斯、澳大利亚、法国、美国、德国、日本、英国、新加坡。中国的总深度和广度一样，排在第一。

实验平均深度从高到低的排序为澳大利亚、新加坡、法国、俄罗斯、美国、韩国、日本、英国、中国、德国。中国排第九。

6. 例题广度从大到小的排序为新加坡、俄罗斯、英国、德国、美国、中国、澳大利亚、日本、韩国、法国。

例题总深度从高到低的排序为新加坡、俄罗斯、德国、英国、中国、澳大利亚、美国、日本、韩国、法国。

7. 习题广度从大到小的排序为俄罗斯、德国、中国、澳大利亚、韩国、法国、美国、英国、新加坡、日本。中国排第三。

平均习题个数从多到少的排序为俄罗斯、法国、澳大利亚、韩国、中国、德国、美国、英国、新加坡、日本。中国排第五。

习题总深度从高到低的排序为俄罗斯、德国、澳大利亚、中国、英国、韩国、法国、美国、新加坡、日本。中国排第四。

习题平均深度从高到低的排序为英国、澳大利亚、中国、俄罗斯、德国、韩国、美国、法国、新加坡、日本。习题平均深度从 3.64 到 1.02，差距较大。

8. 拓展材料广度从大到小的排序为法国、英国、美国、中国、澳大利亚、日本、韩国、新加坡、俄罗斯、德国。

9. 所选各国教材在“了解”“理解”“应用”三个水平的广度分布中，“了解”水平都在 60% 以上，占绝大多数，“理解”和“应用”只占少部分。说明各国初中物理教材的重点都是构建知识结构的基础，突出科学领域中最基本的概念和原理，扩大学生的知识面，使学生掌握最基本的科学方法、事实、假说、理论和定律，在此基础上，使学生学会思考和探索，为他们下一步的学习打下基础。

中国教材在“了解”“理解”“应用”三个水平的广度分布中，“了解”“理解”“应用”分别占 72.4%、23.0%、4.5%，广度分布比较合理。

10. 各国初中物理教材在“了解”“理解”“应用”三个水平的难度分

布上，“了解”所占的百分比有所降低，这进一步说明了各国教材对大部分知识点的要求不高，重点都是构建知识结构的基础，扩大学生的知识面。在此基础上，提高对“理解”“应用”水平知识点的要求，使学生的能力得到提高。

在教材的难度分布中，中国的“了解”“理解”“应用”分别占52.0%、37.2%、10.8%，难度分布比较合理。

11. 除了所选英国教材中没有“动力学和平衡”部分的内容，其他各国教材都涵盖了六个一级主题，说明绝大部分国家教材都比较注重物理知识的系统性和完整性。但是所选各国教材在六个一级主题中知识点的分布不同。

12. 所选各国教材在六个一级主题中的难度分布各有侧重，而且有的差距很大。例如，中国教材“电”主题的难度最高，占29.9%，其次为“波”，占21.2%，“力与运动”最低，占10.2%。

二、建议

根据对十个国家的初中物理教材的分析与比较，综合考虑它们的优缺点，针对中国初中物理教材，本研究提出如下建议：

1. 在知识内容的安排上注重物理逻辑，循序渐进。

教材的重点在于构建知识结构的基础，突出科学领域中最基本的概念、原理，扩大学生的知识面，使学生掌握最基本的科学方法、事实、假说、理论和定律，在此基础上，使学生学会思考和探索，为他们下一步的学习打下基础。因此，教材在知识内容的安排上要注重物理逻辑，循序渐进。

如俄罗斯教材的“力与运动”部分，七年级教材和九年级教材中，通过两次循环，分别对力、运动以及力与运动间的关系做了详细的解读。从定性描述过渡到定量分析，符合学生的认知规律，加之对实际应用的介绍，促进学生对知识从感性认识上升到理性认识，再到实践，完成认知过程的两次飞跃。

德国教材以能量为主线，用动量和能量的传递，将各种实物型物理量整合成一个有机整体。

澳大利亚教材知识内容的选择与编写体现了澳大利亚“科学”课程

中贯穿始终的九个核心科学概念或者大概念，六个首要概念，十个一般能力和交叉课程重点以及科学探究技能。

2. 充分发挥实验的探究功能，实验类型多样化。

学生通过科学探究活动不仅仅是学习科学知识和技能，更重要的是体验科学研究的过程，学习科学探究的方法，领悟科学的思想和精神，感悟自身价值，培养爱科学的情感、愿意探究的精神、与他人协作的意识、勇于创新的精神等。探究作为知识点的重要构成部分，是重要的教学内容，因此，在各国的教材中，实验都是重要的组成部分，并且形式多样。

如韩国教材中的“探究”栏目主要分为两类：一类有详细的实验过程，需要学生实际动手操作，属于探究实验；另一类是“探究资料解释”，是对实验数据的解释。其中，实际操作也可分为两类：一类相当于学生小实验，包含“实际操作观察”“实际操作测定”“实际操作实验”“实际操作画图”等；另一类相当于演示实验，包括“实际操作讨论”“实际操作推理”“实际操作资料解释”等。

德国教材中的实验类型主要包括观察演示实验、随堂小实验、演示实验、探究实验、验证性实验、课外小制作、思想实验。

澳大利亚教材中的实验分为五大块，分别为实验、学生实验、技能实验室、设计实验、素质实验室。

法国教材中的实验有观察演示实验、随堂小实验、探究实验、验证性实验和思想实验。

美国教材中的实验包括导航实验、迷你实验和实验室三大类。

中国教材中虽然实验的广度和总深度都排第一，但是实验平均深度排第八，说明中国教材的实验难度偏低，具体表现就是探究引导过于形式化，没有真正地从提升学生能力的角度进行设计。澳大利亚的教材就很好地对实验进行了分级，不同级别实验的学习使学生探究能力逐渐提升。

3. 按难易程度设置不同级别、不同类型的习题。

习题配置的主要目的是使学生巩固刚学过的知识，而不是提高学生对于知识的理解水平。习题的设置一定要合理才能达到目的。根据教材的特点，习题可以设置不同的级别、类型。

如俄罗斯初中物理教材中习题类型有位于课后的问题、练习、作业，以及位于书后的习题。

韩国教材的习题类型有概念图、科学拼图、填空、判断、计算、简答、设计实验、调查、科学写作等，还有实践操作较强的调查和设计实验题。

澳大利亚教材的习题安排在每节的结尾，习题类型有“简答”“记忆和理解”“应用”“分析和评价”“分析和计算”“批判和创新性思考”“相关知识”等七种。章末还有“研究学习”，这是学生的实践任务，要求学生在学完一章知识内容后，能运用所学的知识、技能、科学探究方法完成相应的任务。

法国教材的习题设置在每章的末尾，分为几个部分，包括“小测试”“知识小测验”“知识运用”“中学目标”“学科综合”“我能够”“导学”“调查研究”“物理在别处”“我应用所学知识”“我运用所学知识”等栏目。

4. 重视物理学科思想与方法的培养。

科学方法的教育比知识本身更重要，学习、掌握这些思想方法的过程是人类认识事物由感性认识到理性认识的发展过程，物理学中的思想方法对学生科学素质的培养起着重要的作用。各国的教材都很重视物理学科思想与方法的培养。

俄罗斯教材在七年级和九年级两本教材中都有“绪论”，七年级教材中的“绪论”包含6小节内容，主要介绍了物理学的性质，物理学的研究内容、研究方法，交代了一些专业术语和实验仪器，讲述了物理学与技术之间的联系。七年级是学生系统接触物理学的开端，在讲解相关学科内容之前，“绪论”内容使学生对物理学的本体产生认识，渗透了科学思想，涉及了很多科学方法，体现了物理学与生产、生活的关系，使得学生在正式学习物理学知识之前就明白自己即将学什么、为什么学、怎样去学等问题。

德国的教材广泛采用类比。通过类比，将物理学各分支学科之间在结构上的相似性或规律性凸显出来，或者将其内在有机联系揭示出来，从而把它们整合在一个统一的结构框架内。这样就使得我们不但可以在物理学各分支学科之间进行类比，而且还可以把化学、信息学和近代物理的部分内容包括进来进行类比。如教材从动量开始展开对力学现象的分析，因为动量在力学中扮演着与电学中的电荷量相同的重要角色，所以在课程中把动量流、动量流路、动量导体和动量绝缘体等概念和电学中的电流、电路、导体和绝缘体等概念进行类比。

5. 增加趣味性，注重图文结合，丰富教材的栏目种类，增强学生学习的兴趣。

各国教材都精心设计与安排了丰富多彩、各具功能的栏目，打破了以往以文字解说为中心、单调乏味、整齐划一的内容编排形式，完善了教材的形式结构。

韩国教材很重视图文结合，图片数量多，以组合的方式呈现，这可以增加问题情境和过程的完整性，有助于学生思维的发展。图片不仅数量多而且形式多样，包括真实的图片、图表、漫画等。这些丰富的图片不仅有利于形象、直观地呈现物理学习内容，创设具体情境，激发学生的求知欲望，还有利于把生活问题引入物理学习中来，促进物理在生活中的应用等。教材中的很多插图都具有韩国民族地方特色，体现了韩国本土文化。这些富有本土特色的图片使物理与生活的联系更加紧密，有助于提高学生对本土文化的重视，增强学生的民族自豪感。

日本教材中有“回忆一下”“问题”“活用”“符号说明”等栏目。

法国教材每节的内容主要由两部分组成——学生活动和要点精讲。学生活动主要是指导学生对教材提供的材料进行阅读、展开话题讨论或进行实验，在“我阅读资料”“我做实验”“我观察”“我解释”“我得出结论”“我检查”这类标题的引导下，通过对材料和实验的分析或数据处理，初步掌握该节所要学习的知识。要点精讲部分则是对活动的补充和总结，相当于教材中的正文，具体呈现该节的知识内容或公式、定律的表达等。

美国教材都是通过图片形式或者描述举例形式引出新知识点的，这相当于一个个生活中的小实验，如“学习聚焦”“想一想”“迷你实验”“结合其他学科”“科学在线”“科学应用”“实验室”等。

英国教材中节的内容分为知识节和课外拓展节。知识节由“学习目标（Learning Objectives）”“实践（Practical）”“关键点（Key Point）”“总结知识（Summary Questions）”“正确理解！（Get it Right！）”“你知道吗？（Did You Know？）”“犯规事实（Foul Facts）”“科学 @ 工作（Science@

Work)”“下次你……（Next Time You…）”等内容及栏目组成，教材还为这些主题设计了大量的插图。

6. 将信息技术与物理学科教学进行有效整合。

在实施物理教学的过程中，现代信息技术在对多种媒体信息进行整合与传输时表现出集成性、交互性、开放性、情境性、智能性等特点，能为物理教学过程提供多元化的教学资源、智能化的教学过程、非线性化的教学信息组织等全方位的技术支撑。现已有些国家的教材将信息技术与物理学科教学进行了有效整合。

新加坡教材中有一个栏目叫“电脑链接”。“电脑链接”主要是通过软件、互联网和计算机将信息技术和物理教学更深入、更全面地整合起来，如“利用互联网查找牛顿运动定律，http：//www.cpsurf.com/mechanics”。

新加坡教材把信息技术与学科教学的整合贯穿于学科的整个教学过程，是一种潜移默化式的整合，而且随着学习的深入，对运用网络的要求也逐步提高。利用多媒体技术进行教材的设计和开发，有利于促进学生对世界的理解，激发学生的学习兴趣，增加学生获取信息的渠道，活跃课堂教学，提高学习效率。

韩国教材中有“互联网的使用”栏目，学生利用教材中提供的网址对它进行学习。

7. 造成中国学生学习负担过重的原因不是教材，而是其他原因。

中国教材难度排第四，广度排第五，都属于中等水平，因此造成学生学习负担过重的原因不是教材，而是别的原因。

比如，由于中考的压力，有的教师实际讲授的内容在广度和难度上都会超出教材，并且会额外布置习题，让学生反复练习。这种以应试为目的的学习过程并不能使学生的物理思维能力、探究能力得到很好的训练和提高，相反，由于难度超出了学生的接受能力，使得学生在心理上对物理学习产生畏惧，增加了学生的心理压力。

参考文献

[1]中华人民共和国教育部.全日制义务教育物理课程标准(实验稿)[M].北京:北京师范大学出版社,2001.

[2]仲扣庄,郭玉英.高中物理课程标准教科书内容难度定量分析:以“量子理论”为例[J].课程·教材·教法,2010,30(4):67-71.

[3]黄甫全.对中小学课程难度灰色模型 *GMs*(1,1)的探索[J].系统工程理论与实践,1995(10):63-70.

[4]鲍建生.中英两国初中数学期望课程综合难度的比较[J].全球教育展望,2002,31(9):48-52.

[5]史宁中,孔凡哲,李淑文.课程难度模型:我国义务教育几何课程难度的对比[J].东北师大学报(哲学社会科学版),2005(6):151-155.

[6]李金峰.中美初中物理教材难度的比较研究[D].北京:北京师范大学,2014.

[7]张霄.中国、英国、新加坡初中物理教材电学内容难易程度比较研究[D].北京:北京师范大学,2014.

[8]赵珊珊.中国、美国和新加坡初中物理教材中实验部分的难易程度比较研究[D].北京:北京师范大学,2014.

[9]李春密.新修订人教版《义务教育教科书·物理》特点简介[J].课程·教材·教法,2013(增刊).

[10]涂星火,罗琬华,叶从希.不同时期高中物理课程中量子论内容的比较分析[J].物理教学探讨,2008,26(3):39-40.

[11]涂静秀.中、德两套初中物理教材的比较研究[J].物理教学探讨,2009,27(12):63-66.

[12]金莉.中国和英国初中物理教科书的比较研究[D].上海:华

东师范大学，2010.

［13］沈国强 . 中美高中物理教材科学探究内容的比较研究［D］. 苏州：苏州大学，2010.

［14］李荟，丁伟 . 基于内容分析的中澳科学教材比较研究［J］. 外国中小学教育，2010（11）：47-52，10.

［15］袁令民，廖伯琴，文晓霞 . 英国 GCE 物理 A 水平考试实验探究能力的评价策略及启示［J］. 中国考试，2012（7）：15-19.

［16］吴国玢 . 浅谈德国 KPK 物理教材的基本特点［J］. 物理与工程，2010，20（5）：6-9.

［17］陈元 . 法国基础教育［M］. 广州：广东教育出版社，2004.

［18］王卉莲 . 俄罗斯教科书市场的怪现象［EB/OL］.http：//www.seph.sh.cn/sephnew/bkview.asp?bkid=106844&cid=306167.

［19］李春密，等 . 中小学理科教材难度国际比较研究：初中物理卷［M］. 北京：教育科学出版社，2016.

［20］刘继和 . 解读日本新订初中理科课程标准［J］. 全球教育展望，2009（3）：64-68.

［21］彭征，李晓梅，李春密 . 国际初中物理教科书中对不同知识主题的侧重：以中、俄、德、法四套教科书为例［J］. 课程·教材·教法，2014，34（3）：119-124.

［22］魏志防，俞爱宗，陈铁，等 . 韩国《科学》课程和教材的特点［J］. 化学教育，2002（4）：11-13.

［23］刘洋 . 韩国初中科学课程改革与发展研究［D］. 重庆：西南大学，2011.

［24］李晓梅，李春密 . 中美初中物理教材难度的静态比较分析［J］，物理教师，2016，27（8）：78-81.

［25］钱颖 . 中英初中物理教材的比较研究［D］. 苏州：苏州大学，2009.

［26］刘克文，张桂春 . 德国完全中学化学课程的目标与内容［J］. 比较教育研究，2003（2）：57-60.

［27］张恩德，吴江海，潮兴兵 . 德国 KPK 物理课程设计思想评述［J］.

物理教学探讨，2008，26（7）：27-31.

［28］李晓梅，李春密，孙会娟．中美大学物理教材难度的定量比较分析［J］．大学物理，2017，36（1）：41-44.

［29］韦叶平．新课标下“人教版”与“沪教版”教材的比较初探［J］．物理教学探讨，2007，25（11）：27-29.

［30］李丽桦．统领未来20年：法国基础教育改革新法出台［J］．上海教育，2005（12A）：38-40.

［31］阎金铎，田世昆．中学物理教学概论：第2版［M］．北京：高等教育出版社，2003.

［32］李丽桦．所有人的学校也是每个人的学校：当前法国基础教育课程改革研究［D］．上海：华东师范大学，2004.

［33］任明璋．两版本物理实验教材的比较研究［D］．西安：陕西师范大学，2003.

［34］兰燕娜．重视实验思想方法，提高学生科学素质［J］．大学物理，2007，26（3）：46-48.

［35］李新乡，张德启，张军朋，等．物理教学论［M］．北京：科学出版社，2005.

［36］阎金铎，段金梅，续佩君等．物理教学论［M］．南京：江苏教育出版社，1991.

［37］曹磊，谭树杰．各国物理教学改革剖析［M］．上海：上海教育出版社，1996.

［38］季一鸣．物理教材的胸襟：感悟匈牙利普通高中第四册物理教材［J］．物理教师（高中版），2004（3）：44-46.

［39］朱红．中美两种初中物理教材之比较与思考：以温度计为例［J］．基础教育研究，2002（4）：33-35.

［40］王莹，陈凤铃．中英两国科学教材的比较与思考：以“力和运动”一章为例［J］．物理通报，2006（4）：14-16.

［41］谈学婕，黄致新，李祖燕，等．高中物理新旧课标比较［J］．新课程（教研版），2010（1）：27-28.

［42］李晶晶．中英两种物理教材“功和能”概念教学的对比［J］．

物理教师，2005，26（4）：45-47.

［43］周琴．中英高中物理教材比较［D］．武汉：华中师范大学，2004.

［44］张翔．中美二套初中物理教材比较研究［D］．苏州：苏州大学，2008.

［45］王祖浩，张天若，等．化学问题设计与问题解决［M］．北京：高等教育出版社，2003.

［46］查有梁，谢仁根，沈仁和，等．物理教学论［M］．南宁：广西教育出版社，1996：148-153.

［47］纪国玉．人教版初中物理教材与宁波市初中物理教材的比较研究［D］．长春：东北师范大学，2007.

［48］（日）中央教育审议会．关于幼儿园、小学、初中、高中以及特别支援学校的课程标准的改善（答申）［EB/OL］．［2013-04-18］．http：//www.mext.go.jp/a_menu/shotou/new-cs/080216.htm.

［49］李春密，侯丹．德国 Phywe 物理实验系统与我国物理教材的对比分析［J］．教学仪器与实验，2011（9）：62-64.

［50］高丽娟．高中物理新旧课标下的教材比较［D］．济南：山东师范大学，2009.

［51］李春密，顾江鸿．国外实验教学效果研究及其启示［J］．物理教学探讨，2013，31（5）：1-4.

［52］薄惠萍，陈娜，李新乡．现行中日初中物理教材的比较研究［J］．物理教师，2005，26（5）：50-52.

［53］刘震飞．新加坡中学物理教材的特点分析［J］．物理教学，2008，30（12）：48-49，44.

［54］李春密．物理学习能力的结构及评价探析［J］．物理教学探讨，2014，32（6）：1-3，7.

后 记

2001 年 6 月，教育部颁布了《基础教育课程改革纲要（试行）》，标志着中国全面启动了第八次基础教育课程改革，随之相继颁布了各个学科的课程标准。按照新课标的要求，各个学科与新课标配套的新教材相继出版。教材的质量直接影响中国基础教育改革的成效，其中中学物理教材的质量直接影响国民的科学素养，而教材难易程度又是衡量教材质量的重要指标之一。

2012 年初，全国教育科学规划领导小组办公室（简称“规划办”）启动了“中小学理科教材难度的国际比较研究”课题，时任中国教育科学研究院院长袁振国教授牵头，组织和开展了该课题的申请和研制工作，本人有幸主持了“初中物理教材国际比较”，在袁振国教授的领导下和“规划办”刘贵华主任等领导的指导下，有步骤地选择、收集、翻译所选的十个国家的初中物理教材，并与西南大学廖伯琴教授一起，在总课题组的工作框架下，借鉴其他学科研究组的经验，制订了研究框架，研讨了规范标准，确定了研究方法。在此代表“初中物理教材国际比较”课题组向袁振国教授和刘贵华主任等领导表示衷心的感谢并致以崇高的敬意！衷心感谢廖伯琴教授的无私帮助和指导！

“初中物理教材国际比较”课题组根据研究工作的需要，组织了于海波教授牵头的东北师范大学研究组、孙佩雄教授牵头的天津师范大学研究组、北京师范大学研究组。各研究组精诚团结，分工合作，北京师范大学研究组负责总体框架设计和研究方法选择等，并负责中国、美国、英国、澳大利亚、新加坡五个国家的初中物理教材分析和相关数据的统计分析；东北师范大学研究组负责俄罗斯和韩国的初中物理教材分析和相关数据的统计分析；天津师范大学研究组负责日本、德国和法国的初中物理教材分析和相关数据的统计分析。各研究组分别起草了相关国家的初中物理教材分报告。研究期间分别在北京、天津、长春召开了5次课题组研讨会，并在西南大学与廖伯琴教授主持的“高中物理教材国际比较”课题组进行了阶段性研讨。各研究组还分别举行了数十次小型研讨会，并利用邀请外国专家访问的机会与国外同行进行切磋。2012年3月至2015年7月，历时三年多，课题整体研究工作紧张有序、保质保量地完成了。在此要特别感谢于海波教授牵头的东北师范大学研究组的孟昭辉（东北师范大学），褚艳霞（长春市实践教育学校），汪皓月（东北师范大学附属中学初中部），赵囡楠（长春外国语学校），郭桂周、于冰（东北师范大学博士研究生），赫丹丹、朱悦、门武昭、单晓娜、郑艳婷、李翠（东北师范大学硕士研究生），李英子（天津三星通信技术有限公司）；特别感谢孙佩雄教授牵头的天津师范大学研究组的许静（天津师范大学），高洁（天津市中小学教育教学研究室），息红（天津市河西区教育中心），韦永元（天津市新华中学），孟青艳（天津市佟楼中学），白赫、赵玮、高婉滢、蒋甜甜（天津师范大学硕士研究生），徐艳霞、张轶琦、刘玉、常梦娜、赵香玉、孙桂敏、林朝婷、丁学玲、杨双、梁爽、王孝丹、王璨、万仪静、庞明东（天津市外国语大学附属外国语学校）；特别感谢北京师范大学研究组的张大昌、彭征（人民教育出版社），郭晓军（北京交通大学附中），谭林（北京市回民学校），周金建（北京理工大学附属中学），武艳红（西北师范大学），李金峰、李晓梅、杨宏（北京师范大学博士研究生），张霄、赵珊珊、张健、王莹楠、张鹏程（北京师范大学硕士研究生）。同时也要感谢在课题研究过程中给予指导和帮助的各位朋友和同人。

本书是国家社科基金教育学重点课题“中小学理科教材难度的国际比较研究（初中物理）”的研究成果之一。本书研究选择了中国、日本、韩国、新加坡、俄罗斯、英国、德国、法国、澳大利亚、美国等十个有代表性的国家的主流初中物理教材，就难易程度问题进行了静态文本比较分析，尽量排除影响课程、教学难易程度的其他因素。本书探讨了适合初中物理教材难易程度比较的研究方法，构建了教材难易程度分析比较指标体系，通过定量的比较研究，分析比较了国际上十个国家初中物理教材的难易程度，比较明确地给出了中国初中物理教材难易程度在国际上的排名，并为中国初中物理教材的建设和修订提出了参考建议。

本书在取得了大量数据和重要发现的同时，对初中物理课程标准修订和初中物理教材建设提供了科学支撑，也促进了教材研究的学术规范和相关学校学术队伍建设，促进了学术交流。

诚然，教材问题涉及的因素很多，虽然我们进行了初中物理教材国际比较的实证研究，得到了各国教材的相对难度等许多有价值的结论，但教材的质量、教材具体内容以及教材的使用等问题都有待深入探讨。虽然我们尽了最大努力，但由于学术水平和写作水平有限，书中难免有不妥和错误之处，恳请广大读者给予诚恳的评判和指正。

本书适于教材编写与研究者、物理教育研究者、初中物理教师、物理教育方向研究生和本科生阅读，也可以作为大学本科生和研究生教材。

本书的出版，得到了广西教育出版社的有关领导的大力支持，在此向他们表示衷心的感谢！特别要感谢为本书出版付出辛勤劳动的各位编辑，感谢为本书审稿、校对、排版等付出辛勤劳动的各位同志！

李春密

于北京师范大学物理楼301